国际经济与贸易系列规划教材

国际贸易

International Trade

主　编　徐晓飞　崔艳娟

副主编　许晓冬　赵　霞

大连理工大学出版社

图书在版编目(CIP)数据

国际贸易 / 徐晓飞，崔艳娟主编. — 大连 ：大连理工大学出版社，2013.5

国际经济与贸易系列规划教材

ISBN 978-7-5611-7777-8

Ⅰ.①国… Ⅱ.①徐… ②崔… Ⅲ.①国际贸易－高等学校－教材 Ⅳ.①F74

中国版本图书馆 CIP 数据核字(2013)第 080825 号

大连理工大学出版社出版

地址:大连市软件园路 80 号 邮政编码:116023

发行:0411-84708842 邮购:0411-84703636 传真:0411-84701466

E-mail:dutp@dutp.cn URL:http://www.dutp.cn

大连力佳印务有限公司印刷 大连理工大学出版社发行

幅面尺寸:170mm×240mm 印张:12.75 字数:257 千字

2013 年 5 月第 1 版 2013 年 5 月第 1 次印刷

责任编辑:汪会武 邵 婉 责任校对:千川

封面设计:波 朗

ISBN 978-7-5611-7777-8 定 价:22.00 元

前言 Foreword

改革开放以来，我国对外贸易成绩持续稳定增长，占世界贸易额的比重不断增加(2009 年已经跃居世界第二位)，2012 年前三季度进出口总额 28424.7 亿美元，同比增长 6.2%，贸易顺差 1483.1 亿美元，增长 39.1%。然而当前国际金融危机的影响仍在继续，特别是欧债危机的深化与蔓延，使得世界经济发展减缓，国际市场需求不足，与此同时，我国人民币不断升值，使得我国对外贸易发展面临新的挑战。因此，认识并深入了解国际贸易基础知识，国际贸易产生的基础、相关的国际贸易政策、体制以及国际跨国合作显得更为重要。本书就是在这样的背景下，在总结多年教学经验和相关研究成果的基础上设计并编写的。

本书内容通俗、易懂。在注重知识性的基础上，反映出国际贸易最新研究成果以及新发展、新特点。为突出应用特色，在每一章均设有学习目标、学习重点、关键术语、开篇案例、复习思考题，这一安排有利于提升读者分析与解决实际问题的能力。

本书适合作为经济管理类专业和理工科专业的本科生和专科生的教材，同时也适合从事国际贸易相关工作的人员使用。

本书体系规范，内容完整，分为四篇共十二章来阐述国际贸易产生基础、利益所得以及发展变化规律：第一篇国际贸易理论，共四章，分别阐述了传统自由贸易理论、现代自由贸易理论和保护贸易理论；第二篇国际贸易政策，共三章，包括关税、非关税壁垒和其他贸易政策工具；第三篇国际贸易协调，共两章，主要介绍了经济一体化、国际贸易条约以及 GATT、WTO 等多边贸易体制，并介绍了我国所参与的相关经济一体化和多边贸易体制的实践；第四篇国际贸易合作，共三章，这一部分主要从微观主体的角度阐述国际贸易中重要的主体跨国公司的相关内容，包括跨国公司的概述、战略、组织结构和经营活动。

本书融合了从事国际贸易课程教学一线教师的教学经验和

教学心得，是集体智慧的结晶。由大连工业大学的徐晓飞博士和崔艳娟博士担任主编，负责总体框架的设计、书稿的整合与修改；大连工业大学的许晓冬、赵霞担任副主编，并对部分书稿内容进行校对。各章具体分工为：徐晓飞（第一、二、三、四章）、许晓冬（第五、六、七章）、崔艳娟（第八、九章）、赵霞（第十、十一、十二章）。

感谢大连理工大学出版社的编辑对本书出版所做的工作，同时感谢单位的领导和同事给予的大力支持与帮助。

在本书的编写过程中，参考了国内外大量的同类教材和文献，在此对其作者一并表示感谢。由于水平所限，书中难免存在不当与错误之处，我们诚恳地希望广大读者特别是任课教师和使用本书作为教材的同学们提出宝贵的意见和建议，以便使本书进一步完善。

编者

2013 年 5 月

目录 Contents

第一篇 国际贸易理论

第一章 导 论 / 2

第一节 国际贸易的相关概念与分类 / 3

一、国际贸易的相关概念 / 3

二、国际贸易分类 / 6

第二节 国际分工与国际贸易 / 8

一、国际分工的形成和发展 / 8

二、国际分工与国际贸易 / 10

第三节 世界市场 / 11

一、世界市场的含义及其形成 / 11

二、当代世界市场的主要特征 / 13

复习思考题 / 16

第二章 传统自由贸易理论 / 17

第一节 绝对优势理论 / 19

一、绝对优势理论内容 / 19

二、对绝对优势理论的简要评价 / 20

第二节 比较优势理论 / 20

一、比较优势理论内容 / 20

二、比较优势理论的简要评价 / 22

第三节 相互需求原理 / 22

一、国际商品交换比例上下限 / 22

二、贸易利益分配取决于相互需求强度 / 24

第四节 要素禀赋理论 / 25

一、赫-俄要素禀赋理论的主要内容 / 25

二、对赫-俄模式的简要评价 / 26

第五节 里昂惕夫之谜 / 27

一、里昂惕夫之谜的产生及其内容 / 27

二、里昂惕夫之谜的解释 / 28

复习思考题 / 31

第三章　现代自由贸易理论 / 32
第一节　新要素理论 / 33
一、技术要素理论 / 33
二、人力技能要素理论 / 33
三、信息要素理论 / 34
四、规模经济与管理理论 / 34
第二节　产业内贸易理论 / 35
一、产业内贸易的产生和分类 / 35
二、关于产业内贸易的三种解释 / 35
三、对产业内贸易理论的评析 / 36
第三节　动态理论 / 37
一、技术差距理论 / 37
二、产品生命周期理论 / 38
第四节　新新贸易理论 / 40
一、新的研究视角 / 40
二、企业边界问题 / 41
复习思考题 / 41
第四章　保护贸易理论 / 42
第一节　重商主义 / 44
一、早期重商主义 / 44
二、晚期重商主义 / 45
三、早、晚期重商主义的比较 / 45
四、对重商主义的简要评价 / 46
第二节　保护关税说与保护幼稚工业理论 / 46
一、汉密尔顿的保护关税说　/ 46
二、李斯特的保护幼稚工业理论 / 47
第三节　超保护贸易理论 / 49
一、超保护贸易理论产生的背景 / 49
二、凯思斯超保护贸易理论的主要内容 / 49
三、凯恩斯超保护贸易理论简评 / 50
第四节　战略性贸易理论 / 51
一、战略性贸易政策理论的兴起 / 51
二、战略性贸易政策理论的主要内容 / 52
复习思考题 / 54

第二篇　国际贸易政策

第五章　关　税 / 56
第一节　关税概述 / 58
一、关税的内涵 / 58
二、关税的特点 / 58
三、关税的作用 / 59
四、关税的主要种类 / 60
第二节　关税的征收 / 64
一、关税的征收方法 / 64
二、关税的征收依据 / 65
三、关税的征收程序 / 67
第三节　关税结构与有效保护率 / 68
一、关税水平 / 68
二、关税保护率 / 68
复习思考题 / 70
第六章　非关税壁垒 / 71
第一节　非关税壁垒概述 / 72
一、非关税壁垒的内涵 / 72
二、非关税壁垒的特点 / 73
第二节　非关税壁垒的种类 / 74
一、进口配额制 / 74
二、"自动"出口配额制 / 75
三、进口许可证制 / 77
四、外汇管制 / 77
五、汇率低估 / 78
六、国家垄断制 / 78
七、歧视性政府采购政策 / 79
八、专断的海关估价 / 79
九、最低限价 / 80
十、社会责任标准 / 80
第三节　技术性贸易壁垒 / 80
一、技术性贸易壁垒的类别 / 81
二、技术性贸易壁垒的主要措施 / 81

第四节　绿色壁垒 / 82
一、绿色贸易壁垒的含义与成因 / 82
二、绿色壁垒的形式 / 83
复习思考题 / 84
第七章　其他贸易政策工具 / 85
第一节　鼓励出口的措施 / 86
一、出口信贷 / 86
二、出口信贷保险 / 87
三、出口信贷国家担保制 / 88
四、出口补贴 / 89
五、商品倾销 / 89
六、外汇倾销 / 90
第二节　经济特区措施 / 91
一、经济特区 / 91
二、自由港或自由贸易区 / 91
三、保税区 / 91
四、出口加工区 / 92
五、边境区 / 92
六、科学园区 / 93
七、过境区 / 93
第三节　出口管制方面的措施 / 93
一、出口管制的内涵与作用 / 93
二、出口管制的商品 / 94
三、出口管制的形式 / 94
复习思考题 / 97
第三篇　国际贸易协调
第八章　经济一体化与国际贸易 / 100
第一节　经济一体化概述 / 101
一、概念 / 101
二、经济一体化的组织形式 / 103
第二节　经济一体化理论 / 105
一、关税同盟理论 / 105
二、其他的经济一体化理论 / 110

第三节　经济一体化的发展 / 112
一、经济一体化的发展概况 / 112
二、经济一体化形成的原因 / 113
三、经济一体化的影响 / 114
第四节　经济一体化的实践 / 116
一、欧洲联盟 / 116
二、北美自由贸易区 / 121
三、亚太经济合作组织 / 122
四、其他的经济一体化组织 / 123
复习思考题 / 129
第九章　国际贸易协调机制 / 130
第一节　贸易条约与协定 / 131
一、概念及种类 / 131
二、依据的法律原则 / 133
三、结构与内容 / 134
第二节　从关税与贸易总协定到世界贸易组织 / 134
一、关税与贸易总协定 / 134
二、世界贸易组织 / 137
三、中国与 WTO / 143
复习思考题 / 149
第四篇　国际贸易合作
第十章　跨国公司概述 / 152
第一节　跨国公司背景及相关知识 / 153
一、跨国公司的定义和关键特征 / 153
二、跨国公司存在的条件 / 153
三、跨国公司的类型 / 154
四、企业的国际化进程 / 155
第二节　跨国公司的产生与发展 / 156
一、跨国公司的形成 / 156
二、两次世界大战期间跨国公司的发展 / 157
第三节　跨国公司在全球经济中的影响 / 157
一、跨国公司对世界一体化的影响 / 157
二、跨国公司对一个国家经济的影响 / 159

复习思考题 / 159
第十一章　跨国公司的战略 / 160
第一节　战略制订的相关理论介绍 / 162
一、战略和竞争优势的概念 / 162
二、企业战略管理的流程 / 162
第二节　跨国公司的环境压力、意识形态和战略导向 / 163
一、跨国公司的环境压力 / 163
二、跨国经营的新动因 / 167
三、跨国公司意识的提高与战略导向 / 168
第三节　跨国公司市场进入战略 / 171
一、市场的选择 / 171
二、市场进入时机 / 171
三、市场进入模式 / 172
第四节　跨国公司经营战略 / 176
一、全球化战略 / 176
二、本土化战略 / 176
三、跨国战略 / 177
四、国际战略 / 177
五、跨国公司战略演化 / 178
复习思考题 / 178
第十二章　跨国公司组织结构 / 179
第一节　组织架构 / 180
一、组织架构的含义 / 180
二、公司组织结构的变化和国际化发展阶段的关系 / 181
三、跨国公司组织结构和环境、战略及文化的关系 / 184
第二节　跨国组织面临的挑战 / 185
一、跨国公司组织结构的不适性 / 186
二、解决跨国公司组织结构问题的思路 / 186
第三节　跨国公司的组织发展趋势 / 190
复习思考题 / 192
参考文献 / 193

第一篇

国际贸易理论

CHAPTER 1
第一章
导 论

□□□ 学习目标

- 了解国际贸易的一些基本概念及国际贸易的分类，熟悉国际贸易常用的基本概念。
- 了解国际分工的形成及其发展，熟悉影响国际分工的因素以及国际分工与国际贸易的相互关系。
- 了解世界市场的含义及其分类，熟悉当代世界市场的主要特征。

□□□ 学习重点

- 国际贸易常用的基本概念
- 影响国际分工的因素

□□□ 关键术语

国际贸易；有形贸易；无形贸易；国际分工；世界市场

开篇案例

2012年12月18日，商务部举行例行新闻发布会，商务部发言人谈到2012年我国对外贸易情况时指出，据海关统计，1～11月，我国进出口总值35002.8亿美元，同比增长5.8%。其中，出口18499.1亿美元，增长7.3%；进口16503.7亿美元，增长4.1%；贸易顺差1995.4亿美元，扩大44.1%。

2012年外贸运行主要呈现以下特点：

一是与美国、金砖国家等重要贸易伙伴贸易增长平稳。

中美双边贸易总额增长8.2%，与东盟双边贸易总额增长9.3%，与俄罗斯、南非和巴西双边贸易总额分别增长11.9%、30.4%和1.3%。与欧盟、日本贸易总额同比下降，降幅分别为4.1%和2.9%。

二是中西部地区出口继续呈现快速增长态势。

中部地区出口增长较快，其中重庆出口同比增长1.1倍，安徽、河南和四川的出口增速分别为62.3%、58.3%和34.8%。东部沿海地区出口低速增长，其中广东出口同比增长6.6%，福建、江苏、浙江和山东出口分别增长4.6%、4.2%、3.9%和2.2%，均低于同期全国出口增幅。

三是一般贸易进出口增速平稳。

我国一般贸易进出口18227.0亿美元，增长4.3%。其中出口8922.3亿美元，增长7.2%；进口9304.7亿美元，增长1.7%。加工贸易进出口增长仍然乏力。加工贸易进出口12210.5亿美元，增长2.6%。其中出口7832.7亿美元，增长2.9%；进口4377.8亿美元，增长2.0%。

四是机电产品出口稳定增长。

我国机电产品出口10645.4亿美元，增长8.2%，高出同期外贸出口总体增速0.9个百分点。纺织品、服装、家具、箱包、鞋类、塑料制品、玩具等七大类劳动密集型产品出口增长7.5%，其中塑料制品出口增长34.7%，家具出口增长27.5%。但11月当月，这七大类劳动密集型产品出口下降1.1%，自今年2月份以来再次出现负增长。

第一节 国际贸易的相关概念与分类

一、国际贸易的相关概念

(一)国际贸易

国际贸易根据贸易主体的不同分为对外贸易、国际贸易。

对外贸易(External Trade)是指一国或地区同他国或地区进行商品交换的活动。也叫“国外贸易(Foreign Trade)”或“进出口贸易(Import/Export Trade)”。

国际贸易(International Trade)是从世界范围看，各国或地区间所进行的商品交易活动。它是世界各国对外贸易的总和，也叫“世界贸易(World Trade)”。

尽管名词不同，但它们所包括的实质含义是相同的，都是指国与国之间一切商品的贸易往来。随着世界经济的发展，现在也将世界各国间的劳务贸易、技术贸易等纳入了国际贸易的范畴。国际贸易的内涵已远远超出了传统的范围。

因此，贸易有有形贸易和无形贸易之分，国际贸易也有狭义与广义之异。

有形贸易(Visible Trade)。因为商品是以一定的物质形态存在的、可见的有形的实物，所以凡商品实物的进出口称有形贸易。商品出口所得收入与商品进口所发生的支付，叫有形贸易收支，这是国际收支中最重要的项目。

无形贸易(Invisible Trade)。凡劳务或其他非实物形态的进出口一般称为无形贸易。其主要项目有：由于商品进出口而发生的一切从属费用的收支，如运费、保险费、商品加工费、装卸费、船舶修理费等;同商品进出口无关的其他收支,如国际旅游费用、外交人员费用、侨汇、专利费、股息、红利、公司或个人在国外服务的收支等。以上各项中的收入称为非贸易收入或无形出口(Invisible Export),支出称为非贸易支出或无形进口(Invisible Import),两者统称无形贸易收支。无形贸易收支也是国际收支中的重要项目。

有形贸易与无形贸易是既有联系,又有区别的。有形贸易与无形贸易的外汇收支都是国际收支中的重要项目,而且在国际收支中是可互补的。但有形贸易可在海关反映出来,数量上可统计;而无形贸易不能在海关统计上得到反映。

因此,所谓狭义的国际贸易就是只包括有形贸易的国际贸易;所谓广义的国际贸易既包括有形贸易又包括无形贸易。

(二)商品的进出口

传统的外贸形式由商品的进出口构成,而现代的外贸形式还包括了非商品的进出口。

商品进口(Import)。一国或地区从他国或地区购进商品,用于国内生产和非生产消费的全部贸易性业务。广义地说也包括无形进口。

商品出口(Export)。一国或地区向他国或地区出售一部分生产和加工的产品的全部贸易性业务。广义地说也包括无形出口。

复出口(Re-Export)。又叫"再出口"。凡是外国商品进口后,未经加工又运送到国外,这叫复出口。在欧洲大陆和拉丁美洲一些国家,复出口是指外国商品运进本国的保税仓库或保税区后,未经加工又输往国外的形式,此即"本国化了的商品"。至于外国商品进口加工后又输往国外,或用外国进口原料制成另一种产品再输往国外,各国均不列入复出口。

复进口(Re-Import)。又叫"再进口"。本国商品出口后,在国外未经加工又重运回国内,叫复进口。复进口往往由于商品在国外未能销售、损坏等原因所造成,具有偶然性,因此无经济意义。

(三)贸易值和贸易量

贸易值(Value of Trade)。对外贸易值是指一国或地区在一定时期内全部进出口商品价值的货币表现,包括出口值和进口值两部分。出口值是指一国或地区按离岸价格计算的向别国或地区出口的货物价值的总和;进口值是一国或地区以到岸价格计算的从别国或地区进口的货物价值的总和。对外贸易值是反映一国或地区对外贸易规模的重要指标之一,一般以本币或国际通用货币来计算。

国际贸易值一般是用世界通用货币表示的世界各国对外贸易总和。但是,计算国际贸易值,不能简单地把世界各国和各地区的出口值与进口值相加。因为一国之出口即他国之进口,所以这样的计算就重复了。通常提到的国际贸易值,是以世界出口总值来计算的,这一指标中不含有货物运费及保险费。

贸易量(Quantum of Trade)。对外贸易量是指按一定时期不变价格为标准计算出来的一国或地区的各时期的对外贸易值,即剔除价格变动因素的对外贸易值。

国际贸易量是指按一定时期的不变价格计算的国际贸易值。在实际工作中,贸易量的计算一般采用以固定年份为基础的进出口价格指数,去除当时的进口值和出口值总额,求出一个已经消除了价格因素的近似值。

(四)贸易平衡(Balance of Trade)

贸易平衡也叫贸易差额,是指一个国家或地区在一定时期内(通常为一年)的商品出口总值与商品进口总值的差额。若进口值小于出口值,则称"贸易顺差(Favorable Balance of Trade)"或"贸易出超(Excess of Export Over Import)";若进口值大于出口值,则称"贸易逆差(Unfavorable Balance of Trade)"或"贸易入超(Excess of Import Over Export)"。贸易顺差、贸易逆差统称贸易不平衡或贸易失衡,若进口值与出口值相等,则称贸易平衡。

(五)国际贸易商品结构(International Trade by Commodities)

这一概念表明各类商品在国际贸易中所占的地位和比重。

出口商品一般分为两大类:一类是初级产品,如食品、工业原材料、燃料等;一类是工业制成品,如机械设备、化工产品等。各国进出口商品中这两类商品所占比重,同各国的工农业生产水平以及对外贸易有很大的关系。目前,国际贸易商品结构有三大特点:第一,发达国家出口以工业制成品为主,进口以初级产品为主。这表明发达国家是作为工业国参加国际分工的。第二,发展中国家出口以初级产品为主,进口以工业制成品为主。这表明发展中国家是作为农业国、原料国、矿产国参加国际分工的。第三,发达国家与发展中国家的贸易大多是工业制成品与初级产品的交换。发达国家通过这种交换,对发展中国家进行剥削与掠夺。发展中国家在国际分工中的贸易条件处于不利地位。

(六)对外贸易依存度(Ratio of Dependence on Foreign Trade)

对外贸易依存度是一国国民经济对进出口贸易的依赖程度。通常用进出口总值占国内生产总值的百分比来表示。对外贸易依存度可分为出口贸易依存度和进口贸易依存度。前者是出口总值占国内生产总值的百分比;后者是进口总值占国内生产总值的百分比。

对外贸易依存度反映了一个国家或地区参与国际分工的程度,它也是衡量一个国家或地区对世界经济变动敏感性的标尺。不同国家在不同时期的贸易依存度是不同的。随着经济的增长和国际贸易的发展,大多数国家的贸易依存度将不断提高。

(七)贸易条件(Term of Trade)

贸易条件又称贸易比价或进出口商品比价,是指一国在一定时期内出口商品价格

指数和进口商品价格指数之间的比率,其价格关系反映了一国在对外商品交换上的数量关系,计算公式为

$$贸易条件指数=\frac{出口商品价格指数}{进口商品价格指数}\times 100$$

如果指数上升,大于100,则说明出口价格比进口价格相对上涨,意味着每出口一单位商品能换回的进口商品数量比原来增加,表明贸易条件比基期有所改善,较基期更有利于出口;反之,如果指数下降,小于100,则表明贸易条件恶化,不利于出口。

二、国际贸易分类

(一)按货物移动方向划分

国际贸易按此可分为以下四类:

出口贸易(Export Trade)。将本国生产和加工的商品运往他国市场销售,这种贸易活动就叫出口贸易或输出贸易。

进口贸易(Import Trade)。将外国商品输入本国国内市场销售,这种贸易活动叫进口贸易或输入贸易。进口贸易和出口贸易是对买卖双方来说的,是一笔买卖的两个方面。

过境贸易(Transit Trade)。指从甲国经过丙国国境向乙国运送的货物,而货物所有权不属于丙国居民,对丙国来说,这是过境贸易。

转口贸易(Transport Trade)。即两国进行间接贸易,对第三国来说则是转口贸易。即使商品直接从生产国运送到消费国,只要该两国没发生直接的贸易关系,而是由第三国转口商分别同该两国发生贸易关系,则仍认为是转口贸易。从事转口贸易的国家或地区大多是交通便利、贸易限制较少的国家或地区。如伦敦、新加坡、香港等,由于地理位置优越,便于货物集散,所以转口贸易都很发达。

(二)按商品运输方式划分

以此为标准,国际贸易可分为四大类:

陆运贸易(Trade by Roadway)。即采取陆路运送(包括公路、铁路、内江河湖)方式进行的贸易活动。一般在陆地相邻国家间采用这种贸易方式。

海运贸易(Trade by Seaway)。即采取海上运送方式进行的贸易活动。大部分国家采取的是这种贸易方式,国际贸易的大部分货物是采取这种方式运送的。

空运贸易(Trade by Airway)。即采取航空运送方式进行的贸易活动。一般贵重或数量较少的货物,为了争取时效而采取这种方式。

邮购贸易(Trade by Mail Order)。即采取邮政包裹方式寄送货物的贸易活动。一般数量不多的交易采取此方式。

(三)按国境与关境划分

以此为标准，国际贸易可分为两类：

总贸易(General Trade)。以国境为标准划分进出口而统计的国际贸易称为总贸易，又称为总贸易体系。凡进入国境的商品一律列为总进口，凡离开国境的商品一律列为总出口。总进口额与总出口额之和即为总贸易额。目前，采用总贸易体系的主要有中国、美国、日本、英国、加拿大、澳大利亚、独联体国家等。

专门贸易(Special Trade)。以关境为标准划分进出口而统计的国际贸易称为专门贸易，又称为专门贸易体系。凡进入关境的商品一律列为进口，凡离开关境的商品一律列为出口。因此，当外国商品进入国境后，暂时存放在保税仓库，尚未进入关境，一律不列为进口。只有从外国进入关境的商品以及从保税仓库提出进入关境的商品，才列为进口。专门进口额加专门出口额即为专门贸易额。目前，采用专门贸易这种划分方法的主要有德国、意大利、瑞士、法国等 80 多个国家。

(四)按参加贸易的国家之经济发展水平划分

按此标准划分，国际贸易有两大类：

水平贸易(Horizontal Trade)。即经济发展水平大体相同的国家之间进行的贸易活动。发达国家相互间的贸易或发展中国家相互间的贸易，都属水平贸易。

垂直贸易(Vertical Trade)。即发达国家与发展中国家之间进行的贸易活动。由于发达国家大多在北半球，发展中国家大多在南半球，故又称“南北贸易(South-North Trade)”。

(五)按交易方式的性质划分

以此为标准，国际贸易有以下四类：

商品贸易(Goods Trade)。商品贸易是指以商品买卖为目的、以纯商业方式进行的贸易活动。此种性质的交易活动又包含着一些具体的交易方式，如经销、代理、展卖、寄售、投标及拍卖等。

加工贸易(Process Trade)。加工贸易是指从国外输入原料、半成品、样品或图纸，经国内企业加工、装配之后再出口的贸易活动。加工贸易又可分为来料加工、来样加工和来件装配。

补偿贸易(Compensation Trade)。补偿贸易是指一方用对方提供的贷款购进机器、设备或其他技术，或用对方提供的机器、设备或技术进行生产和加工活动，待一定时期后，该方以该项目下的产品或其他产品或产品销售收入去偿还对方的贷款或设备技术款的一种贸易方式。这种方式对解决买方资金暂时不足或帮助卖方推销商品均有一定的作用。

租赁贸易(Renting Trade)。租赁贸易是指由租赁公司以租赁方式将商品出租给国外的用户使用，国外租户不交付贷款而交付租金的一种贸易方式。这种贸易方式在国际贸易活动中发展迅速，并逐渐发展至租、购结合，即先租赁，到一定时期后，该商品所有权即转为租户所有，变成了买卖关系。

第二节　国际分工与国际贸易

一、国际分工的形成和发展

(一)国际分工的含义

国际分工指世界上各国(地区)之间的劳动分工，是国际贸易和各国(地区)经济联系的基础。它是社会生产力发展到一定阶段的产物，是社会分工超越国界的结果，是生产社会化向国际化发展的趋势。

国际分工是在各国(地区)社会分工发展的基础上产生的。但它与国内社会分工相比，又具有以下不同的特征：

从发展历史来看，国内分工与商品经济的历史同样久远，且为各种社会形态所共有；但国际分工却到第一次产业革命后才出现，是生产力发展到一定阶段的产物。

从受别国法律和制度的限制上看，国内分工一般不会受别国的政策法律和社会制度的制约，而国际分工必然会受到这种制约。

从所遵循的价值规律上来看，国内分工受国内经济规律的制约，而国际分工却受国际价值规律的制约。

通过比较可见，社会分工所表现的生产力只是简单地超越了个人劳动能力的局限，而国际分工所表现的生产力却不仅超越了单个劳动力的限制，而且超越了单个劳动集体和单个国家能力的局限，所以更能反映社会生产力的发展水平。此外，参与国际分工的各个国家都代表着不同群体的经济利益，并通过国际分工和专业化生产联系在一起。由于各国在国际关系中的地位不平等，将导致它们在国际分工中的不平等，所以，国际分工还能反映一定的社会生产关系，这里主要表现为国家与国家之间的关系，并受到国际政治关系的影响和制约。

(二)国际分工的形成和发展

国际分工属于历史的范畴。它是人类社会发展到一定阶段，社会生产力发展到一定水平时才出现的。因此。它的发展经过了萌芽、形成和发展以及深化这几个阶段。

1. 国际分工的萌芽阶段

在资本主义生产方式准备时期，国际分工开始进入了萌芽阶段。在资本主义生产方式确立以前的原始社会、奴隶社会和封建社会，由于生产力水平低下，自给自足的自然经济占统治地位，商品生产和商品经济极不发达，因此只有极不发达的社会分工和地域分工。

在进入资本主义生产方式的准备时期后，由手工业向工场手工业的过渡，使劳动生产率得到了极大提高，分工也进一步发展。与此同时，西欧国家还积极地推行殖民政策，这就使国际分工进入了萌芽阶段。

在这一时期，殖民主义者用暴力的手段和超经济的强制手段，在亚洲、非洲和拉丁美洲进行掠夺。他们开发矿山、建立农作物的种植园，为本国生产和提供其不能生产的农作物原料，同时扩大本国工业品的生产和出口，从而出现了殖民地宗主国与殖民地国家之间的分工这种最初的国际分工形式。

2. 国际分工的形成阶段

在资本主义自由竞争时期，国际分工进入了形成阶段。资本主义自由竞争时期，资产阶级革命和产业革命的胜利，大机器工业的出现使资本主义制度得以完全确立。

大机器工业的出现使社会分工得到了巨大的发展。社会生产的各个领域、各个部门和各个单位之间的相互依存空前加深，最终形成了资本主义的社会化大生产。在社会化大生产基础上建立起来的分工体系既包括了行业的分工，也包括了区域的分工，这种分工是不受国界限制的，当分工超出国家、民族的范围，便形成了工业国与农业国之间、工业国与工业国之间、农业国与农业国之间的分工。于是，各国的国内分工便发展成为国际分工。

因此，在资本主义自由竞争时期，由于大机器工业的建立，生产力水平的提高，国际分工便最终形成了。

3. 国际分工的发展阶段

在 19 世纪末和 20 世纪初，出现了第二次产业革命，生产力进一步提高，国际分工进一步发展，形成了国际分工体系。

在此阶段，由于第二次产业革命的出现，大大促进了资本主义生产力的迅速增长，同时，由于资本的积聚与集中，从而导致了垄断的出现。垄断的出现，代替了自由竞争，成为这一时期的重要经济特征。垄断的进一步加强，造成了大量的资本过剩，从而促进了资本输出的发展。帝国主义国家通过资本输出把资本主义生产日益扩大到殖民地半殖民地，造成殖民地经济的单一化和畸形化，从而使殖民地宗主国与殖民地国家之间、发达的工业国与初级产品生产国之间的国际分工日益加深，相互之间的依赖关系也日益加深，从而最终形成了国际分工体系。

4. 国际分工的深化发展阶段

第二次世界大战后，出现了以原子能和电子技术的推广和应用为标志的第三次科技革命。它的出现，大大提高了劳动生产力，也产生了大量的新型工业部门，从而使国际分工的形式发生了重大的变化，也使国际分工进一步深化发展。

这一时期国际分工的深化发展主要表现在：

国际分工的形式发生了重大变化。第二次世界大战前，国际分工的形式以工业制成品生产国与初级产品生产国之间的分工为主，而第二次世界大战后，工业制成品生产国之间的分工形式，成为战后国际分工的主要形式。

国际分工的部门发生了重大变化。第二次世界大战前，国际分工以部门之间的分工为主。而第二次世界大战后，随着科学技术的发展，生产力水平的提高，分工的进一步深化，部门内部的分工占据了主导地位。

参加国际分工国家的经济所有制形式发生了变化。第二次世界大战前，参加国际分工的国家主要是以私有制经济为主的资本主义国家。第二次世界大战后，随着一批社会主义国家的成立，使资本主义生产关系一统国际分工的时代结束了。社会主义国家也广泛深入地加入到国际分工的行列中。

各国参加国际分工的方式发生了变化。第二次世界大战前，大多数国家以垂直型方式参加国际分工。而第二次世界大战后随着国际分工的形式和内容的变化，越来越多的国家改用水平型的方式参加国际分工。

二、国际分工与国际贸易

国际贸易是世界各国间商品和劳务的交换活动，属于流通领域。按照马克思的观点，生产决定流通，流通领域的发展，有赖于生产领域为它提供一个雄厚的物质基础。因此，国际分工的发展是国际贸易发展的基础。

（一）国际分工促进了国际贸易的发展

国际分工的发展与国际贸易的发展是成正比的。在国际分工发展较快的时期，国际贸易也发展较快。相反地，在国际分工发展缓慢的时期，国际贸易的发展也较缓慢。例如，在资本主义自由竞争时期，由于产业革命的胜利，劳动生产力的提高，国际分工有了很大程度的发展。这一时期，国际贸易也进入了一个高速发展的时期，其增长速度超过了世界工业生产增长的速度。

（二）国际分工影响国际贸易的地理分布

国际贸易地理分布的变化与国际分工有极大的关系。例如，第二次世界大战后，国际分工由垂直型向水平型转变，使发达资本主义国家间的贸易占主要地位，而发达资本主义国家与发展中国家的贸易则退居次要地位。

（三）国际分工的发展导致国际贸易商品结构及各国对外贸易商品结构的改变

随着国际分工的不断深化发展，尤其是国际分工形式、内容的变化，使国际贸易商品结构及各国对外贸易商品结构不断发生变化。具体表现为：

1. 第二次世界大战后，在国际贸易中工业制成品比重超过初级产品比重

第二次世界大战前，国际分工以殖民地宗主国与殖民地国家之间的分工为主，分工的内容也以工业部门和农业部门之间的分工为主，这使初级产品在国际贸易中占有很大的比重，以致在第二次世界大战前初级产品的比重一直高于工业制成品的比重。第二次世界大战后，由于国际分工的形式以发达工业国之间的分工为主，分工的内容也由战前的部门之间的分工为主转向部门内部分工为主，使工业制成品在世界商品生产中所占比重迅速增加，从而改变了以往的国际贸易商品结构的状况，使工业制成品的比重超过了初级产品。

2. 第二次世界大战后，发展中国家对外贸易商品结构中工业制成品比重不断增加

第二次世界大战前，发展中国家在国际分工中主要从事初级产品部分的生产。因此，在国际贸易商品结构中，初级产品占了很大的比重。第二次世界大战后，发达国家与发展中国家之间的分工，出现了以资本密集型产品生产和劳动密集型产品生产新的分工，发展中国家不再单一生产初级产品而更多地生产低附加值的工业制成品，从而在其对外贸易商品结构中，工业制成品的比重不断增加。

3. 第二次世界大战后，在国际贸易商品结构中，中间性商品比重不断增加

由于国际分工的形式由战前的垂直型转向了战后的水平型，使发达工业国之间、发达工业国与发展中国家之间的协作化生产大大加强，从而导致了在国际贸易中，大量的中间性产品的出现。

(四)通过国际分工，可以取得贸易利益

通过国际分工，可以使全世界的资源开发得到合理的配置，提高劳动生产率。各国按比较优势进行生产，通过国际贸易，各国都会因劳动的节约而获得贸易利益。

第三节　世界市场

一、世界市场的含义及其形成

(一)世界市场的含义与分类

1. 世界市场的概念

市场是社会分工和商品交换的必然产物，也是商品经济顺利发展的重要条件。从狭义上说，市场是指从事商品和劳务交换的场所或领域。从广义上说，市场则是指超出单纯商品买卖场所范围，在流通领域内各种交换关系的总和。因此，市场是一个经济范畴。

世界市场是世界各国进行商品和劳务交换的场所，是世界范围内通过国际分工联系起来的各国市场以及各国之间市场的总和。具体地说，世界市场不仅包括一般的商品买卖活动的运动空间，还包括与对外贸易有关的货币结算、货物运输、货物保险等内容。在世界市场，商品是交换的主体，其他活动都是为商品交换服务的。

世界市场是在各国国内市场的基础上形成的。但是，世界市场并不是各国国内市场的简单之和，两者之间既有不可分割的联系，又有十分明显的差别。世界市场这一概念，可以从其内涵与外延两个方面来理解。世界市场的内涵，是指国际商品经济关系的总和，包括商品交换背后的生产者之间的关系。世界市场的外延，是指它的地理范围，其地理范围要比一国的市场范围大，前者包括世界各国之间的商品交换，后者只包括一国疆域之内的商品交换。在世界市场的内涵和外延两方面中，其内涵决定世界市场的经济本质。

世界市场的含义还体现在以下三个方面：第一，各国国内市场的形成是世界市场形成的前提，只有各国国内市场发展到一定程度，商品交换突破国家界限而扩大到世界范围，世界市场才能真正形成。第二，世界市场是以国家为媒介并超越国家界限而形成的商品交换关系的反映。第三，世界市场受各国经济和政治关系的制约和影响。

2. 世界市场的分类

按地理方向划分。世界市场按地区可以划分为西欧市场、东欧市场、北美市场、非洲市场、东南亚市场等等；也可以按国别划分为美国市场、日本市场、德国市场、英国市场、中国市场等等；联合国在有关的统计中常把世界市场划分为发达国家市场、发展中国家市场和中央计划经济国家市场三大类。

按市场对象划分。世界市场可以划分为商品市场、货币市场和劳务市场，其中商品市场是主体；也可按大类划分为纺织品市场、粮油市场、机械市场、化工市场等；还可按品种细分为小麦市场、咖啡市场、茶叶市场、汽车市场等等。

按消费者划分。可按性别、年龄、收入和职业等划分，如妇女用品市场、儿童用品市场、劳保用品市场等等。

(二)世界市场发展的几个阶段

世界市场是与资本主义生产方式密切联系在一起的，随着资本主义生产方式的演变而经历着不同的发展阶段。

1. 世界市场的萌芽时期(16 世纪初至 18 世纪 60 年代)

国际贸易虽然在公元前就已经出现，但在相当长的历史时期内，由于社会生产力水平低下，商品经济落后，交通不发达，因而并不存在世界性的市场。

15 世纪末至 16 世纪初的地理大发现，对西欧经济的发展产生了巨大的影响，为世界市场的形成准备了条件。地理大发现之前，世界上只存在若干区域性的市场。地理大发现之后，区域性市场逐渐扩大为世界市场。新的世界市场不仅包括欧洲原有的区域性市场，而且包括亚洲、美洲、大洋洲和非洲的许多国家和地区。这一阶段，世界市场中处于支配地位的是前资本主义的商业资本。这是萌芽时期世界市场的主要特点。

2. 世界市场的发展时期(18 世纪 60 年代至 19 世纪 70 年代)

18 世纪中叶以后，英国和欧洲其他国家先后进行了产业革命，建立起机器大工业。在机器大工业的推动下，国际贸易发生了根本性的变化，促进了世界市场的迅速发展。

这一阶段，世界市场的范围不断扩大，中欧、东欧、中东以及印度洋沿岸的广大地区都成为世界市场的组成部分，南太平洋和远东的澳大利亚、日本和中国等也开始进入世界市场。同时，国际商品流通的基础已不再是小商品生产者生产的工场手工业品，而是发达资本主义国家(主要是英国)的工业制成品与经济落后国家的食品、原料的交换。世界市场上主要的经济联系是工业国家和农业国家之间的联系，而各工业发达国家之间的贸易联系也大大加强。这一时期世界市场的主要特点是：产业资本取代商业资本占据了统治地位。

3. 统一的世界市场的形成时期(19 世纪 70 年代至第二次世界大战前)

19 世纪 70 年代,发生了第二次科技革命。这次科技革命,一方面促进了社会生产力的极大提高,使工农业生产迅速增长和交通运输业发生了革命性的变革,大大改变了欧洲经济的面貌,也改变了世界的经济面貌。尤其是交通运输业的革命,成为 19 世纪末世界经济、世界市场发展的主要推动力。另一方面,第二次科技革命也推动了资本主义生产关系由自由竞争向垄断阶段的过渡,资本输出急剧扩大并具有特别重要的意义。资本输出使生产社会化和国际化逐步实现,并与商品输出相结合,从而加强和扩大了世界各国间的商品流通。

这一阶段,国际贸易把越来越密的经济网铺到了整个地球的各个角落,世界各国从经济上互相联结起来了。这样,在世界历史上第一次实现了一个统一的世界市场。统一世界市场的主要特点是:垄断资本在世界市场占据了统治地位。

二、当代世界市场的主要特征

第二次世界大战结束以来,在各国经济较快增长的基础上,世界市场迅速扩大,并出现了一些新特点。

(一)世界市场上国家类型的多样化

第二次世界大战前,少数帝国主义国家在国际贸易中占统治地位,广大殖民地落后国家的对外贸易几乎由这些宗主国主宰。虽然苏联已存在,但贸易额很小,所起作用不大。世界市场是资本主义成分一统天下。第二次世界大战后,一批社会主义国家出现在世界市场上,结束了资本主义经济成分一统天下的世界市场格局。100 多个亚非拉的发展中国家以独立主权国家的身份参加到世界市场,成为世界经济中一股强大的力量。因此,世界市场变成由各种经济类型国家组成的复合体。

但是,社会主义国家和发展中国家的兴起,只是打破了发达资本主义国家对世界市场的垄断,当代世界市场的主体仍然是发达资本主义国家。虽然在世界市场上,发展中国家和地区的贸易额已占 20%～30%,但发达资本主义国家所占比重还是高达 60%～70%。国际商品流向的基本趋势是:发达资本主义国家在工业制成品的贸易方面,出口大于进口,是工业制成品的净出口国;发展中国家和地区在初级产品的贸易方面,出口大于进口,是初级产品的净出口国。

(二)国际贸易方式多样化

第二次世界大战后,特别是 60 年代爆发的以微电子、生物工程和新材料为特征的第三次科技革命,使人类对天体宇宙、基本粒子、生命起源的认识和研究都取得了前所未有的极其辉煌的成就。随着世界科学技术日新月异的进步,社会生产力水平的迅速提高,国际分工进一步向深度和广度发展。现代化大生产要求资金、技术、劳务和知识产权进行国际间的联合,共同开发市场。当今世界没有任何一个国家的大企业能在没有外部合作的情况下,单独承担众多耗资巨大、需要依靠各种新技术的研究和开发项目。这就迫使各种类型的国家相互间在投资、科研等方面进行国际经济合作。

国际经济合作形式的多样化大大促进了国际贸易方式的多样化。第二次世界大战后，出现了许多新的贸易方式，如：补偿贸易、租赁贸易、对外加工装配贸易等。

（三）国际贸易商品结构发生了重大变化

(1)工业制成品在国际贸易中所占的比重超过初级产品。第二次世界大战前，初级产品与工业制成品在世界贸易中所占比重基本保持在60%以上与40%以下。第二次世界大战后，工业制成品在世界贸易中所占的比重逐步上升，而初级产品所占比重逐步下降。造成这一现象的原因主要有：①世界农业、矿业发展速度落后于制造业的发展速度；②由于国际分工的深化，国际贸易中的中间产品大大增加；③发达资本主义国家推行农业保护政策和农业工业化，使粮食自给率提高；④合成品的大量出现；⑤原料使用率的提高，废料回收与利用能力的加强；⑥初级产品价格偏低。

(2)燃料在初级产品贸易中所占比重急剧上升。第二次世界大战以后，在世界初级产品贸易中，燃料所占比重一直上升。其主要原因是：战后能源结构的变化和石化工业的发展，合成材料代替了天然原料和1973年以后世界石油价格的急剧提高。

(3)在工业制成品贸易中，机械产品在各大类商品中增长最快。第二次世界大战以后，机械产品在世界出口总值中所占的比重大大提高，而化工产品和纺织品所占比重稍有提高，钢铁及有色金属所占比重呈下降趋势。造成这种现象的主要原因有：战后世界工业结构中，石化工业和金属制成品工业的重要性加大；中间性机械产品在国际贸易中的增加；新机械产品的大量出现；居民对耐用消费品需求的急剧增加。

(4)技术贸易的发展速度超过商品贸易的速度。1965～1985年间，民办技术贸易的年均增长率超过15%，远远高于同期世界有形商品贸易的增长速度。战后技术贸易蓬勃发展的主要原因，首先在于新科技革命带来的差异性和层次化，因此各国必须在不同的产业领域、同一类型产业部门的不同层次上互相交流，发展技术贸易；其次，当代科技研制费用剧增，促使人们不得不加强国际技术合作和交流；第三，现代科技开发应用周期日益缩短，迫使各国在技术交流中寻求出路。

(5)劳务贸易发展迅速。第二次世界大战后，由于世界经济尤其是发达国家第三产业的兴起，各种生产要素在国家间流动的加强，使劳务在世界范围内正经历着国际化和互相渗透互相依赖的过程，从而导致世界劳务贸易的迅速发展。

（四）世界市场上的垄断与竞争更为激烈

第二次世界大战后，世界市场由卖方市场转向买方市场，垄断进一步加强，使市场上的竞争更为激烈。各国为了争夺市场，采取了各种各样的方法。

(1)通过跨国公司打进他国市场。在经济贸易集团分割市场的情况下，主要资本主义国家都通过跨国公司，进行大规模资本输出，绕过他国的关税和非关税壁垒，从内部控制市场。跨国公司利用雄厚的资本、先进的科学技术、强大的研究与发展能力、遍及世界的推销网和信息网、高超的组织管理技能；通过横向和纵向垄断、限制性商业惯例、内部定价等办法进行竞争，在国际贸易中的垄断地位不断加强。

(2)各国积极参与世界市场的争夺。为了争夺市场，各国通过各种办法参与世界市场的竞争，其主要措施有：制订奖出限入的对外贸易政策；通过关税和非关税壁垒限制外国商品的进口，同时采取各种措施鼓励出口，通过对外援助带动商品的出口。

(3)从价格竞争到非价格竞争。所谓非价格竞争是指通过提高商品的质量和性能，更新花色品种，改进包装，改善售前售后服务，加强广告宣传等手段和方法，来提高产品的素质、信誉和知名度，以增强商品的竞争力。一位经济学家曾对美国 250 多家公司在国外的销售情况作了调查，其结果表明，把价格政策作为重要竞争手段的不到 100 家，其余 150 多家则是把非价格竞争放在重要位置，成为最有效的手段。

(4)出口市场多元化。由于世界市场竞争激烈，市场单一化承担的风险越来越大。为了减少政治经济上的风险与损失，许多国家广泛开辟新市场，努力实现出口市场多元化。

(五)区域贸易集团化趋势日益加强

区域贸易集团的大量出现是战后国际贸易的一个显著特征，它与经济的国际化同时并进，对世界市场格局产生了重大影响，已成为各国政府制定国际经济贸易政策必须考虑的一个重要因素。所谓区域贸易集团是指同一区域的一些国家在维护共同利益的基础上加强经济合作，通过某种形式如条约、协定或其他组织方式组成贸易集团，其目的是巩固和扩大集团内部市场，增强经济实力，加强对外部世界的竞争。区域贸易集团对世界市场的影响主要表现为：

(1)集团内部贸易量不断扩大。由于贸易集团采取“内外有别”和“联合对外”的贸易政策，有效地提高了集团内部商品的竞争力。成员国可以从统一市场内部获得进口商品，同时出口许多过去难以销售到国际市场的商品，从而使集团内部贸易额迅速增长，在世界贸易总额中的比重显著提高。从 1960～1985 年，发达国家贸易集团内部贸易额从 212 亿美元增加到 5619 亿美元，25 年间增长了 25.5 倍。而同期世界出口额从 1291 亿美元增加到 19304 亿美元，仅增长 14 倍。内部贸易占集团出口总额的比例从 34.6％提高到 48.4％。目前，各类贸易集团之间的贸易占世界贸易 40％以上。

(2)集团成员国对外贸易商品结构变化迅速。特别是对发展中国家，区域集团的建立，可以充分利用现有的资金、技术、设备和各种资源，发展规模较大、技术水平较高的联合企业和新兴工业部门，迅速改变单一的经济结构和出口商品结构。

(六)“自由市场”缩小，“封闭市场”扩大

随着区域贸易集团的不断组成，跨国公司的大量出现，世界市场的垄断性进一步加强。特别是贸易集团和跨国公司内部贸易在各国出口贸易和世界贸易中的比重不断增大，因此，世界市场上通过“自由市场”进行的贸易相对减少，而通过“封闭市场”所进行的贸易日益扩大。

所谓“自由市场”是指以自由竞争为特征的开放性市场。如商品交易所、拍卖行、

招标处和以商业合同一次性为基础的商品市场。所谓“封闭市场”是指以经济一体化措施为媒介的商品市场。如欧共体市场，垄断组织、跨国公司占主导地位的市场和以长期的大规模联系为基础的商品市场。跨国公司内部贸易在各国出口贸易和世界贸易中的比重不断增大。跨国公司以全世界为基础进行生产和销售。随着跨国公司内部专业化分工的扩大，其内部贸易母公司和子公司及子公司与子公司之间的交易不断增大，在各国出口贸易和世界贸易中占有举足轻重的地位。例如，美国和英国 80%～90%的出口是跨国公司完成的。1985 年日本九大综合商社的进出口贸易占日本对外贸易总额的一半。1980 年发展中国家农产品出口约有 80%是在跨国公司控制之下。1966 年跨国公司内部贸易占世界贸易的 22%，1980 年上升到 25%。目前，跨国公司已控制了世界贸易的 50%～60%。

在国际市场的大宗商品交易中，传统的短期商业性合同逐渐被长期合同代替。长期合同包括补偿贸易、合资经营、国际分包合同等的供销、价格相对稳定，而短期合同供销关系变动常常受行情变化影响，因此，许多商品是以长期合同为主。例如，石油贸易 90%以上是通过国际石油公司长期合同供应的，现货市场交易仅占 5%～10%。区域贸易集团内部贸易量的扩大也是“封闭市场”扩大的表现。

复习思考题

1. 怎样理解国际贸易的含义？
2. 按商品运输方式国际贸易是怎样被划分的？
3. 什么是复出口？什么是复进口？
4. 试述国际分工的含义、发展阶段及特点。
5. 试述影响国际分工的主要因素有哪些？
6. 试述国际分工对国际贸易的作用。
7. 什么是世界市场？当代世界市场的主要特征是什么？

CHAPTER 2
第二章 传统自由贸易理论

□□□ 学习目标

- 掌握绝对优势理论与比较优势理论的内容。
- 熟悉相互需求原理与要素禀赋理论。
- 熟悉里昂惕夫之谜及其解释。

□□□ 学习重点

- 绝对优势理论与比较优势理论内容
- 要素禀赋理论内容

□□□ 关键术语

绝对优势理论；比较优势理论；要素禀赋理论；赫—俄模式；里昂惕夫之谜

开篇案例　深圳福田保税区率先向自由贸易区转型

保税区是20世纪90年代前后，我国借鉴国外自由贸易区的做法而设立的一种特殊经济区域，最初的功能定位是仓储、转口和加工。保税区实行了特殊的经济政策，即实行具有“境内关外”特征的税收政策。这种政策优势在以前高关税、高进口壁垒的前提下，对于企业特别是出口加工型企业具有较强的吸引力，这在一定程度上促使保税区经济得到迅速的发展。但随着我国加入WTO和CEPA的实施，关税税率在逐渐下降，使保税区的政策优势逐步减弱，同时我国保税区的现行投资贸易政策、运作模式、管理体制已经远远不能适应中国加入世贸后的新形势，如果不从功能和管理体制上寻求突破，保税区将无法继续发挥对外开放的试验场和排头兵作用。因此，保税区向自由贸易区转型势在必行。

设置自由贸易区的作用主要是：①利用其作为商品集散中心的地位，扩大出口贸易和转口贸易，提高设置国家和地区在国际贸易中的地位，增加外汇收入；②有利于吸引外资,引进国外先进技术与管理经验;③有利于增加劳动就业机会;④在港口、交通枢纽和边境地区设区,可起到繁荣港口、刺激所在国交通运输业发展和促进边区经济发展的目的。

自由贸易区对区域内经济的影响大致可以分为两类:一类是指由于区域内成员相互之间取消关税和贸易数量限制措施之后直接对各成员贸易发展所产生的影响;第二类是指缔结自由贸易区之后,由于区域内生产效率提高和资本积累增加,导致各成员经济增长加快的间接效果。二者也分别被称为静态效果和动态效果。静态效果中最具有代表性的影响是所谓"贸易创造效应"和"贸易转移效应"。贸易创造效应主要指区域内成员相互之间由于交易成本下降和贸易限制取消,导致本国内高成本产品被区域内其他成员低成本商品所替代以及过去受到对方数量和高关税限制的本国低成本商品出口扩大,从而给区域内进出口双方带来更多贸易机会和经济利益。"贸易转移效应"是指原有与区域外国家之间的贸易往来,由于区域内交易成本的降低可能被区域内成员之间的贸易所取代。动态效果主要包括"市场扩张效应"和"促进竞争效应"。前者是指随着贸易规模的扩大,将产生生产和流通的规模效益,并带来产业集聚效果。后者是指随着区域统一市场的形成,将促进区域内垄断行业的竞争,提高生产效率。贸易创造效应、市场扩张效应和促进竞争效应会带来许多正面影响,但是贸易转移效应也有可能带来负面影响,原因在于区域内的低效率产品可能会取代非成员的高效率产品。一般来说,需要通过吸收高效率成员和扩大区域覆盖范围才有可能防止这一负面影响。

深圳福田保税区转型成为自由贸易区具有积极影响。

首先,可以为深圳构建发展开放型经济的重要平台。开放型经济不同于外向型经济,它是商品、资本、技术和劳动力等要素可以跨越边境、按照国内和国际统一的市场供需,实现资源最优配置的经济模式,而外向型经济是国内外市场分离运作的经济模式。在全国实施开放型经济发展战略的新形势下,保税区成为我国入世后少有的能够继续保留下来实施优惠政策的特殊区域,其重要性越来越突出。深圳为了能在更大范围对外开放,加快开放型经济发展步伐,需要通过实施保税区功能定位创新战略,向自由贸易区和自由港区转型,搭建起推进全市开放经济的发展新平台,使保税区成为深圳建设区域性物流中心、国际物流节点的重要组成部分,吸引跨国公司延伸生产服务链和增值链的基地,推动当地在更大范围、更广领域和更高层次上参与国际经济技术合作和竞争。

其次,深圳福田转型成为自由贸易区适应了国际经济一体化的新要求。我国加入世贸后承诺在更大程度上降低关税水平,开放服务贸易业,CEPA 的实施又在更大程度上开放了内地市场。福田定位于自由贸易区能更好地与国际经济接轨。

再次,可以促进现有管理体制向国际惯例转型。目前全国保税区内企业在其经营管理过程中,普遍存在着海关"一线"与"二线"货物监管模式、进入保税区的国产产品出口退税和保税区外汇管理等领域的制度性障碍，这些障碍和问题在保税区目前的体制框架中已经很难得到一揽子解决。而在转型成为自由贸易区的过程中，可以推进体制的转型。

第一节 绝对优势理论

一、绝对优势理论内容

绝对优势理论(Theory of Absolute Advantage)产生于18世纪中叶，是由英国古典经济学家亚当·斯密(Adam Smith)在其1776年出版的《国民财富的性质与原因的研究》(简称《国富论》)一书中提出的。亚当·斯密主张经济自由，反对国家干预经济，认为促进国家财富增长的最佳政策就是自由放任。他认为实行自由放任原则的主要内容就是自由竞争和自由贸易。亚当·斯密不仅主张国内要自由贸易，而且主张对外也要自由贸易。他认为对外自由贸易有很多好处：各国可以互通有无；不受国内狭小市场的影响；可以促进分工，提高劳动生产率，增加社会财富。他为了证明自由贸易的好处，提出了绝对优势理论。

亚当·斯密的绝对优势理论认为：由于各个国家先天所拥有的自然地理条件(如气候、资源蕴藏等)及人口不同，后天所获得的生产条件(如劳动生产率、工艺水平、管理水平等)也很不同，因此，每个国家都要根据自己的有利条件去生产劳动成本比别的国家绝对低的商品，进行国际贸易，这样对参加分工的每个国家都是有利的。

亚当·斯密的绝对优势理论是建立在国际分工学说的基础之上的，他用一国内部不同职业、不同工种之间的分工原则来说明国际贸易分工。他认为：

(1)分工能提高劳动生产率，增进社会财富。亚当·斯密在《国富论》中，十分强调分工的利益。在他看来，分工可以提高劳动熟练程度；使每个人专门从事某项作业，节省了与生产无关的时间；分工还有利于发明创造和改进工具。他以手工工场中的制针业为例，认为在没有分工的情况下，一个粗工每天最多只能制造20枚针，有的甚至连一根也造不出来，而在分工之后，平均每人每天可制针4800枚，每个工人的劳动生产率提高了240倍，这显然是分工的结果。亚当·斯密认为，分工是交换引起的。交换是人类出于利己心理并为达到利己的目的而进行的活动，人们为了追求私利，便乐于进行这种交换，为了交换，就要生产能交换的东西，“这就鼓励大家各自委身于一种特定业务。使他们在各自的业务上，发挥各自的天赋资质和才能。”“这就产生了分工。所以，每个人都专门从事他最具优势的产品的生产，然后彼此进行交换，则对每个人都有利。”

(2)分工的依据是绝对优势或绝对成本理论。亚当·斯密认为，“若外国能以比我们自己制造还便宜的商品供应我们，我们最好就用我们有利的使用自己的产业生产出来的物品的一部分去向他们购买。”那么，一国如何确定哪种产品的生产具有优势呢？

如何判断另一国的某种商品便宜与否呢？亚当·斯密的依据是生产成本。一国应把本国生产某种商品的成本或费用与外国生产同种商品的成本或费用进行比较，以便决定是自己生产还是从国外进口。若比较结果证明一国某种商品的生产成本绝对低于他国，则该国生产这种产品的产业就是具有绝对优势的产业；相反，则是处于"绝对劣势"的产业。各国按照这种绝对成本差异进行国际分工，生产本国最具优势的产品去进行贸易，就能使各国的资源、资本和劳动力得到最有效的利用，并大大提高劳动生产率，增加各国的物质福利。

(3)绝对优势来源于自然禀赋或后天有利条件。亚当·斯密不仅论证了国际分工的基础是各国商品间存在的绝对成本差异，还进一步指出了绝对优势差异存在的原因。他认为，每国都有适宜生产某特定产品的绝对有利的条件，因而该产品的生产成本会绝对低于别国。这种绝对优势来源于两方面：一是自然禀赋，即一国在气候、环境、土壤、地理、矿产资源等自然条件方面的优势，属天赋的优势；另一方面是各国人民通过后天的教育、培训而获得的知识和特殊的工艺技能。如果一国拥有其中一种优势，它的劳动生产率就会比别国高，生产成本自然就绝对比别国低了。

二、对绝对优势理论的简要评价

亚当·斯密的绝对优势理论的进步意义在于：他把资产阶级开展国际贸易的理论根据从流通领域转到了生产领域，认为国际贸易应在一种自由的经济贸易条件下进行。就是从现代观点看，它也有一定的科学因素，即强调要发挥各国的经济优势，讲究经济效益。不过这种科学因素必须在保证各国都有独立权利的基础上才有意义。

绝对优势理论也有缺点。亚当·斯密认为：国际分工是自然形成的，是由每个国家的历史、自然条件决定的，是不能改变的。这个观点是错误的，它反映了当时英国资产阶级向外扩张的要求，为英国对外侵略制造了理论工具。

另外，亚当·斯密的绝对优势理论不但把国际贸易看成完全是由自然地理条件造成的，而且还认为，只有能生产出成本绝对低的商品才有可能进行国际交换。这就产生了这样一个问题：许多生产力水平低下、生产不出成本绝对低的商品的国家是不是就不能参加国际贸易了呢？显然，亚当·斯密的绝对优势理论没法解决这个问题。若果真如此的话，不但一些资本主义国家不能进行国际贸易，而且大多数的落后国家也就根本不可能参加国际贸易了。这当然不符合资本主义国家向外扩张的要求，也不符合资产阶级建立和发展国际贸易体系的需要。

第二节　比较优势理论

一、比较优势理论内容

比较优势理论(Theory of Comparative Advantage)是大卫·李嘉图自由贸易学说中的重要组成部分，是在他1817年出版的名著《政治经济学及赋税原理》中提出来的。

大卫·李嘉图认为：在完全自由贸易的制度下，每个国家自然会将自己的资本和劳动用于能够使它获得最大利益的那些工业部门。这种个别利益的追求是极其惊人地与整体的普遍利益联系在一起。因此，和亚当·斯密的理论一样，大卫·李嘉图的理论实质就是：每个国家都应利用不同国家不同商品生产成本的差别而从对外贸易的发展中获取“利益”。但李嘉图补充了斯密的成本优势观点。他认为：一个国家在世界范围内专门生产它在成本上占有相对优势的产品是合理的。它甚至可以不去发展那些虽然生产成本低于其他国家，但成本的差额仍比不上本国生产效率最高部门的产业。换言之，李嘉图其实就是认为：一国输出的商品只要相对地有利就可以了；每一个国家都应生产用比较少的成本就能生产出的商品；这种商品的成本的绝对数可以高于其他国家，但只要相对地在本国消耗劳动少就行，然后将生产出的这种商品与他国交换，则这种交换对双方都是有利的。

李嘉图接着举了那个著名的例子，见表 2-1。他说：假设葡萄牙酿制一单位的葡萄酒需要 80 人劳动一年，生产一单位的毛呢需要 90 人劳动一年；而英国在同样一年内，酿制一单位葡萄酒需要 120 人，生产一单位毛呢需要 100 人。那么按照亚当·斯密的绝对优势理论，英国和葡萄牙就不可能进行双边贸易，因为英国拿不出生产成本绝对低的产品。

表 2-1　　英国和葡萄牙的比较利益情况

	国家	毛呢	葡萄酒
分工前	葡萄牙	1 单位＝90 人	1 单位＝80 人
	英国	1 单位＝100 人	1 单位＝120 人
分工后	葡萄牙		90 人＋80 人＝170 人＝2.125 单位
	英国	120 人＋100 人＝220 人＝2.2 单位	

但是，大卫·李嘉图的相对优势理论认为，英、葡两国是可以进行贸易交换的，因为从这两种商品生产成本之间的差距 80 比 120 和 90 比 100，即葡萄牙酿制葡萄酒的成本比英国低三分之一，而生产毛呢只低十分之一。

可见，葡萄牙酿制葡萄酒的优越程度较之生产毛呢的优越程度更大一些；而英国在生产毛呢的劣势较之酿制葡萄酒的劣势要相对小一些。因此，如果葡萄牙集中力量把原来生产毛呢的 90 人和酿制葡萄酒的 80 人全部用来酿制成本相对低的葡萄酒，则可酿制出 2.125 单位的葡萄酒；而如果英国集中力量把原来酿制葡萄酒的 120 人和生产毛呢的 100 人全部用来生产毛呢，则可生产出 2.2 单位的毛呢。这时两国若各以 1 单位的毛呢与 1 单位葡萄酒相交换，则结果是：葡萄牙不但拥有 1 单位葡萄酒、1 单位毛呢，而且还多出 0.125 单位的葡萄酒；而英国不但拥有 1 单位毛呢、1 单位葡萄酒，而且也可多出 0.2 单位的毛呢。这样。双方通过交换都增加了财富，得到了好处。因此，即便一些国家不能生产出成本绝对低的产品，但比较起来，总会有成本差距相对低的商品可以进行生产，从而便能用它与别国交换，国际贸易就可以广泛地开展了。这就是李嘉图的“比较优势理论”，这一理论获得了广泛的传播，而且一直影响到今天的国际贸易。

二、比较优势理论的简要评价

大卫·李嘉图的比较优势理论实际上和绝对优势理论一样，都是主张自由贸易的，但他修改和发展了绝对优势理论，从而促进了资本主义的资本积累，也大大促进了国际贸易的发展。不过，比较优势理论也存在很大缺陷。首先，它与李嘉图自己提出的劳动价值论相矛盾，它不能解释为什么葡萄牙花费 80 人生产的一单位葡萄酒能与英国花费 100 人生产的一单位毛呢相交换，这一点使比较优势理论的完整性与科学性大打折扣。其次，比较优势理论没有对贸易分工与经济发展利益、静态效益与动态效益进行专门地系统地考察。它只是从一个假设的静态均衡的世界里，从市场交换的表面现象来研究经济问题和国际贸易问题，而没有涉及生产关系，没有涉及政治。实际上，帝国主义及霸权主义总是利用各种政治与经济的手段从国际贸易上获得最大利益，它们的“自由贸易”不但在国内剥削本国人民，而且还在国外剥削殖民地或附属国人民。因此，比较优势理论掩盖了资本主义国家在对外贸易中强国对弱国掠夺的事实。这种学说实际上在为资本主义国家的扩张主义进行辩护。

但是，比较优势理论也是有一定的合理内核的，表现在它强调节约劳动时间，讲究经济效益；强调每一个国家都要扬长避短，出口本国生产处于相对优势的商品，进口本国生产处于相对劣势的商品。这些观点对世界市场的扩大、国际贸易的发展和社会生产力的进步无疑是有积极意义的。对于这些科学的合理的因素，我们也应借鉴和发展。

第三节　相互需求原理

约翰·斯图亚特·穆勒是英国经济学界的重要人物，是李嘉图的追随者，也有人称他是“最后一个古典主义者”。1848 年，他出版了其代表作《政治经济学原理》，在该书中，他论述了“相互需求原理”(Theory of Reciprocal Demand)。穆勒认为，国际商品交换比例是在比较成本确定的范围内，由相互需求的强度决定的。

一、国际商品交换比例上下限

穆勒认为，在国际分工开始以前，两国存在各不相同的 x 商品与 y 商品的国内交换比例。进行国际分工和国际贸易后，两国国内的交换比例被在世界市场确定的单一交换比例即国际交换条件所取代。这种国际交换比例直接决定各国出口产品的国际价值。

下面以英国和德国两个国家各生产毛呢和麻布两种产品为例，来论述穆勒关于国际交换条件的确定问题。

（一）分工前情况

英德两国进行国际分工前，在两种产品的生产上各自具有相对优势。依据比较优势理论，英国应专业化生产毛呢，德国应专业化生产麻布。

假设英德两国投入既定量劳动可各自生产毛呢和麻布的数量见表 2-2。

表 2-2　　英德两国分工前的产量

	毛呢	麻布	国内交换比例
英国	10 码	15 码	10∶15
德国	10 码	20 码	10∶20

根据假定，英德两国总劳动量相同，一半用于生产毛呢，一半用于生产麻布。在毛呢的生产上，两国劳动生产率相同，投入相同的劳动量产出相同的 10 码毛呢；在麻市的生产上，两国的劳动生产率则不同，同样的劳动投入，英国只生产出 15 码麻布，德国则生产出 20 码麻布。由此可以看到，英国在毛呢的生产上处于相对优势，而德国则在麻布的生产上处于相对优势。所以，贸易格局应该是英国生产并出口毛呢以交换德国的麻布。

（二）分工后情况

英德两国进行国际分工后，劳动投入总量没有增加，产品总量却增加了，按比较优势原则进行国际分工，英德两国所生产的产品量见表 2-3。

表 2-3　　英德两国分工后产量的变化

	毛呢	麻布
英国	20 码	0 码
德国	0 码	40 码

英国劳动力全部投入毛呢的生产，能生产出 20 码的毛呢；德国全部劳动力都用于麻布的生产，能生产出 40 码麻布。就英国和德国所结成的分工体系来说，产品总量由于分工而增加了：毛呢的量虽仍为 20 码，麻布的产量却由 35 码增至 40 码。

（三）交换比例区间的确定

英德两国间商品的交换比例，应在双方国内商品交换比例的上下限之间。

在未参加各国间的分工与贸易时，英德两国国内的商品交换比例由商品的劳动成本决定。所以，在英国国内毛呢与麻布的交换比例，或称毛呢对麻布的相对价格为 10∶15，即 10 码的毛呢换 15 码的麻布，因为它们所含的劳动量相等。在德国国内，毛呢与麻布的交换比例为 10∶20，即 10 码毛呢换 20 码麻布。

当有了国际分工后，英国人开始用毛呢到德国去交换麻布。这种国际交换的比例应如何确定呢？假设英德两国间的运输成本为零，英国人会希望用10码的毛呢到德国去按德国国内的交换比例换回20码的麻布；德国人则希望能按英国国内的交换比例，得到英国的10码毛呢时只付出自己的15码麻布。显然，这两种愿望是相互矛盾的。在现实中唯有形成一个折中方案，才能被双方同时接受。

在只有英德两国组成的国际市场上，只要10码毛呢可以换得的麻布超过15码，英国便会接受这种国际贸易，因为这种相对价格比英国国内便宜；反之，若10码毛呢能换得的麻布量等于或少于15码，英国就不会出口毛呢到德国去换麻布。同样，对于德国来说，只要在国际市场上换取10码毛呢的麻布量少于20码，它就愿意参加国际贸易。因此，英德两国商品的交换比例，应确定在双方国内的交换比例这一上下限之间。

如果用e表示国际交换比例，则其范围可以表示为

$$10:20<e<10:15$$

唯有在此范围内，国际贸易方会发生。如果国际商品交换比例高于这一上限或低于这一下限，则贸易双方中就必有一方会退出交易，国际贸易也就无法进行下去。如果按上限或下限进行交换，就会出现交易的一方独占全部利益的情况。

比如，按10∶20这种德国国内的交换比例进行贸易，贸易后德国可得到10码毛呢和20码麻布，其利益没有因为参加国际贸易而变化；英国却在这种贸易中获得了10码毛呢和20码麻布，比参加国际分工和贸易前多得5码麻布。这意味着国际分工和贸易所产生的全部利益都被英国所得。再比如，若按10∶15这种英国国内的交换比例进行贸易，则英国的利益未变，而德国多得5码麻布。这样一来，就等于德国将国际分工和贸易带来的利益全部占为己有。

通过上述分析，穆勒得出如下结论：

两国国内交换比例构成国际交换比例的上下限，超过或等于上下限的交换比例意味着一方获得全部利益，而另一方则损失了利益或未增加利益。

上述理论并非穆勒的创新，因为它可以从李嘉图理论推演而来。但是，国际商品交换比例e究竟应定在上限和下限之间的哪一点上，这是从李嘉图的理论中得不出来的。穆勒认为，这须从交易双方的相互需求入手进行分析，方能解决这一问题，而这才真正是他的理论创新。

二、贸易利益分配取决于相互需求强度

穆勒在深入分析并提出国际商品交换比例一定会在交易双方国内交换比例之间这一观点后，进一步提出：各国间商品的具体交换比例取决于贸易双方相互需求强度的大小。

在国际贸易中，一方销售商品也就变成了购买对方商品的手段。换言之，一方供给构成了对对方商品的需求，所以供给和需求是商品交易的两个方面，可称其为相互

需求。穆勒认为,在国际贸易形成的相互需求中,对对方产品需求强度相对大的国家,贸易条件(商品的具体交换比例)对该国就不利。因为该国为了得到对方国家的产品,就不得不用更多的本国产品去交换,从而使本国产品的交换能力下降。相反,对对方产品需求强度相对小的国家,贸易条件对该国就较有利。

第四节 要素禀赋理论

一、赫-俄要素禀赋理论的主要内容

李嘉图的比较优势理论认为:各国国内的自然优势与人为优势的不同,世界各国生产特点和劳动生产率要素的差异是国际贸易的基础。但除此之外,李嘉图并未说明是什么因素使得比较利益不同。

直到一百多年以后,瑞典经济学家俄林(Ohlin)才于1933年出版的《区域贸易与国际贸易》一书中开始运用一般均衡分析来修改李嘉图的比较优势理论。后来他又进一步地运用生产要素价格分析并提出了"相互依存的价格形成理论"(Mutual Independence Theory of Pricing),又叫俄林要素禀赋模式。

俄林把他的研究集中在生产要素的价格形成上,并根据一般均衡分析认定价格形成是相互依存的。这是他的贸易理论核心,不但适用于国内贸易,而且也适用于国际贸易。

俄林认为:各国所生产的同样产品的价格绝对差是国际贸易的直接基础。当两国间商品的这种价格差别大于商品的各项运费时,则从价格较低的国家输出这种商品到价格较高的国家是有利的。俄林认为:这种价格的绝对差是由成本的绝对差决定的。他说这就是国际贸易发生的第一个条件。而另一个条件是两国国内各种商品的成本比例不同。

之所以不同的国家有不同成本比例,其原因就在于两国国内的生产诸要素的价格比例是不同的,因为不同的商品是由不同的生产要素组合(如土地、劳动力和资本等)生产出来的。在每一个国家,商品的成本比例反映了它的生产诸要素的价格比例关系,也就是地租、工资、利息和利润之间的比例关系。

俄林认为:每个生产要素禀赋的价格是由供给与需求决定的。若某种生产要素的供给量大于需求量,则价格就相对低一些;反之,若某种生产要素的供给量小于需求量则价格就相对高一些。

因此可以说,国际贸易的必要条件是两国间不等的生产要素的相对价格(或稀缺性),而国际贸易的充分条件就是国际间生产要素的相对不流动性或缺乏可分性。有了以上的条件,国际贸易就有了可能,商品的流动一定程度上就可以弥补国际间生产要素禀赋缺乏流动性的不足。或者说,国际贸易可以减少国际间生产诸要素分布不均的缺陷。因此,国际贸易的最重要结果是各国都能够更有效地利用各种生产要素。每个国家为参加国际贸易和分工，获得更大的利益，就会去生产那些生产要素多或便宜的商品而不会去生产那些生产要素稀缺或价高的商品。

比如：假定汽车生产是资本密集型，即需要大量资本而少量土地，小麦生产是土地密集型，即需要大量土地而少量资本。如果德国的资本比较丰富，即德国的资源（生产要素禀赋）较适合于生产资本密集型的汽车，则德国在生产汽车方面占有比较优势。而法国的土地资源比较富有，则法国有生产小麦的比较优势。因此，资本丰富而便宜的德国应出口资本密集型产品——汽车，而土地富有且便宜的法国应出口土地密集型产品——小麦。国际贸易由此发生。

因此，俄林认为：应该实行自由贸易，只有在自由贸易这个条件下，各种工业才会趋向于集中在各种生产要素比较充足的地区，生产诸要素也才会得到最有效的使用，从而使劳动生产率提高，产量增加，价格降低。

由上所述，俄林的国际贸易理论概括地说就是：商品价格决定于生产成本，生产成本决定于生产要素的价格，生产要素的价格则决定于供求。在需求条件相同和投入的劳动生产率相同的情况下，生产要素贫富的相对差异决定了相对价格水平和国际贸易结构。因此，每个国家都应出口那些要素比较密集、禀赋比较丰富的商品。

以上就是俄林的要素禀赋模式的主要内容，这个理论也叫做俄林模式。由于俄林是受到赫克歇尔（Heckscher）的关于生产要素比例的国际贸易理论的启发和影响而进一步论证的，因此，俄林模式又叫赫克歇尔-俄林模式，简称赫-俄模式（H-O Model）。

二、对赫-俄模式的简要评价

赫-俄模式与李嘉图的比较优势理论的主要结论是一样的，它们都主张自由贸易，认为在自由贸易条件下，世界总产量将会增加，所有参加贸易的国家都会从总产量增加上获益。这种理论在一定程度上促进了发达资本主义国家之间、发达国家与欠发达国家之间的国际分工以及世界市场的形成和扩大，从而促进了国际贸易的发展。因此，赫-俄模式实际上就是“比较优势理论”的现代变种。

之所以说赫-俄模式比“比较优势理论”有发展，是因为它直接从生产要素价格出发，省去了比较成本的麻烦。因为从成本分析出发的话，只有预先解决“成本”与“价格”间的关系，才能进一步使货币成本来代替真实成本。而且，我们也应当承认：土地资源、劳动力、资本、技术等要素在决定各国的对外经济贸易关系上的确起了重要的作用，它比当代技术因素在促进国际贸易方面所起的作用更大，而且正是这些因素在那里形成相对价格，因而它们对一国对外贸易的影响是不容忽视的。

但是，赫-俄模式也存在很大的缺陷：首先，它着重阐述了国际贸易的原则，而对各国间的差异分析不够。比如，按照赫-俄模式，国际贸易的大部分应发生在要素禀赋和需求格局不同的国家之间，差异越大的国家进行国际贸易获利也越大，这就没法解释当今发达国家之间贸易迅速发展的实际情况。

第二，俄林认为，贸易的结果是使商品价格进而使生产要素的价格均等。这与他的理论产生矛盾。因为按照俄林的理论，正是由于价格差异才产生了国际贸易，而现在国际贸易的结果是消除价格差异，那么是不是说国际贸易就不再进行了呢？

第五节 里昂惕夫之谜

一、里昂惕夫之谜的产生及其内容

1953 年，里昂惕夫(Leontief)按照赫-俄模式的结论，选择美国为实例进行了验证。

按照赫-俄模式，美国作为一个拥有较多资本和较少劳动力的国家，应该输出资本密集型产品，而输入劳动密集型产品。但是，里昂惕夫通过对美国 200 多个产业，特别是其中直接进行对外贸易的产业的调查，计算出 1947 年每百万美元美国出口商品与进口替代商品对国内资本和劳动的需求额以后，发现美国的与进口竞争的国内产品生产部门中的工人所拥有的资本比生产出口产品部门中的工人所拥有的资本多出 30%。也就是说，美国的与进口商品竞争的国内产品比起出口产品来，是更加资本密集型的。显然，这是和赫-俄模式相矛盾的。这就是“里昂惕夫之谜”，也称为“里昂惕夫反论”(Leontief Paradox)。

后来，里昂惕夫又对 1951 年的美国对外贸易结构进行了检验，结果仍是这个结论。而且，日本、加拿大等国的经济学家也采用里昂惕夫的检验法来验证他们各自国家的对外贸易结构，结果也得出了与美国相似的答案。于是，“里昂惕夫之谜”引起了西方经济学界的极大兴趣，对它的解释也纷纷出现。

实际上，赫-俄模式所指的资本只是物质资本，如机器设备、厂房等，而完全忽视了技术和管理等人力资本。所以，里昂惕夫所说的“劳动密集型产品”，实际上是复杂劳动的“知识与技术密集型产品”。

因为美国的劳动力比国外的劳动力具有较高的效率，若换成劳动量，则美国出口商品所含劳动量就大大增加了，故与资本量相比，美国出口的产品成为劳动密集型产品。据此，里昂惕夫提出“劳动力熟练程度理论”，并按这种单要素进行国际分工、国际专业化分工和协作生产。这种分工特别表现在发达国家间的相互贸易和跨国公司的内部贸易之间。

表 2-4　每百万美元美国出口和进口竞争型商品对国内资本和劳动的需求(1947 年商品结构平均数)

要素	出口商品	进口竞争型商品	出口：进口
资本(1974 年美元数)	2550780 美元	3091339 美元	
劳动力(工/年)	180	170	
资本/劳动力比例(年美元数/每工)	14010 美元	18180 美元	1∶1.30

二、里昂惕夫之谜的解释

里昂惕夫之谜是在1953年发表的。它的出现,在西方经济学界引起了强烈反响。对赫-俄模式验证结果在国际经济学领域所产生的巨大影响,也是里昂惕夫本人所始料不及的。是赫-俄模式有差错,还是人们对美国贸易结构的认识不正确?围绕这个问题,经济学家们从不同角度进行了长达数十年的探讨和争论,试图揭开里昂惕夫之谜。

进一步的实证研究既保留了这个谜,也部分地解开了这个谜。之所以说保留了这个谜,是因为只要计算的是简单的资本-劳动比率,美国就会被继续看成是出口劳动密集型产品的国家。之所以说是部分地解开了这个谜,是因为经济学家们已经提出了一系列能够部分解释这个迷的重要因素,并对赫-俄模式原先的解释做了许多改进。经济学家对里昂惕夫之谜的解释大体上有以下六种。

(一)用来进行检验的1947年的数据缺乏代表性

有的经济学家认为,1947年距离第二次世界大战太近了,战争对经济造成的伤害和影响依然存在。因此,采用美国1947年的相关经济数据显然不能反映美国正常情况下的经济与贸易的运行规律,因而没有代表性。里昂惕夫接受了这种观点,他于1956年重做了这个检验。当时,里昂惕夫采用的是美国1951年的贸易数据,因为1951年被认为是战后各国重建全面完成的一年。通过分析计算,美国每100万美元出口产品与进口替代产品的资本和劳动需求比率之值上升为0.95。如果不包括自然资源行业,则该比率会上升为1.14。这就部分但不是完全地解释了这个谜。

(二)贸易壁垒说

克拉维斯和鲍德温等人从美国的关税结构和其他贸易壁垒方面解释里昂惕夫之谜。在他们看来,美国不进口许多相对来说是劳动密集型的产品,是因为美国为了保护国内劳动密集型行业,就会限制或者禁止这类产品的进口。许多研究成果表明,美国进口的劳动密集度高的产品要比劳动密集度低的产品受到更多的进口壁垒限制。例如,克拉维斯在1954年的研究中发现,在美国受到贸易保护最严密的产业就是劳动密集型产业。鲍德温为美国劳工部所写的一份研究报告也认为,美国当时的进口壁垒对高于平均就业机会的产品限制最严,特别是对非农场的非熟练工人的就业机会这一类,受到较多保护的是技术较落后的工业,政府支持的是那些相当大量地使用低技能工人的工业,如棉纺织业和织袜业。由此可见,这些贸易壁垒必然影响美国的贸易模式,降低其进口替代品的劳动密集程度。如果美国实行自由贸易,美国就会进口比当时更多的劳动密集型产品,里昂惕夫之谜就会在一定程度上被解开。

(三)自然资源说

美国经济学家凡尼克率先从自然资源角度解释里昂惕夫之谜。其分析表明,美国出口项目中自然资源价值只有进口项目中自然资源价值的一半。在美国,对诸如原油、粗铜等自然资源的开采加工一般是高度资本密集型的。他认为美国幅员辽阔但自然资源却相对短缺，常常由国外进口自然资源，而不是由国内其他地区供应。里昂惕夫之谜的产生，就是由于进口产品中自然资源所占比重过大造成的。当自然资源行业不包括在里昂惕夫的计算范围之内时，这个谜就不存在了。

另外，凡尼克认为里昂惕夫使用的是两要素（劳动与资本）模型，忽略了其他要素如自然资源（土壤、矿藏、森林等）的影响。例如，假定一种产品是自然资源密集型产品，在两要素模型中却将其强行划分为劳动密集型产品或资本密集型产品，这显然是不太正确的。在这种情况下，产生里昂惕夫之谜也就不足为奇。

（四）人力资本说

克拉维斯、基辛、肯恩和鲍德温等人利用人力资本分析方法来解释里昂惕夫之谜。他们认为，里昂惕夫所定义的资本仅仅包含实物资本（如机器、设备、厂房等），而完全忽视了人力资本。人力资本就是工人拥有的能够提高其劳动生产率的教育、工作培训、健康状况等一系列性状。即通过对劳动力进行教育、培训和保健等方面的投资，使之变成了劳动生产率更高的一种新要素。简而言之，人力资本就是对劳动力与资本相结合而形成的一种新的生产要素。

从人力资本这一概念出发，克拉维斯、基辛、肯恩和鲍德温等人从不同的角度进行实证分析，研究结果表明：与其他国家相比，美国拥有最训练有素的劳动，包含了更多的人力资本；美国出口产品所使用的熟练劳动力的比重比替代进口产品所使用熟练劳动力的比重要高；美国出口行业比美国进口替代行业有较高的劳动生产率和较多的人力资本；美国出口产品的技能密集程度比其他工业国家出口产品的技能密集程度要高。总之，美国劳动比外国劳动具有更多的人力资本。如果把人力资本这一部分加到实物资本上，就会使美国的出口产品的资本密集度高于其进口替代品的资本密集度。这样，里昂惕夫之谜便消失了。

（五）技术进步说

这是与人力资本说相联系的一种解释。一些西方经济学家认为，人力资本能够提高劳动生产率，而技术进步却能提高土地、劳动和资本三者作为一个整体的全部要素生产率。技术进步是过去对研究和发展事业进行投资的结果，因此，它和人力资本一样，可以被看成是一种资本或一个独立的生产要素。技术领先国家创造出一种新产品或一个新的生产流程时，如果国外尚未掌握，便会产生一种国际间的技术差距，这时领先国家就有可能享有出口技术密集型产品的比较优势。而有些国家之所以能够技术领先，主要原因是这些国家资金充裕，而且拥有雄厚的人力资本和高水平的技术知识，并能将其集中用于科研和发展，因而就能够经常地推出新产品和新工艺。根据格鲁贝尔和弗农等人的研究，在美国 19 个产业中，运输、电气、工具、化学和机器制造这 5 个产业的科研发展经费占这 19 个产业全部科研发展经费的 89.4%，其销售量也只占 39.1%，出口量却占 72%。所以他们据此认为，美国在生产技术密集型产品方面占有优势，因而出口产品可能多属这类产品。如果把技术进步看做是一种生产要素，拓展里昂惕夫所使用的两要素(劳动与资本)模型，这在一定程度上也解释了里昂惕夫之谜。

(六)其他解释

首先介绍需求逆转说的观点。为了介绍方便，我们假定在"2×2×2"模型之中，两个国家分别为美国与其贸易伙伴国，美国是资本丰裕国，其贸易伙伴国是劳动丰裕国。根据 H-O 模式，在两国需求偏好相同的情况下，美国应该出口资本密集型产品，进口劳动密集型产品；而其贸易伙伴国却恰恰相反。

然而，需求逆转说却认为，两国的需求偏好是不同的，美国偏好于资本密集型产品，而其贸易伙伴偏好于劳动密集型产品。由于两国需求偏好的差异，就导致了美国资本密集型产品的价格要高于该产品在贸易伙伴国的价格，使得美国的比较优势由资本密集型产品就变为了劳动密集型产品。而贸易伙伴国却恰恰相反。即贸易伙伴国对劳动密集型产品的偏好抬高了劳动密集型产品的价格，使其在劳动密集型产品的生产上失去了比较优势，而在资本密集型产品的生产上却具有比较优势。

由于需求逆转改变了 H-O 模式对需求偏好相同的假设条件，当贸易双方的需求有很大的差异时，就抵消了其要素禀赋的差异，从而使其贸易格局与 H-O 模式的预测结果恰恰相反。可见，需求逆转说就为里昂惕夫之谜提供了一种解释。

然而，有的经济学家却持否定观点。1957 年豪萨克对许多国家家庭消费模式的研究表明：各国对食品、衣服、住房以及其他种类商品的收入弹性大致相同，需求偏好是相似的。他因此认为，基于需求偏好不同假设的解释是行不通的。

下面介绍要素密集度逆转说的观点。有的经济学家认为，里昂惕夫之谜的产生也许是由于要素密集度逆转造成的。生产要素密集度逆转指的是，一种既定商品在劳动力丰裕的国家是劳动密集型产品，而在资本丰裕国家则变为了资本密集型产品。这样一来，一种产品就其本身而言，很难断定它到底是资本密集型产品还是劳动密集型产品。

美国进口的某种产品在出口国可能是以劳动密集型的方式生产出来，而这些产品在美国则是以资本密集型的方式来生产。这样，从美国角度来看，就造成了进口资本密集型产品的错觉。同样，虽然从世界的角度来看美国的出口产品是资本密集型产品，但从美国的角度来看它出口的却是劳动密集型产品。在这种情况下，要素禀赋理论是不适用的，虽然要素密集度逆转说在理论上很有吸引力，但没有证据可以表明要素密集度的逆转是一种普遍现象。

综上所述，围绕着里昂惕夫之谜，经济学家们提出了各种各样的理论解释，大多是为了维护要素禀赋理论的正确性。虽然有些解释只是部分地解释了这个迷，甚至有些结论之间还是相互矛盾的。但在解谜的过程中，大大地推动了国际贸易理论在战后的迅速发展。

复习思考题

1. 简述绝对优势理论的内容及对其的评价。
2. 简述比较优势理论的内容及对其的评价。
3. 简述要素禀赋理论的主要内容。
4. 简述对赫-俄模式的评价。
5. 请解释什么是里昂惕夫之谜?

CHAPTER 3

第三章

现代自由贸易理论

□□□ 学习目标

- 了解新要素理论的内容和产业内贸易理论的内容。
- 熟悉技术差距理论与产品生命周期理论的内容与应用。

□□□ 学习重点

- 技术差距理论的内容与应用
- 产品生命周期理论的内容与应用

□□□ 关键术语

新要素理论；产业内贸易；技术差距理论；产品生命周期理论；新新贸易理论

开篇案例　日本汽车零配件市场逐渐放开

在现代经济中，大部分同类商品是有差别的，而不是同质的，所以当今国际贸易中有很大一部分是差别产品之间的产业内贸易。

20 世纪 70 年代以来，日本在汽车生产上一直处于全球的领先地位，汽车零配件产业也就依附于汽车产业的发展而得到较快的发展。但是近年由于经济低迷造成日本汽车产业收益减少，其降低成本的压力也转嫁到零配件生产商。日本经济目前仍处于低迷状态，因此汽车零配件产业也需继续进行产业改革，以恢复原有的竞争力。下面是有关 2000 年日本汽车零配件的进出口情况。

1. 进口情况

2000 年汽车零配件进口金额为 3737.87 亿日元，较上年增长 7.1%。就国别（地区）实绩来看，日本汽车零配件的最大进口来源地为美国，2000 年的进口额为 1249.09 亿日元，较上年增长 9.3%；第二是德国，进口额为 289.02 亿日元，减少 14.3%；第三为中国台湾地区,进口额为272.16亿日元,增长9.1%。

2.出口情况

由于美国及亚洲市场需求旺盛,2000年日本汽车零配件(含橡胶轮胎、附带发动机底盘及车身)的出口总额为3.50万亿日元,较上年同期增加7.2%。其中附带发动机底盘为61.94亿日元,大幅增长112.6%;汽车用零件及附属品为1.08万亿日元,增长13.5%;摩托车零配件为977.58亿日元,增长11.1%。

从出口市场来看,2000年日本汽车零配件的最大出口国为美国,出口额为1.49万亿日元,较上年增长3.8%,占总出口额的42.7%;第二位为英国,出口额为1333.02亿日元,增长7.3%;第三位为中国台湾地区,出口额为1288.90亿日元,增长4.8%,占总出口额的3.8%。而增长最快的为韩国,其次为意大利,衰退幅度最大的是加拿大。

产业内贸易的产生是为了利用生产的规模经济,国际竞争迫使工业化国家的各企业或工厂只生产某一类产品的一种或少数几种款式,而不是生产全部款式,这可以保持单位成本很低。所以,近年来,日本零配件制造商先行开发新技术以提供给母厂装配的事例越来越多,因此汽车零配件制造商在汽车市场的地位日显重要。最近由于全球各大汽车厂纷纷进行国际化整合,日本的汽车厂也不得不加紧国际化步伐,与外国车厂进行合作,以适应市场竞争。可见,产业内贸易在当今的国际贸易中起着举足轻重的作用。

第一节 新要素理论

新要素理论是针对赫-俄要素禀赋模式而言的,主要包括以下几种理论。

一、技术要素理论

传统理论定义生产要素为生产过程的投入物,而把技术排除在外。而该理论认为:技术是一种在生产过程中知识、技巧和熟练劳动的积累。它可从整体上提高劳动生产率,也可改变土地、劳动、资本在生产中的相对比例关系。因此,技术也是一种生产要素。只不过这种生产要素与其他生产要素不同,它往往依附在其他生产要素之上。另外,技术只能用于某种特定的生产过程。

在现代国际经济活动中,作为生产要素的技术,其地位越来越重要。要素生产率的提高、商品成本的降低、产品质量的优化、生产经营水平的提高、产品国际市场竞争力的增强等无一不是依赖于技术水平的提高。当今国际经济竞争更重要的是技术水平的竞争。

二、人力技能要素理论

人力技能要素又称熟练劳动要素,是由美国经济学家基辛(Keesing)在其发表的论文《劳动技能与比较优势》中提出的。基辛对美国等国家从事国际贸易的企业人员的劳动复杂程度进行了研究，将劳动分为两类：一是简单劳动；二是技能劳动。

并得出结论：资本较丰富的国家倾向于出口技能劳动密集型商品，而资本较缺乏的国家倾向于出口简单劳动密集型商品；发达国家在生产技能劳动密集型商品方面占比较优势，而发展中国家在生产简单劳动密集型商品方面占比较优势。所以，熟练劳动程度不同是引发国际贸易的重要原因。

表 3-1　　五国进出口产品所需熟练劳动的比重　　单位：%

国家	出口		进口	
美国	54.6	45.4	42.6	57.4
瑞典	54.0	46.0	47.9	52.1
西德	52.2	47.8	44.8	55.2
意大利	41.1	58.9	52.3	47.7
印度	27.9	72.1	53.3	46.7

三、信息要素理论

这一理论认为：信息是除土地、劳动、资本以外的又一生产要素。作为生产要素的信息是指来源于生产过程之外，并作用于生产过程、能带来利益的一切讯号的总称。信息是无形的、非物质的，但它能在不同方面、不同程度上影响生产过程，甚至决定企业的命运。

现代国际经济的运动形式，一是商品流，二是货币流，三是信息流。信息作为生产要素是一种能创造价值并能进行交换的无形资源，它区别于传统的生产要素，带来了生产要素观念上的大变革。现代国际贸易的竞争实际是一个商情战、信息战。因此，信息要素会影响一国的比较优势，改变一国在国际贸易中的地位。

四、规模经济与管理理论

规模经济是指随着生产规模扩大而发生的单位成本下降所带来的利益。规模经济分为内部经济与外部经济。内部经济是指企业在扩大生产规模时由于采用效率更高的特种生产要素和进行企业内部的专门化生产而从企业内部引起的收益增加。外部经济是指企业在扩大生产规模后利用企业外部的各种有利条件而获得的利益。西方经济学家认为，规模经济也会影响一国的比较优势，因而也是国际贸易的重要基础。

作为生产要素的管理是指在一定的技术条件下，保持最优的组织、配置和调节各种生产要素之间的比例关系。管理是生产要素的补充，而不是替代。管理水平的差异反映了劳动生产率的差异；管理资源的丰缺，影响到生产效率与生产成本，并直接影响到一国的比较优势及国际贸易各环节的开展。

第二节 产业内贸易理论

产业内贸易(Intra-Industry Trade)是指同一产业内(主要是制成品)的产品通过一定的市场(外部市场与内部市场)在不同国家和地区间的双向流动。

一、产业内贸易的产生和分类

西方经济学家认为,从产品内容看,国际贸易大致可分两种类型:一是产业间贸易;二是产业内贸易。产业间贸易是建立在生产要素自然禀赋基础上的,是具有不同生产要素禀赋国家间的贸易。第二次世界大战前,主要是产业间贸易。第二次世界大战后,在世界范围内贸易结构和贸易地理方向产生很大变化,赫-俄理论已无法解释这些现象。由此,产生了产业内贸易理论。

产业内贸易有以下分类:

(1)按不同的生产过程或同一生产过程的不同阶段划分,可分为水平型与垂直型产业内贸易(包括中间产品贸易)。

(2)按贸易渠道划分,可分为通过内部市场的产业内贸易和通过外部市场的产业内贸易。前者又叫公司内贸易,即在跨国公司内部进行的贸易。其表现是:主体是在共同的所有权控制下相对独立的经济实体;商品大部分是中间产品;价格是公司内部调拨价。

(3)按产品是否同质划分,可分为同质产品产业内贸易和异质产品产业内贸易。

二、关于产业内贸易的三种解释

对产业内贸易的解释和分析很多,但直到1975年,格鲁贝尔(Grubel)与劳埃德(Lloyd)合作出版了《产业内贸易》一书,才开始对产业内贸易进行开创性、系统性的研究。

纵观西方经济学界对产业内贸易的种种理论解释,大致可概括为以下三种观点。

(1)国际产品的异质性是产业内贸易的前提和基础。从社会发展角度看,生产越发展,产品的种类就越细,被视为整体的产品分成不同品质的产品。从生产厂商来看,随着技术的发展,越来越靠产品的特色来吸引消费者,使同一类产品也出现了质的差异性。产品的异质性满足了不同的消费欲望、心理、层次和需求。

(2)需求偏好相似是产业内贸易的重要动因。这一观点认为:①一国制成品的出口首先取决于国内的需求。在满足国内需求、形成大的生产能力后,再出口到需求结构相似的国家。②人均国民收入所决定的购买力是影响一国消费结构的重要因素,各国收入水平的差异造成需求结构的巨大差异。人均国民收入水平越接近,其需求结构越相似,相互间发生贸易的可能性越大。③经济发展水平越高,异质产品的生产规模越大。这样就产生了生产异质产品的供给市场。同时,经济发展水平越高,人均国民收入水平也越高,从而对异质产品产生强烈的需求,形成异质产品的消费市场。所以,经济发展水平是影响产业内贸易最重要的因素。④提出市场交叉论,认为高收入国、低收入国间也能开展贸易。因为高收入国有低收入者,低收入国也有高收入者,都有共同的需求。如图 3-1 所示,A 国是低收入国,B 国是高收入国,图中阴影部分为交叉的市场需求。

(3)规模经济是产业内贸易的重要成因。企业可通过大规模专业化生产取得规模节约的经济效益。这体现在:①通过大规模生产,可更有效地提高生产要素的使用效率,进行管理和应用新技术,从而降低生产成本,提高经济效益;②通过大规模生产提高企业竞争力,扩大市场占有率,更好地排挤竞争对手。

因此,尽管两国有相同的生产要素和生产技术,但只要一国有规模经济,就可产生比较优势。如图 3-2 所示,B 国由于采取大规模生产,其产品成本降低。所以,B 国可生产该产品并出口至 A 国。

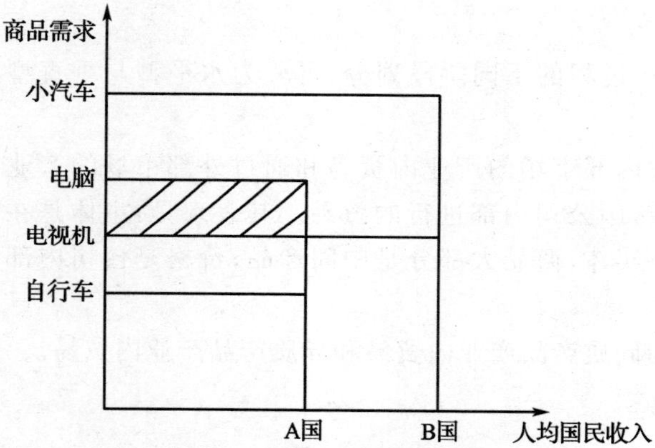

图 3-1 市场交叉论图示

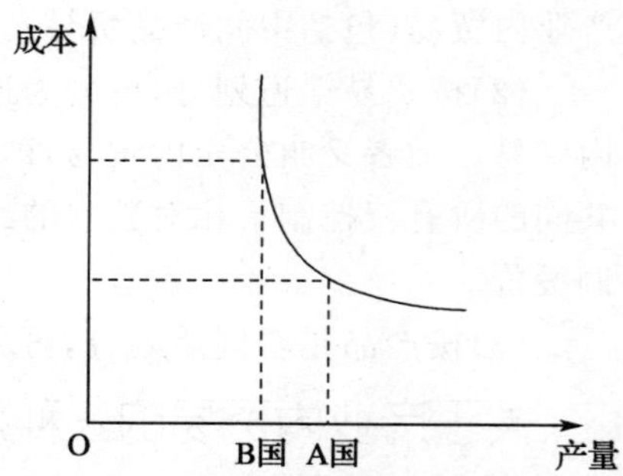

图 3-2 规模经济使 B 国产品成本下降

三、对产业内贸易理论的评析

产业内贸易理论对传统的贸易理论进行了重要的修正,尤其是修正了传统理论不恰当的假定,使之更符合战后国际贸易格局的实际:

(1)产业内贸易理论是用不完全竞争市场代替完全竞争市场的假定。

(2)产业内贸易理论是用不同层次的需求格局取代既定的需求格局的假定。

(3)产业内贸易理论是用产品的异质性取代产品的同质性的假定。另外,市场交叉论对我国开展对外贸易也有借鉴意义。

但产业内贸易理论也有其缺陷。其整个理论并非是对传统理论的替代,而是对比较利益原则的补充和发展,进一步强调了在生产要素、技术水平相同的条件下,生产规模的大小及有效的程度也会导致比较优势,带来比较利益。所以,它是用规模经济决定的比较利益原则替代生产要素决定的比较利益原则。但是否所有商品都具有规模经济?什么情况下发生规模经济?是否所有商品都先有国内市场再有国际市场?这些问题都还值得探讨和商榷。另外,产业内贸易也忽视了对国际生产关系的分析。

第三节 动态理论

第二次世界大战后，西方经济学家致力于贸易理论的动态化研究，提出了许多新的观点和新的研究方法。

一、技术差距理论

技术差距理论是用不同国家间的技术差距来解释国际贸易的理论。这是由美国经济学家波斯纳(Posner)于1959年首先提出的。波斯纳认为在工业国之间存在的大量贸易是由新产品和新生产过程的介入所引发的。技术创新赋予产生技术创新的企业和国家在国际市场上一种暂时的垄断优势。这时暂时的优势主要为两个工业国的贸易提供了一定的基础。

波斯纳假定新技术发明存在“模仿时滞”。即某种新技术的发明到其他国家掌握的这段时间，由于其他国家无法在短期内复制创新国所发明的新产品，因此就形成了在一定产品上的技术差距，这无疑为创新国在模仿时期内拥有出口垄断地位提供了可能。波斯纳又把掌握时滞分为需求时滞和反应时滞。所谓需求时滞是指由于消费者在一定时期内无法认识到新产品能完全替代本国产品，因而使该国对新产品产生需求的时间滞后于创新国对该新产品的需求的时间间隔。反应时滞则指在创新国生产新产品和本国的生产者认识到应在本国生产该种产品的时间间隔。

创新国在新产品上拥有的出口优势一般是因为其需求时滞比反应时滞短。反应时滞的长短是由规模经济、关税、运输成本、需求的收入弹性、收入水平和国外市场的大小等因素决定。新产品生产的经济规模越大、市场越小、关税越小，其反应时滞就越长，反之则反应时滞越短。由于创新国在新产品上享有垄断优势，因此其他国家的模仿者要想尽快掌握新技术在本国市场生产新产品，就必须降低生产成本。

波斯纳认为：创新国由于科技领先，最先生产新产品，并打入国际市场，而其他国家与创新国有差距。所以，创新国有比较优势。随着差距缩小，其他国成为模仿国，并生产出该产品出口至创新国，甚至取代创新国的生产。这时，由技术差距引起的生产成本的差距成了国际贸易的原因。

如图3-3所示，A国为创新国，B国为模仿国。t_0 为创新国开始生产，t_1 为创新国开始出口，t_2 为模仿国开始生产，t_3 为模仿国开始出口。创新国由于技术领先，则首先开始生产，在满足国内需求到一定程度后向国外出口。一段时间后，其他国开始模仿生产，技术差距逐渐与创新国缩小，甚至一度占优势。这时，模仿国开始出口，而创新国也开始进口。

从 $t_0 \to t_3$，是模仿时滞，其中包括几个阶段：①$t_0 \to t_1$，需求时滞，取决于模仿国与创新国的收入水平；②$t_1 \to t_2$，反应时滞，取决于政府的政策措施与企业的决策，包括经济结构、产业结构情况；③$t_2 \to t_3$，掌握时滞，取决于模仿国吸收新技术的能力。$t_0 \to t_3$ 是技术差距导致国际贸易的发生；t_3 以后是比较成本差距导致国际贸易的发生。

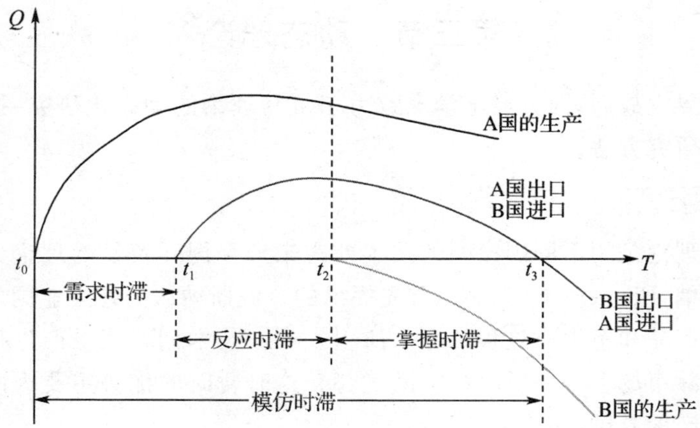

图 3-3　技术差距理论

二、产品生命周期理论

继波斯纳提出技术差距理论以后，20 世纪 60 年代中期，以美国经济学家雷蒙德·弗农为主要代表人物的一批学者在波斯纳的基础上，进一步研究了某项新技术和体现该项技术的新技术产品在国际间传递和转移的规律，以及此种技术转移或产品转让对国际贸易结构和国际贸易商品流向的影响。1966 年，弗农在其《国际投资和产品生命周期中的国际贸易》一文中，建立了国际贸易的产品生命周期理论。以后许多经济学家如威尔斯、赫希哲等对该理论进行了验证，并进一步充实和发展了这一理论。

产品生命周期论大多认为，工业制成品的创新一般总是首先发生在美国。由于新产品的早期购买者通常是年纪轻、文化程度高、收入和社会地位高的阶层，美国的收入水平决定了对新产品的需求欲望强烈；另一方面，由于美国工业发达，拥有雄厚的科学技术力量，用于研究和开发的投资充裕，并拥有丰富的人力资本，因而新技术和新产品创新总是在美国，然后再传递和扩散到西欧各国，最后到发展中国家和地区。同时，各国在国际贸易中的地位也相应地发生变化。因此在产品生命周期演化过程中，把贸易国分成三类：出口新产品的工业高度发达国家，如美国；较小的工业发达国家，如大多数欧洲国家；某些发展中国家。而且弗农从创新国和模仿国的角度，将产品生命周期分为五个阶段。

（一）第一阶段：产品的导入期

需要投入大量的研发与开发费用，因此该阶段产品属于资本密集型的产品，价格也很高，只能在发达国家生产和消费。新开发的工业制成品的生产技术为美国所垄断，开始时生产仅仅能够满足国内市场需求，随着国外对该产品不断产生需求，美国开始将产品出口。由于收入水平较高的发达国家对新产品需求较之发展中国家缺乏价格弹性，欧洲发达国家为美国新产品提供了较大市场。

(二)第二阶段:产品的成长期

随着新技术的扩散和新产品的不断普及,原来收入水平较低的消费者也开始购买该产品,国外市场逐步扩大,价格弹性有所提高,美国通过降低价格增强竞争力,扩大出口量。一旦国外市场扩大到足以使当地生产获得规模经济时,国外厂商就会自行生产。这时美国与欧洲发达国家之间的生产技术差距基本消失,欧洲开始在国内生产,美国通过对外直接投资设立子公司或分支机构在当地生产。于是,美国对该市场的出口放缓甚至下降,但市场仍在美国控制之下,并保持着向还未开始生产的发展中国家出口。

(三)第三阶段:产品的成熟期

生产技术定型,开始大规模生产,模仿国也开始生产,但不足以满足国内需求,同时美国对产品非生产国的出口开始被其他工业发达国家的出口所替代。随着生产技术的相对稳定和市场扩大,欧洲企业的生产费用不断下降,美国的贸易领先优势开始丧失,出口减少。

(四)第四阶段:产品的标准化期

只需流水线上的简单劳动力即可完成生产,技术优势让位成本优势,模仿国凭借低廉劳动力成本,生产激增,不仅能满足国内需求,还能以低价出口,创新国产量下降,生产向模仿国转移,美同由净出口国转而成为净进口国。欧洲工业发达国家的生产规模进一步扩大,美国制造业的竞争能力日渐消失。与此同时,发展中国家通过关税和数量限制等保护措施实施进口替代政策。

(五)第五阶段:产品的退出期

产品已完全标准化,模仿国生产持续扩张,开始向创新国低价出口,创新国生产大幅下降直至完全停止,创新国致力于更新产品的研究与开发。产品竞争转向以成本为中心的价格竞争,这样比较优势最后转移到技术相对落后、劳动力资源丰富而工资低的发展中国家和地区,它们将产品出口到发达国家。

产品生命周期的整个过程中,国际贸易的演变可用图 3-4 来描述。

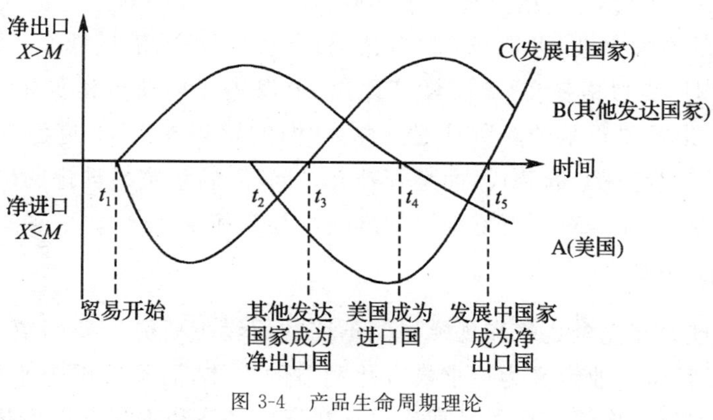

图 3-4 产品生命周期理论

从图 3-4 可以看出产品整个的生命周期内，在生产国之间呈波浪式推进：当美国发明新产品并大量向欧洲出口时，正是欧洲大量进口之际；当美国出口下降时，正是欧洲开始生产以替代进口时期；当美国出口由高峰急剧下跌时，正是欧洲出口迅速增长时期；欧洲出口明显下降，则是发展中国家扩大出口时期。

产品周期理论的结论是：

(1)反映的是知识密集型产品方面比较利益的动态变化，它与 H-O 模式是一致的。所不同的是，H-O 理论假设技术不发生变化，做的是静态分析。

(2)根据产品的生命周期模型，任何产品最后都会成为劳动密集型产品。现在中国的洗衣机、冰箱、空调已进入了美国市场，机电产品的出口已有相当规模。在不久的将来，汽车也会成为劳动密集型产品，届时中国的汽车也会走向国际市场。

(3)产品周期理论关注的重心在于预见比较利益的变动，而对于国际贸易利益的得失的预见力是含糊的。

产品生命周期理论从技术变化的角度探讨了比较优势的动态演变，解释了生产要素密集性质的动态变化、贸易国比较利益的动态转移，以及进口需求的动态变化，也为跨国公司对外直接投资提供了理论依据。从现实来看，一些产品确实经历了这一生命周期，如无线电、不锈钢剃须刀、电视机、半导体等。近些年来，新技术的扩散、新产品的模仿、比较优势从发明国向模仿国转移的时间间隔越来越短，因此发明国被赶超的压力越来越大。

第四节 新新贸易理论

产品内分工研究由于较多的和跨国公司在产品内分工中的组织方式选择联系在一起，因此研究者也开始逐渐关注微观企业的差异。21 世纪初期，以企业异质性为前提假设，以异质性企业贸易模型和企业内生边界模型为代表的“新新贸易理论”开始发展起来。

新新贸易理论的概念是由鲍德温于 2004 年提出。这一理论是进入 21 世纪以来国际贸易理论的重大突破，也是当前国际贸易理论研究的前沿领域。

2009 年 6 月，克鲁格曼在《美国经济评论》上发表了他获得诺贝尔经济学奖的演讲内容，将其作出重要贡献的新贸易理论称为“旧的贸易理论”。克鲁格曼认为，新贸易理论并非传统贸易理论的替代，而是其补充。同样，新新贸易理论的出现，也不是对新贸易理论的替代，而是对新贸易理论的进一步补充和发展。

一、新的研究视角

传统贸易理论在完全竞争和规模报酬不变的假设下研究产业间贸易的基础以及贸易流向，通常都将企业定义为追求最大化利益的主体，而不考虑企业之间的差异以及企业内部是如何运作的。新贸易理论建立在规模经济和不完全市场基础上，主要分析产业内贸易问题，同样不考虑企业之间的差异以及由此带来的贸易结构和贸易量差异。新新贸易理论则重点考虑企业之间的差异，认为同一产业部门内部企业之间的差异可能比不同产业部门之间的差异更加显著，企业无论在规模还是生产率方面都是异质的。

二、企业边界问题

随着经济全球化的发展，企业国际化过程中越来越复杂的一体化战略选择，以及中间投入品贸易份额的不断上升，都使得研究国际贸易和国际投资中企业的组织形式和生产方式选择变得非常重要。

新新贸易理论将企业异质性纳入分析框架，逐渐构成两大理论分支：一是梅里兹提出的异质性企业假定。这方面的理论研究不断发展并推出了许多可以进行经验检验的假说，解释了不同企业在国内销售、出口贸易、直接投资、离岸外包等方面的差异。二是安特拉斯为代表的学者开创的企业内边界模型，主要解释了企业是选择公司内贸易还是通过市场交易进行资源配置的影响因素。

新新贸易理论开启了国际贸易研究的新领域，不仅是对传统贸易理论的补充和发展，也是对新贸易理论的补充和发展。从企业这个微观层面来研究贸易的基本问题是国际贸易理论的重大突破，同时也为其他学科发展拓展了新的研究方向。

复习思考题

1. 简述新要素理论的内容。
2. 简述产业内贸易的内容。
3. 试述对产业内贸易的评析。
4. 请阐述技术差距理论的内容。
5. 请阐述产品生命周期理论的内容。
6. 请简述企业边界问题。

CHAPTER 4

第四章

保护贸易理论

□□□ 学习目标

- 熟悉重商主义的含义与内容。
- 熟悉保护关税说和保护幼稚工业理论的主要内容。
- 了解超贸易保护理论的内容。
- 掌握发展中国家保护贸易理论和战略性贸易理论的内容。

□□□ 学习重点

- 保护关税说和保护幼稚工业理论的主要内容
- 发展中国家保护贸易理论和战略性贸易理论的内容

□□□ 关键术语

早期重商主义；晚期重商主义；保护关税说；保护幼稚工业理论；超贸易保护理论；“中心-外围”论；不平等交换说；战略性贸易理论

开篇案例　中国汽车产业贸易保护壁垒的回顾

新中国成立至今，鉴于中国工业在国际上仍处于较为落后地位，我国基本上执行的是李斯特的保护幼稚产业的保护贸易政策。在该保护思想指导下，中国采取了多种关税与非关税壁垒措施，辅之以进口替代政策，对汽车等产业实施了不同程度的保护。在众多贸易保护手段中，我国采用最多的还是传统的贸易保护手段，即高关税和进口配额。

1986 年正式向关贸总协定提出“复关”时，我国总体关税水平在 40%以上，大大高于世界平均水平。当时发达工业国家工业品加权平均税率为 6.4%，平均关税水平仅为 4.7%，发展中国家为 13%左右。如果分行业和产品看，中国汽车总体关税水平也高于全国平均关税水平。以轿车为例，1994 年以前，中国关税总水平约为 40%，而轿车为180%～220%，2002年中国关税总水平为12.7%，工业品平均关税水平为11.7%，而轿车关税水平为43.8%～50.7%。这说明汽车是政府重点保护行业，同时长期奇高的关税保护也说明中国对汽车产业实行了过度保护。

除关税壁垒外，我国还采用了部分非关税壁垒措施作为汽车产业的主要保护手段，如配额、进口许可证、外汇管制、进口数量限制等。这在1994年开始实施的“汽车产业政策”中体现尤为明显。贸易保护使得国内汽车厂商在价格上与国外汽车厂商相比，具有明显的竞争优势。这些保护在我国汽车产业发展过程中发挥了一定的积极意义，但其对我国汽车产业组织优化的负面影响也不可低估。过度保护所产生的超额利润降低了汽车产业的进入门槛，刺激了各地、各部门不顾条件盲目逐利上马汽车项目，这是改革开放以来我国汽车产业组织结构恶化的重要原因；同时过度保护所产生的超额利润使企业缺乏改革创新动力，阻碍了在产业组织整合和优化过程中企业自组织能力的成长和作用发挥。

除贸易政策外，还有一项不同于其他国家的政策曾极大地影响过汽车产业的发展，即汽车消费政策。20世纪80年代中期前，我国的汽车消费一直以“官车”面目出现，国家对私人消费汽车基本上实行抑制性消费政策，如征收过高的汽车购置税和消费税。抑制消费政策对汽车产业发展的作用恰恰与贸易保护政策的作用相反，它使得国内市场狭窄且发育不良，从而严重制约了大汽车厂商产能的发挥及规模经济效应的出现，限制和阻止了汽车产业的发展。这一状况直到2004年新“汽车产业发展政策”开始实施后改善，新政策明确提出要“培育以私人消费为主体的汽车市场，改善汽车使用环境，维护汽车消费者权益”等。

2005年是我国入世三年过渡期后的第一年，我国主要产业的过渡期都已到期，市场开放水平达到承诺终点。按照承诺，2005年我国关税总水平将降至10.1%，其中工业品平均关税降到9.3%，农产品降到15.6%；所有非关税措施都将取消。三年过渡期的结束，以及在入世直接影响下新汽车产业政策于2004年6月的出台，意味着2005年是汽车产业的重要转折年。从2005年1月1日起，我国进口汽车政策发生了多方面的变化。

(1) 汽车进口关税进一步降低

虽然汽车进口关税高于全国平均关税水平和工业品平均关税水平，但是，中国汽车进口关税水平在近期急剧下降。中国入世后已经五次下调汽车进口关税。根据入世承诺，2004年我国3升以下和3升以上的进口汽车关税税率分别降至34.2%和37.6%。2005年统一降到30%，2006年1月1日再降到28%，2006年7月1日降到25%的目标税率。汽车零部件关税2005年降到13%，2006年7月1日则降至10%。

(2) 非关税壁垒方面的变化

除了不断降低汽车关税外，那些曾经作为主要保护手段的非关税壁垒方面的措施在中国入世以后也逐步被解除。以最具有代表性的中美、中欧世贸双边协定为例，其主要相关谈判结果可归纳为:进口配额的取消、投资管理措施放松与服务贸易方面进一步开放。

(3) 其他相关汽车进口政策变化

2004 年 6 月以来的汽车产业发展政策,取消了实行多年的进口汽车保税政策。从 2005 年起,所有进口口岸保税区不得存放以进入国内市场为目的的汽车。取消汽车保税业务后,进口汽车一到口岸就必须纳税报关。

以上分析说明 2005 年后中国进口汽车的政策环境日益宽松,贸易壁垒不断降低。2006 年后进口汽车的政策环境则更为宽松。即中国汽车产业可能获得的贸易保护越来越少,与此同时面临的国际竞争会越来越激烈。

第一节 重商主义

重商主义(Mercantilism)是资本主义最初的经济理论,它流行于 15 世纪末至 17 世纪中叶的西欧。这一时期的西欧正处于由封建主义生产方式向资本主义生产方式大过渡的时期。当时,在经济方面有三个重要因素促进了资本主义的产生:一是地理大发现,扩大了世界市场,打通了东西方通道;二是开始了资本原始积累,一方面造成了大量一无所有的劳动者,另一方面也造成了少数拥有大量财富的资本家;三是商业与商业资本的发展,这是促进封建主义生产方式向资本主义生产方式过渡的主要因素。资本主义经济发展促进了资本主义思想的形成。新兴的资产阶级针对反对资本主义发展的封建势力与封建思想,开展了旨在宣扬资产阶级个人主义的文艺复兴运动,以便从中寻找理论根据反对中世纪的神学运动,提倡资本主义思想。

一、早期重商主义

早期重商主义又称货币差额论或货币平衡论。这个理论流行于 15 世纪末期至 16 世纪中叶。

早期重商主义认为金银是财富,它不能输出国外,只能从外国输入,形成资本原始积累。因此,外贸要多卖少买,最好不买;主张国家应采取行政干预手段,禁止货币的输出,积累货币财富。其主要代表人物是法国的孟克列钦(Montchretien)。他在 1615 年出版的《献给国王与王后的政治经济学》中阐述了这一理论。孟克列钦站在商业资本家的立场上,认为商业是国家一切活动的基础,从而把流通领域置于经济活动的首位。他认为商业利润是正常的、合理的,如果不是为了商业利润,谁也不会冒各种各样的风险去进行商业活动,并指出利润是让步的结果。因此,他竭力反对外国人在法国做买卖,要求国家干预本国的经济生活,政府要帮助扩大外贸。为了防止货币财富的外流,他反对外国商品,特别是奢侈品流入法国。为保护本国的对外贸易,他提出建议:政府应该仿效外国,设立新型手工工场,改进生产工艺,挤出外国商品;应建立手工业学校，培养技术人员；保护本国的自然资源，不允许外国人来开采等。严格地讲，孟克列钦的这种经济思想属于早期重商主义向晚期重商主义过渡时期的经济思想。

二、晚期重商主义

晚期重商主义又称贸易差额论或贸易平衡论。它流行于16世纪下半叶至17世纪。主要代表人物是英国的托马斯·孟(Thomas Mun)。

他在1664年出版的《英国得自对外贸易的财富》一书中阐述了这一理论。托马斯·孟竭力反对早期重商主义的货币不能输出国外的观点，主张取消禁止货币输出的法律，认为金银是财富，它不会自动增值，大量输出货币借以买回外国商品是增加财富的一种手段；对外贸易多卖少买是相对的，更不是不买，只要遵守这样一个原则就行：在价值上每年卖给外国人的商品必须比我们消费他们的商品为多。特别是对于与出口有关的工业，他主张把原料进口加工然后输出，出口的商品要提高质量，降低价格，保证竞争能力；号召英国要少消费外国的商品，对于能输出的商品，也应尽量少消费，以保证出口货源，增加出口数量；主张实行关税保护政策，对外国的进口商品征收高关税；主张发展航运业与转口贸易。

托马斯·孟还从发展英国的对外贸易出发，提出必须鼓励增加人口的主张，认为在人口多、技艺高超的地方，商业一定繁荣，国家一定富强。他还竭力鼓吹殖民政策，特别是对亚洲的掠夺和剥削。他认为实行殖民政策，有利于输入英国急需的原材料及其他奢侈品，以发展英国的工业；另一方面也有利于英国商品的海外推销。这样对于英国来说对外贸易必然出现顺差，货币财富越积越多，经济就会繁荣，国家就会发展。

较之早期重商主义，托马斯· 孟的发展在于：他从发展外贸出发，重视工业生产，把生产看成发展流通的主要条件。

三、早、晚期重商主义的比较

早、晚期重商主义都把货币看成是唯一财富，是衡量一个国家富裕程度的唯一标准；把对外贸易看成是增加财富的主要源泉，认为一个国家要发展，除了开采金银矿藏以外，唯一的道路就是损害他国利益，或剥削殖民地以积累财富。

但是，在怎样增加货币财富的问题上，早期重商主义与晚期重商主义有着不同的看法。早期重商主义主张主要靠调节货币达到增加货币财富的目的；而晚期重商主义则主张主要通过调节商品的活动达到增加货币财富的目的。这种差别反映了资本主义初期不同发展阶段上的要求和特点。早期重商主义时代，商品流通刚刚发展，而在流通过程中需要大量的贵金属。因此，他们主张应禁止货币的外流，积累货币财富。而晚期重商主义时代，工场手工业已发展起来，贸易也较为发达。因此，重商主义者认为应该让货币参与流通，只要保证对外贸易顺差就行。后来，他们又认为在一定时期，对外贸易入不敷出也是可以的，税收的结果可以使其再流回来。这已显示了货币作为资本的职能。由于晚期重商主义与商业资本家的利益相适应，因此马克思认为它才是真正的重商主义。

四、对重商主义的简要评价

重商主义认为货币等同财富，因此增加财富就是增加货币，也就是增加金银贵金属。而增加货币财富的最主要手段就是进行对外贸易，只有对外贸易才能促进本国经济的繁荣。这种理论在封建社会晚期，代表了一种进步思想，在反对封建制度、促进资本主义发展方面起了很大作用。但它也有明显的缺陷，主要在于：①它关于货币与财富的观点是错误的，它不理解货币的本原，不理解财富并不能完全以金银来代表，从而也不可能完全理解财富的真正含义。②它把利润说成是流通领域中贱买贵卖产生的。这就表明它认为国内贸易是一人所得，众人所失；对外贸易是一国所得，他国所失，而没看到利润是由剩余价值产生的。

第二节　保护关税说与保护幼稚工业理论

一、汉密尔顿的保护关税说

汉密尔顿是美国开国元勋、政治家和金融家、第一任财政部长。面对当时落后的美国经济，汉密尔顿极力主张实行关税保护制度，并于1791年向国会递交了一份关于制造业的报告。在报告中，他阐述了保护和发展制造业的必要性和有利条件，极力主张实行保护关税政策，并提出了以加强国家干预为主要内容的一系列措施。

汉密尔顿认为，制造业有许多优点：提高机械化水平，促进社会分工；扩大就业；吸引移民流入，加速国土开发；提供创业机会，充分发挥个人才能；自我消化农产原料和生活必需品，保证农产品销路，稳定农产品价格等。因此，制造业的发展对国家利益关系重大。他还认为，保护和发展制造业对维护美国的经济和政治独立具有重要意义。一个国家如果没有一定的工业基础，不但不能使国家富强，而且很难保住其独立地位。况且美国工业起步晚，基础薄弱，技术落后，产品生产成本高，难与经济起步早的国家如英、法、荷等国的廉价商品进行自由竞争。因此必须用关税将美国新建立起来的工业保护起来，使之生存、发展壮大。他指出，为了保护和发展制造业，政府应加强干预，实行保护关税制度，具体采取如下措施：

第一，向私营工业发放贷款，扶持私营工业发展；第二，实行关税保护制度，保护国内新兴工业；第三，限制重要原料出口，免税进口本国急需的原料；第四，给各类工业发放奖励金，并为必需品工业发放津贴；第五，限制改良机器及其他先进设备输出；第六，建立联邦检查制度，保证和提高工业品质量；第七，吸收外国资金，以满足国内工业发展需要；第八，鼓励移民迁入，以增加国内劳动力供给。

虽然汉密尔顿的主张没有被美国国会全部采纳，但对美国政府的内外经济政策却发生了重要而深远的影响。保护关税说的提出，也标志着从重商主义分离出来的西方国际贸易理论两大流派已基本形成。

二、李斯特的保护幼稚工业理论

李斯特是著名的德国经济学家，资产阶级政治经济学历史学派的主要先驱者，保护贸易的倡导人。19世纪初，德国还是一个政治上分裂、经济上落后的农业国。在政治上，直到1848年才结束封建割据局面，完成政治上的统一。经济上，其发展水平不仅远远落后于工业革命已经完成的英国，而且与早已进入工业革命阶段的法国以及美国和荷兰等国也存在很大距离。李斯特自1825年出使美国后，受到汉密尔顿的影响，并亲眼见到美国实施保护贸易政策的成效，于是由早年倡导自由贸易转而提倡贸易保护主义。从发展德国经济的角度出发，提出了国家对工业要实行贸易保护，建立关税同盟。他在1841年出版了《政治经济学的国民体系》一书，系统地提出了他的保护幼稚工业理论，为德国的经济崛起奠定了理论基础。

（一）保护幼稚工业论的理论基础和理论依据

生产力理论是李斯特保护幼稚工业论的理论基础。李斯特指出："除了这种交换价值科学外，还必须建立一门独立的生产力科学，以便全面地、正确地描述社会经济学的实质，而贸易政策主要应当把生产力理论，而不是如迄今的理论家们那样把交换价值作为自己的准绳。"李斯特从德国工业资产阶级的利益出发，关心生产力的提高，尤其是德国工业生产力的提高。在李斯特看来，动态的生产力比静态的财富更为重要，他主张"财富的原因与财富本身完全不同。一个人可以拥有财富，那就是交换价值；但是他如果没有那份生产力可以产生大于他所消费的价值，他将越过越穷……由此可见，财富的生产力比之财富本身不晓得要重要多少倍；它不但可以使已有的和已经增加的财富获得保障，而且可以使已经消失的财富获得补偿。"李斯特还把生产力与财富的关系喻为果树与果实的关系，生产力犹如结果实的果树，而财富则是果树结出的果实。生产力是创造财富的源泉，财富是生产力的结果。他认为一个国家开展对外贸易，也应着眼于生产力的提高，而不能着眼于财富存量的多少。

李斯特在他的生产力理论基础上，提出了经济发展阶段论，经济发展阶段论则是李斯特保护幼稚工业论的理论依据。李斯特批评古典政治经济学是没有考虑到各个国家的性质和它们各自的特有利益情况的、忽视民族特点的世界主义经济学。他认为"从经济方面看来，国家都必须经过如下各发展阶段：原始未开化时期、畜牧时期、农业时期、农工业时期、农工商业时期。"在不同的发展阶段应实行不同的对外贸易政策。当一个国家的经济从原始未开化阶段转入畜牧时期、农业时期，实行自由贸易是有好处的。因为通过自由贸易可以为其猎场、牧场及农产品和其他原料谋得出路，并可换回先进国家的衣料、用具、机器等，以促进本国农业的发展，培育工业基础。当一个国家进入了农工商业时期以后，实行自由贸易也是可取的，因为国内工业品已具备国际竞争力，通过自由贸易可以在国外市场上进行无所限制的竞争，使得从事于农工商业的人们保持进取精神，以保持既得的优势地位。因此，从经济发展阶段来看，只有处于农工业时期才需要保护。因为，这一时期本国农业已取得较大成就，且工业已有发展，但“由于还存在着一个比它们更先进的工业国家的竞争力量，使它们在前进道路上受到了阻碍——只有处在这样的情况下的国家，才有理由实行商业限制以便建立并保护它们自己的工业。”如果实行自由贸易政策，就永远不可能发展到经济发达国家的水平。李斯特指出：“在自由竞争下一个无保护的国家要想成为一个新兴的工业国已经没有可能。”

根据李斯特的经济发展阶段论，他认为当时的葡萄牙和西班牙处于农业时期，德国和美国处于农工业时期，法国紧靠农工商业时期的边缘而尚未进入农工商业时期，只有英国实际达到了农工商业时期。因此，德国及其他一些经济落后的国家应该实行保护贸易政策，这就为经济落后国家的保护贸易政策提供了理论依据。

(二)保护幼稚工业论的主要论点

李斯特在生产力理论和经济发展阶段论的基础上，提出了保护幼稚工业论，主张经济相对落后的国家应实行保护贸易政策，使其幼稚工业经过保护能够成熟，与国外竞争者相竞争。他的保护幼稚工业论的主要论点如下：

(1)已经进入农工业发展阶段的国家才有理由实行保护贸易政策。李斯特认为，处于这一时期的国家，农业、工业、社会和政治上已较充分发展，具备精神上和物质上的必要条件和手段，可以把本国建成工业国家，只是由于世界上还有比它先进的国家的竞争存在，使它在前进的道路上受到阻碍，因此，需要保护。

(2)贸易保护政策的目的是促进生产力的发展，为的是最终无需保护，因此，保护并非全面保护，也不是长期保护。李斯特认为，粮食和原料等贸易不需保护，因为它们受到自然保护，不怕竞争；奢侈品为主的精制品贸易也不用保护或只需要轻度保护，因为这些物品的国外竞争不会对国家经济发展造成威胁。保护的对象应是与国家工业发展有关的幼稚工业，即有发展前途但刚刚发展且有强大的国外竞争者的工业。这些工业经过一段时间(最高期限为30年)保护而成熟后，就不再需要保护，一旦形成竞争优势，就应立即取消保护。

(3)为保护幼稚工业，必须实行保护关税政策。李斯特提出“对某些工业品可以实行禁止输入，或规定的极高税率事实上等于全部，或至少部分地禁止输入。”同时，“凡是在专门技术与机器制造方面还没有获得高度发展的国家，对于一切复杂机器的输入应当允许免税，或只征收轻微的进口税。”虽然李斯特承认，实行保护关税政策会使国内工业品价格提高，本国在价值方面有所损失，但他认为这种损失是暂时的，是发展本国工业所必须付出的代价，牺牲的只是眼前利益，而得到的却是生产力的提高。这样的所得足以抵偿所失。他说：“国家由于实行保护关税所遭受的损失不管怎么说只是一些价值，相反的，它赢得了力量，利用这些力量，它永远可以生产难以估量的价值。由此可见，价值的这种消耗只能看成是国家进行工业教育所付出的代价。”

(4)保护贸易政策必须通过国家干预经济来实行。李斯特认为,国家在必要时应限制国民经济活动的一部分,如干预对外贸易,以促进国民经济的发展。他把国家喻为国民生活中慈父般的有力引导者,并以风力和人力在森林成长中的不同作用来比喻国家在经济发展中的重要作用。他说:"经验告诉我们,风力会把种子从这个地方带到那个地方,因此荒芜原野会变成稠密森林;但是要培养森林因此就静等风力作用,让它在若干世纪的过程中来完成这样的转变,世界上岂有这样愚蠢的办法吗?如果一个植林者选择树秧,主动栽培,在几十年内达到同样的目的,这倒不算是一个可取的办法吗?历史告诉我们,有许多国家,就是由于采取了那个植林者的办法,胜利实现了它们的目的。"

第三节 超保护贸易理论

一、超保护贸易理论产生的背景

凯恩斯是英国资产阶级经济学家,凯思斯主义的创始人。在资本主义1929～1933年大危机以前,凯恩斯是一个自由贸易论者。当时,他否认保护贸易政策会有利于国内的经济繁荣和就业。20世纪30年代的大危机使资本主义国家陷入长期萧条中,市场问题非常尖锐,国外市场的争夺日益激烈。面对这一局面,资本主义国家过去所实行的自由放任政策显得无能为力。因此,资本主义国家开始运用政权力量干预对外经济活动,力求通过人为措施扩大出口、限制进口,以缓和国内危机,保护其在国外市场的竞争能力。同时资产阶级也迫切需要某种理论为其政策措施提供理论依据。凯思斯在大危机之后改变立场,转而推崇重商主义,于是,凯思斯的超保护贸易理论就是在这样的背景下产生的。凯恩斯的超保护贸易理论又被称为"新重商主义"。

二、凯思斯超保护贸易理论的主要内容

凯思斯的超保护贸易理论是以其1936年出版的代表作《就业、利息与货币通论》(以下简称《通论》)中关于追求贸易顺差和乘数原理为基础的。它的研究重点是贸易额变动和国民收入增长的关系,并由《通论》中的投资乘数公式出发,推导出一系列的对外贸易乘数公式,以说明和分析贸易额对国民收入的影响,力图使对外贸易成为刺激经济和扩大就业的有效工具。尽管《通论》并非凯恩斯专门论述国际贸易的著作,他也没有一本全面系统地论述国际贸易的专门著作,但是他和他的弟子们有关国际贸易的观点与论述却为对外贸易政策,尤其是超保护贸易主义提供了重要的理论根据。

(一)对传统自由贸易理论的批评

传统的自由贸易理论是建立在国内充分就业这个前提下的。他们认为,国与国之间的贸易应当是进出口平衡,以出口抵偿进口,即使由于一时的原因或由于人的力量

使贸易出现顺差，也会由于贵重金属移动和由此产生的物价变动得到调整，进出口仍会归于平衡。传统贸易理论认为不要为贸易出现逆差而担忧，也不要为贸易顺差而高兴。因此主张自由贸易政策，反对人为的干预。凯恩斯及其追随者认为传统贸易理论过时了，不适应现代社会。首先，自 1929 年经济危机后，资本主义国家失业问题日趋严重，自由贸易理论"充分就业"的前提条件已不存在。其次，凯恩斯及其追随者认为，自由贸易论者虽然以"国际收支自动调节说"说明贸易顺差、逆差最终均衡的过程，但忽略了在调节过程中对一国国民收入和就业的影响。他们认为应当仔细分析贸易顺差与逆差对国民收入和就业的作用。凯恩斯认为，贸易顺差有益而逆差有害。贸易顺差可为一国带来黄金，扩大支付手段，降低利息率，刺激物价上涨，扩大投资，有利于缓和国内经济危机和扩大就业量。而贸易逆差则会造成黄金外流，物价下降，导致国内经济趋于萧条、失业人数增加。因此，他们极力赞成贸易顺差，反对贸易逆差，积极主张国家干预经济活动，采取各种手段和保护措施以减少进口，扩大出口，造成对外贸易顺差，促进国内经济发展。

（二）对外贸易乘数理论

对外贸易乘数理论是凯恩斯投资乘数理论在对外贸易方面的运用。凯恩斯运用乘数理论进一步论证了对外贸易与国内就业以及国民收入的关系。即当本国投资生产的商品出口时，从国外得到了货币收入，首先会使出口商品的产业部门收入增加，消费也随之增加，对生产资料和生活资料的需求也相应增加。从而也必然会引起其他产业部门生产的增长、就业的增加、收入的上涨，如此连锁反应，反复进行下去，收入的增加量将为出口增加量的若干倍。国家就可以从贸易顺差中解决国内的经济危机和失业问题。而商品服务进口时，使本国货币外流，造成收入下降，消费也随之减少，跟储蓄一样成为国民收入中的漏洞，造成投资、生产的不景气。所以，只有当贸易出现顺差时，对外贸易才能使一国就业量和国民收入量增加。一国越是扩大出口，减少进口，贸易顺差就越大，对本国经济发展的作用就越大。由此，凯恩斯及其追随者的对外贸易乘数理论为超保护贸易政策提供了理论依据。

三、凯恩斯超保护贸易理论简评

凯恩斯超保护贸易理论与传统的保护贸易理论是有区别的，其中最本质的区别就在于保护对象的不同。传统的保护贸易理论保护的对象是国内的幼稚工业，而超保护贸易理论保护的是高度发展的资本主义工业，保护其在国际竞争中的垄断地位，从而维护资产阶级的利益。凯恩斯超保护贸易理论客观上对发达资本主义国家的对外贸易和国际贸易的发展起到了重要的促进作用，尤其是对外贸易乘数理论，在一定程度上反映了对外贸易与国民经济发展之间的内在规律性。但凯恩斯超保护贸易理论存在着明显的缺陷：一是缺乏对时间因素的考虑。一次新投资所引起的连锁反应往往需要较长一段时间才能消失，到那时才能算出乘数的绝对值。而凯思斯在运用乘数理论做短期均衡分析时，忽略了这个问题；二是忽视外贸溢漏问题。如新投资引起的收入增加，若用于购买进口货物便不能产生连锁反应。大量存货的存在也会影响新投资发生的连锁反应。

第四节 战略性贸易理论

战略性贸易政策理论（Strategic Trade Policy）最早提出于20世纪80年代初。该理论建立在不完全竞争市场结构与规模收益递增的基础之上，认为政府可以通过对战略性产业的扶持，创造、培育贸易优势，达到提高本国国际竞争力的目的。战略性贸易政策理论强调政府对贸易进行干预的必要性、合理性，因此是对自由贸易的偏离。该理论的主要代表人物有布兰德、斯潘塞、巴格瓦蒂、克鲁格曼、赫尔普曼等经济学家。

一、战略性贸易政策理论的兴起

传统贸易理论推崇自由贸易，以完全竞争的市场结构为假设前提，认为贸易主要是各国独有的优势产品之间的交换，因此一国在某一产品或产业上的比较优势是贸易发生的根本原因。由于竞争非常激烈，完全竞争市场中的“租”（即垄断利润）非常少，因此经济中不存在“战略性”部门，自由贸易政策是各国最好的选择。在各国都支持自由贸易的情况下，每个国家都能从贸易中获利，且一国的收益并不以他国的损失为代价，自由贸易不是零和博弈。

然而，第二次世界大战后尤其是20世纪80年代以来国际贸易的发展，尤其是欧共体内部发达国家之间工业制成品的双向贸易（产业内贸易）的发展表明，传统贸易理论的假定及其分析在一定程度上已偏离了现实。市场中不完全竞争是普遍的现象，完全竞争只是特例。由于市场是不完全竞争的，“租”就不可能因竞争而完全消失。在一些产业，资本和劳动有时会获得比其他产业高得多的回报率，因此经济中确实存在“战略性”部门。“战略性”部门的存在意味着一国政府可以采取战略性贸易政策，也就是识别出“战略性”部门，而后运用贸易和产业政策扶持这些部门，形成有利于自己的分工格局。在实践中，最早认识到这一现象的是欧共体国家，为缩小与美国之间的技术差距，在竞争中取胜，欧共体国家已意识到运用产业政策改变旧有分工格局的重要性。在亚洲，日本政府也运用产业和贸易政策，使本国当时较为落后的半导体产业赶超原来的领先者美国。实践中运用的政策上升到理论高度，就形成战略性贸易政策理论。战略性贸易政策理论的产生，还得益于经济学新思想在国际经济学中的应用，尤其是20世纪70年代以来产业组织理论的重大发展，出现了用于分析寡头竞争产业的新方法。

所谓战略性贸易政策，是指在不完全竞争市场中，政府积极地运用补贴或出口鼓励等措施，对那些认为存在着规模经济、外部经济或大量“租”的产业予以扶持，扩大本国厂商在国际市场上所占的市场份额，把超额利润从外国厂商转移给本国厂商，以增加本国经济福利和加强在有外国竞争对手的国际市场的战略地位。

二、战略性贸易政策理论的主要内容

战略性贸易政策之所以会使一国受益，主要通过两种途径：一是通过政府的政策扶持使本国的战略性部门获得较大份额的“租”；二是通过战略性贸易政策使一国能够获得更多的“外部经济”。据此，可将战略性贸易理论分为利益转移论和外部经济论两大分支。所谓“租”，在经济学中是指“某种要素所得到的高于该要素用于其他用途所得到的收益”。它可以是某个产业所获得的高于其他相同风险产业的利润率；或者是一个工人所获得的高于其他部门相同熟练程度的工人所能获得的工资。如果某个部门确实有“租”存在，那么战略性贸易政策可以使一国在该部门获得更大份额的“租”，从而增加国民收入。所谓“外部经济”，是指个人或企业从所从事的经济活动中获得的私人利益小于该活动带来的社会利益，也就是说另外一些个人或企业从该活动中获得了无需回报的收益。外部经济最典型的例子是某一领域产生的知识扩散到其他厂商和部门。若政府能够扶持产生外部经济的活动，那么一国就会获得高额的回报。

具体来看，战略性贸易政策主要包括下述四个内容。

(一)补贴促进出口论

这一政策最早由布兰德和斯潘塞提出，基本观点是认为一国政府可以运用补贴手段，使本国厂商在国际市场上相比国外竞争对手有更高的战略地位，其根本目的在于将利润从国外厂商转移给本国厂商，促进本国的出口。

布兰德和斯潘塞假定，在一个不完全竞争产业中，存在两家不同国家的竞争企业同时生产一种同质产品并都出口到一个第三国市场。也就是说，两国都不存在这种产品的消费。由此，两家企业间就形成战略性博弈，一方能够实现超额利润部分地依赖于竞争对手的行为。如果其中一家企业的所在国政府对企业实施了生产补贴或出口补贴，那么该企业就可在更低的成本上扩大生产。由于补贴使竞争对手相信该企业将扩大生产，因此不得不作出削减产量的反应。这使得享受补贴的企业市场份额增加，并获得额外的利润。尽管补贴将增加政府的支出，但是由于在不完全竞争条件下，市场价格高于企业的边际成本，即存在垄断利润，所以市场份额的扩大能够使受补贴企业获得额外利润(竞争对手的利润转移)，使企业的收益超过政府的支出。

(二)关税抽取租金论

这一论点最早也是由布兰德和斯潘塞提出的。两位学者认为，在不完全竞争市场上，国外垄断厂商的定价高于边际成本，存在着“租”。因此进口国政府可以运用关税抽取国外厂商的超额垄断利润。如果本国没有潜在的企业进入该产业，那么征收关税只能带来本国消费者福利的降低。但是如果本国的潜在厂商将会进入该产业，那么将会对外商形成威胁，使其为维持产品的竞争力，不得不在进口国征收关税时降低价格，否则只能减少出口量。若国外垄断厂商选择降低价格，则其获得的“租”将减少，也就是关税抽取了租金；若国外垄断厂商选择减少出口量，则相当于让出了部分市场，国内厂商就会进入该产业，达到扶植该产业的目的。总之，进口国可以通过对外国垄断厂商征收战略关税，来促使本国政府或本国厂商得利。

“关税抽取租金论”和“补贴促进出口论”都属于利益转移论。

(三)以进口保护促进出口论

该论点由克鲁格曼提出。克鲁格曼认为，在不完全竞争和规模收益递增的条件下，受保护的国内企业能够在国内市场上扩大生产并获得规模收益。假设两家分属国内、国外的企业相互向对方市场渗透，并在第三国市场上竞争，如果本国政府对外国垄断厂商进入本国市场设置障碍，即保护本国与外国厂商相竞争的厂商，那么本国厂商在国内市场上的市场份额就会提高，并因此获得规模经济优势。规模经济优势可以转化为更低的边际成本，从而使得本国厂商在缺乏保护的竞争对手的市场上以及第三国市场上的竞争力增强，出口也相应扩张。相反，国外厂商则会面临销售减少、产量缩减从而成本上升、市场进一步缩小的境况。

(四)外部经济论

该论点认为，国内厂商可以通过同一产业或相关产业中其他厂商的技术外溢和“干中学”获得效率的提高；或者厂商从同一产业或相关产业厂商的聚集、行业规模的扩大中获得外部规模经济效益。这些情况实际上就属于外部经济。由于某些产业或厂商能产生巨大的外部经济效应，因此厂商不能独享投资所带来的收益，再加上投资风险大，所以投资的积极性就受到打击。但这类产业往往都具有战略意义，对一国经济的发展和社会进步具有重大作用。如果政府能对这些产业或厂商给予适当的保护和扶持，降低其投资风险，就能促进这些产业和相关产业的发展，提高其国际竞争能力，获得长远的战略利益。

由上述几个理论可知，正确识别经济中存在的战略性部门是战略性贸易政策能否成功的关键。对此，克鲁格曼提出了两项标准：一是看该部门是否有大量的“租”存在，即该部门的资本或劳动的回报率是否特别高；二是看该部门是否存在着外部经济，即某一企业的研发活动或经验对其他企业能否产生技术外溢。然而由于“外溢”不好衡量，因此根据第二项标准判断战略性部门有一定难度。斯潘塞更加详细地总结了政府选择扶持产业所必须具备的特点，涉及与外国厂商的竞争关系、生产要素价格的变动、产业的集中程度、研发支出在总成本中所占的比重等方面。

复习思考题

1. 早、晚期重商主义在观点上有何区别？
2. 简述保护关税说的内容。
3. 试述对保护幼稚工业理论的评析。
4. 请阐述超贸易保护理论的内容。
5. 请阐述战略性贸易理论的内容。

第二篇

国际贸易政策

CHAPTER 5

第五章

关 税

学习目标

- 熟悉关税的含义和作用，掌握关税的主要种类，特别是进口附加税和普惠制。
- 理解并掌握关税水平、关税的名义保护和有效保护，熟悉关税税率的基本分类以及关税的征税标准，了解关税税则和通关手续。

学习重点

- 关税的特点和作用
- 反补贴与反倾销税
- 关税的保护程度

关键术语

进口税；出口税；进口附加税；差价税；反补贴税；反倾销税；洛美协定；普遍优惠制；财政关税；保护关税；有效保护率；名义保护率

开篇案例　当前全球关税发展趋势及特征

关税一直是国际贸易的重要壁垒，也是一国政府针对国际贸易所采取的最简单的贸易政策。金融危机后，全球关税发展与变化呈现一些新特征，对世界经济复苏、国际贸易恢复产生了重要影响。具体来看，这种调整与变化趋势主要呈现以下三大特征。

1. 全球关税总体水平下降并呈现继续下降趋势

自 20 世纪 60 年代开始的经济全球化日益推进贸易自由化进程，促进国际贸易发展，采取共同、全面的关税削减成为各国的共同需求。为此，致力于削减关税的多边关税谈判，经历了肯尼迪回合(1964—1967)—东京回合(1973—1979)—乌拉圭回合(1986—1993)—多哈回合(2001—2006)等进程，世界各国的总体关税水平一直且普遍呈下降趋势。2009 年,发达国家的总体关税水平下降到 3.8%,发展中国家的总体关税水平为 12.3%。更多的零关税协议被签订,更多的进口商品实施了零关税。从趋势来看,在世界经济全球化、区域经济一体化、区域贸易协定快速发展和重启多哈回合谈判等多重因素推动下,未来世界各国的关税总体水平仍有可能继续小幅下降。这种趋势促进了贸易自由化及国际贸易快速发展。

2. 关税成为国际金融危机时期重要的贸易保护手段

在关税总水平下降的同时,受国际金融危机及全球经济增长放缓的冲击与影响,全球经济增长乏力和国际贸易大幅减少,触发了世界各国采取以关税政策调整作为贸易保护的重要手段。通过保护关税或设置关税壁垒等手段,一方面促进本国对外贸易增长,另一方面保护本国产业或产品的利益。关税成为国际金融危机时期重要的贸易保护政策。从进口关税调整看,对一国国内缺乏的相关技术、资源及进口产品,主要采取降低进口关税措施,鼓励进口以增强相关产业的竞争优势、满足国内市场需求。相反,为保护一国国内的弱势产业或缺乏竞争力的制成品,主要采取提高产品的进口关税及税率等措施。从出口关税调整看,一方面,采取降低出口关税措施,以促进一国国内资源丰富或具有竞争优势的产品实现出口增长;另一方面,通过采取提高出口关税税率措施,以限制一国国内相对资源稀缺的出口产品。

3. 发达国家比发展中国家更倾向于提高关税和设置关税壁垒

受到全球经济增长显著放缓和国际贸易大幅萎缩等因素的负面影响,短时间内难以充分刺激本国国内需求,各国政府纷纷利用保护关税和关税壁垒等关税政策工具,推行出口增长战略以带动经济复苏。但是,由于 2008 年末爆发的国际金融危机对发达国家的冲击与影响要远远大于发展中国家,主要发达国家的经济衰退及贸易萎缩相对显著。数据显示,2009 年全球 GDP 增长下降了 2.2%,世界货物贸易出口增长为−12.2%,出现了 70 年以来最大负增长。根据 WTO 提供的数据,美国、欧盟和日本的 GDP 增长分别为−2.4%、−4.2%和 5.0%,其货物贸易出口增长分别为−13.9%、−14.4%和−24.9%,其货物进口增长分别为−16.5%、−14.5%和−12.8%。相比之下,中国、印度的 GDP 增长分别为 8.5%和 5.4%,其货物贸易出口增长分别为−10.5%和−6.2%,其货物进口增长分别为 2.8%和−4.4%。这表明,美国、欧盟和日本等发达国家的货物进出口增长的下降幅度高于当年世界平均水平(出口增幅为−12.2%和进口增幅为−12.9%),而发展中国家的货物进出口增长的下降幅度明显小于世界平均水平。这促使发达国家更倾向于采取提高关税和设置关税壁垒等贸易保护手段,这成为 2009 年以来全球关税发展趋势及水平的一个新特点。

资料来源:张国红. 金融危机后全球关税变化及趋势分析. 中央财经大学学报,2012(4)

第一节　关税概述

关税是国家管理对外贸易的传统手段。早期，各国主要视其为政府财政收入的重要来源，随着保护贸易政策的不断出现，各国越来越多地将其作为限制进口的重要工具。当前，在全球贸易自由化的环境下，虽然关税作为限制进口手段的作用已大大下降，但它仍是各国管理对外贸易、调整国家间经贸关系的重要手段之一。

一、关税的内涵

关税(Customs Duties；Tariff)是当进出口货物经过一国关境时，由政府所设置的海关根据海关税则对进出口商征收的税负。这里的"关境"，是指海关征收关税的界域。关税在历史上很早就出现了。我国从西周开始设立"关卡"，对来自其他属地的产品征收内地关税。欧洲早在古希腊时代就有了关税。当时的希腊在爱琴海、黑海两岸有许多属地，对来往于这些属地的货物征收关税。第一次工业革命以后，世界各国逐步取消内地关税，建立起统一的国境关税，这种关税制度实行至今。

关税征收是通过海关执行的。海关是设立在关境上的国家行政管理机构，是贯彻执行本国有关进出口政策、法令和规章的重要工具。其任务是根据国家进出口政策、法令和规章对进出口货物、货币、金银、行李、邮件、运输工具等实行监督管理、征收关税、查禁走私、临时保管统管货物和统计进出口商品等。海关还有权对不符合国家规定的进出口货物不予以放行、罚款直至没收或销毁货物。海关执行海关法令和规章、行使管辖权、征收关税的领域称为关境(Customs Territory)，亦称税境或关税领域。货物只有在进出关境时才被视为进出口货物而征收关税。

一般说来，关境和国境是一致的，但有些国家在国境内设有自由港、自由贸易区和出口加工区等经济特区。这些地区不属于关境范围之内，这时关境小于国境。有些国家缔结成关税同盟，参加关税同盟的国家的领土即成为统一的关境，这时关境大于国境。

二、关税的特点

关税是构成国家财政收入的一个重要部分。与其他国内税一样，关税具有强制性、无偿性和预定性。但关税又有别于其他国内税，主要表现在：

(1)关税是一种间接税。关税主要的征收对象是进出口商品，其税负由进出口商垫付，而后作为成本的一部分记入商品的价格，转嫁给最终消费者。

(2)关税的税收主体是进出口商，税收客体是进出口货物。关税的税收主体是进出口商，当商品进出国境或关境时，进出口商根据海关规定向当地海关缴纳关税，他们是税收的主体，是纳税人；关税的税收客体是进出口货物，根据海关税法和有关部门规定，海关对各种进出口商品依据不同的税目和税率征收关税。

(3)关税具有涉外性。进出口商品不仅与国内的经济与生产有着直接关系，而且与世界其他国家或地区的政治、外交、经济、生产和流通等方面也有着密切关系。关税措施体现着一国的对外贸易政策。关税税率的高低直接影响着一国进出口贸易，影响一国同其他国家经济贸易关系的发展，从而影响着一国经济贸易的发展。

三、关税的作用

关税可起到调节进出口贸易的作用，许多国家通过制定和调整关税税率来调节进出口贸易。征收关税的作用主要有两个方面：

第一，征收关税可以增加本国财政收入，这种作用称关税的财政作用，以此为目的征收的关税为财政关税(Revenue Tariff)。财政关税在资本主义发展初期发挥着重要的作用。因为当时社会经济不够发达，税源较少，财政关税就成为国家增加财政收入的一个重要组成部分。随着社会经济的不断发展，其他税源增加，财政关税的意义已不重要，关税收入在财政收入中的比重相对下降。特别是第二次世界大战后，经过关贸总协定的八轮谈判，世界范围内关税水平大幅下降，关税的财政作用也在逐渐减弱。然而，关税的财政作用在发达国家和发展中国家的表现是不一样的。目前，发达国家的关税仅为其财政收入的2%～3%，而发展中国家关税收入一般约占其财政收入的13.2%，我国约为7%。财政关税的征收对象一般是针对国内有大量消费，进口数量大的商品，而且税率要适中，如果税率过高，会阻碍进口，达不到增加财政收入的目的。随着全球贸易自由化进程的不断加快，关税被认为是贸易自由化的障碍，因此，其财政作用必然呈下降的趋势。

第二，关税的保护作用。即各国广泛利用高关税限制外国商品进口，保护国内生产和国内市场。保护关税(Protective Tariff)的税率越高，保护作用越强，这是因为进口关税率提高可以提高进口商品的成本，从而削弱其竞争力，使其进口数量减少，以达到保护国内工农业生产的目的。保护关税的另一个目的是可以通过调整关税税率的高低来控制进出口商品的数量，以此调节国内的价格，保证国内市场供求平衡。例如，资本主义生产方式建立初期，德国等资本主义国家为了保护本国的幼稚工业，就是采用保护关税作为保护的手段。垄断资本主义时期，垄断资本为了垄断国内市场，通过征收超保护关税，对高度发展的垄断工业或处于衰退的工业部门也进行保护。第二次世界大战后，关税与贸易总协定(GATT)的成立，推动了贸易的自由化，经过关税与贸易总协定的八轮谈判，成员国关税水平大幅下降。例如，发达国家进口工业品的平均关税已由第二次世界大战时40%下降到约3.7%，发展中国家进口工业品的平均关税也下降到11%，关税税率的大幅下降，使进口关税的保护作用大大减弱。但是，这并不代表保护关税已不存在，各个国家仍然在某些商品领域维持较高的进口关税，有时还使用惩罚关税、报复关税和附加关税等手段保护国内某些产业。

直到现在，绝大多数国家大量地使用关税作为削弱外来竞争的保护贸易措施，极少数发展中国家把关税作为财政收入的主要手段。以保护产业为目的征收的关税主

要是通过税率的高低、减免来调节商品的进口量。关税对进口商品的调节作用,主要表现在以下几个方面:

(1)对于国内能大量生产或者暂时不能大量生产但将来可能发展的产品,规定较高的进口关税,以削弱进口商品的竞争能力,保护国内同类产品的生产和发展。

(2)对于非必需品或奢侈品的进口制定更高的关税,达到限制甚至禁止进口的目的。

(3)对于本国不能生产或生产不足的原料、半制成品、生活必需品或生产上的急需品的进口,制定较低税率或免税,鼓励进口,满足国内的生产和生活需要。

(4)通过关税调整贸易差额。当贸易逆差过大时,提高关税或征收进口附加税以限制商品进口,缩小贸易逆差。当贸易顺差过大时,通过减免关税,缩小贸易顺差,以减缓与有关国家的贸易摩擦与矛盾。

四、关税的主要种类

(一)按照征收的对象或商品流向分类

1. 进口税(Import Duty)

进口税指外国商品进入一国关境时,由该国海关根据海关税则对本国进口商所征收的一种关税。当一个国家建有自由港、自由贸易区或海关保税仓库时,则在外国货物从自由港、自由贸易区或保税仓库进入进口国国内市场时征收进口税。

值得注意的是,我们通常所讲的进口税指的是正常进口税,即最惠国税。它有别于为限制进口而对进口商品设置的关税壁垒。最惠国税的税率一般比较低。如WTO发达成员方最惠国税的平均关税水平已降至3.8%,发展中成员方最惠国税的平均关税水平也已降至10%左右。作为一种限制进口的手段,关税壁垒是指为限制进口而对进口商品征收的高额进口税,因此税率较高。

2. 出口税(Export Duty)

出口税是出口国家的海关对本国产品输往国外时,对出口商所征收的关税。目前大多数国家对绝大部分出口商品都不征收出口税。但也有对极少数商品征收出口税,一般基于以下一些理由:①增加本国的财政收入。②限制本国某些产品或自然资源的输出。③作为政治或经济斗争的武器。如我国对有色金属、铁合金等的出口征收出口税,瑞典、挪威等国对木材出口征税等。

3. 过境税(Transit Duty)

过境税又称"通过税"或"转口税",是一国海关对通过其关境再转运第三国的外国货物所征收的关税。其目的主要是增加国家财政收入。第二次世界大战后,大多数国家都不再征收过境税,只是征收少量的签证费、统计费和单证印花税。

(二)按照差别待遇和特定的实施情况分类

1. 进口附加税

进口附加税又称特别关税,是指进口国政府对进口商品除征收正常关税外额外加征的关税。进口附加税通常是一种特定的临时性措施。它不同于进口税，在一国《海关税则》中并不能找到，也不像进口税那样受到WTO严格约束，其税率通常视具体目的而定。反倾销税和反补贴税是最为常见的进口附加税。

(1)反倾销税(Anti-dumping Duty)。反倾销税是对实行倾销的进口货物所征收的一种进口附加税，其目的在于抑制商品倾销，保护本国产品的国内市场。反倾销税是对于进行倾销的外国货物所征收的一种进口附加税。征收反倾销税的目的是抵制货物倾销，保护本国产品的国内市场。根据1994年《关税与贸易总协定》的第六条规定，倾销是指将一国产品以低于正常价格的办法挤入另一国市场，并对某一成员领土内已建立的某项工业造成重大损害或产生重大威胁，或者对某一国内工业的新建产生严重阻碍。对于这种倾销应当受到谴责，缔约国为了抵消或防止倾销，可以对倾销的产品征收数量不超过这一产品的倾销差额的反倾销税，但不得因抵制倾销或出口补贴而同时既征收反倾销税又征收反补贴税。同时它还规定，为了稳定初级产品价格而建立的制度，即使它有时会使出口货物的售价低于相同产品在国内市场销售的可比价格，也不应认为造成了重大损害。

《关税与贸易总协定》对倾销与反倾销的规定存在简单、笼统和约束力不强的问题，这导致了各国对反倾销措施的滥用，因此，世界贸易组织(WTO)达成了新的反倾销协议。即商品征收反倾销税必须具备的三个条件：

第一，倾销存在。一项产品的出口价格，以低于其在正常贸易中出口国供其国内消费的同类产品的可比价格，即以低于正常价值的价格进入另一国市场。

倾销幅度的确定，应以出口产品的加权平均正常价格与全部交易的加权平均出口价格进行公平比较为依据。正常价格是指相同产品在出口国用于国内消费时在正常情况下的可比价格，如果没有这种国内价格，则是相同产品在正常贸易情况下向第三国出口的最高可比价格，或产品在原产国的生产成本加合理数额的管理、销售和一般费用以及利润。如果不存在出口价格，或出口价格不可靠时，则以进口产品首次转售给独立买主的推定价格，或者是在该产品不再转售给独立买主，也不是以进口的条件转售的情况下，则当局可以在合理的基础上确定。

第二，损害的界定。倾销对进口国同类行业造成实质性损害；对进口国国内已建立的某项工业造成重大损害或产生重大威胁，或者对某一国内工业的新建产生严重阻碍。

损害确定的依据主要有：倾销产品的数量和倾销的结果对国内市场相同产品价格构成的影响；倾销产品的进口对相同产品生产商的后续冲击程度；倾销货物的进口数量是否急剧增加；倾销幅度的大小；倾销对有关经济指标(如销量、利润、产量、市场份额、就业、库存等)的影响。

第三，倾销进口商品与所称损害之间存在因果关系。到目前为止，各国都认为倾销和损害之间一定要存在因果关系，才可以构成损害。

2002 年,国务院颁布了《中华人民共和国反倾销条例》(简称《反倾销条例》),该条例替代了先前的《反倾销和反补贴条例》,是目前用来调整我国对外反倾销的最重要的法律。《反倾销条例》第二条规定:"进口产品以倾销方式进入中华人民共和国市场,并对已经建立的国内产业造成实质性损害或者产生实质性损害威胁,或者对建立国内产业造成实质阻碍的,依照本条例的规定进行反倾销调查,采取反倾销措施。"《反倾销条例》第二十四条规定:"商务部根据调查结果就倾销、损害和二者之间的因果关系是否成立作出初裁决定,并予以公告。"

(2)反补贴税(Anti-subsidy Duty)。反补贴税又称"抵消税"或"补偿税",是对直接或间接的接受任何补贴的外国进口商品所征收的进口附加税,一般按补贴数额征收。这种奖金或补贴包括进口商品在生产、制造、加工、买卖、输出过程中所接受的直接的或间接的奖金或补贴,它可以来自政府,也可以来自同业公会。征收的目的在于提高进口商品的价格,抵消其所享受的贴补金额,削弱其竞争能力,使它不能在进口国的国内市场上进行低价竞争或倾销。

值得注意的是,根据 WTO 的规定,要对其他国家开征进口附加税,必须同时满足两个条件:一是进口商品在出口国接受了政府直接或间接的补贴,且该补贴是 WTO 所禁止使用的,或外国出口商存在倾销行为;二是这种补贴或倾销已对进口国国内某项已建产业造成重大损害或损害威胁,或对进口国国内某一产业的兴建产生严重阻碍时,才可对其征收反补贴税或反倾销税。并且,对于来自同一国家的同一产品,不可同时既征收反补贴税又征收反倾销税。

除此外还有报复关税(Retaliatory Duty)、紧急进口税(Emergency Duty)和惩罚关税(Penalty Duty)。

报复关税是指一国为报复他国对本国商品、船舶、企业、投资或知识产权等方面的不公正待遇而对从该国进口的商品所征收的进口附加税。

紧急关税是为消除外国商品在短期内大量进口对国内同类商品生产造成重大损害或重大威胁而征收的一种进口附加税。

惩罚关税是指出口国某种商品违反了它与进口国之间的协议,或者未按进口国海关规定办理进口手续时,由进口国海关向该进口商品征收的一种临时性的进口附加税。

2. 差价税

差价税又称差额税,是当本国生产的某种产品的国内价格高于同类进口商品的价格时,为削弱进口商品的竞争能力,保护本国生产和国内市场,按国内价格与进口价格之间的差额征收的关税。

由于差价税是随着国内外价格差额的变动而变动的,因此是一种滑动税(Sliding Duty)。对于征收差价税的商品,有的规定按价格差额征收,有的规定在征收一般关税以外另行征收,这种差价税实际上属于进口附加税。例如,欧盟对冻牛肉进口首先征收20%的一般进口税，然后再征收差价税，其数额即每周进口价格与欧盟的内部价格的差额。

3. 特惠税(Preferential Duty)

特惠税又称“优惠税”，是指对从某个国家或地区进口的全部商品或部分商品给予特别优惠的低关税或免税待遇。特惠税有的是互惠的，有的是非互惠的。

特惠税最早开始于宗主国和殖民地及其附属国之间的贸易，如英联邦特惠税。目前，仍在起作用且最有影响的是洛美协定(Lome Convention)。1975年2月28日，非洲、加勒比海和太平洋地区46个发展中国家(简称非加太地区国家)和欧洲经济共同体9国在多哥首都洛美开会，签订贸易和经济协定，全称为《欧洲经济共同体——非洲、加勒比和太平洋地区(国家)洛美协定》，简称《洛美协定》或《洛美公约》。按照《洛美协定》欧洲经济共同体在免税、不限量的条件下，接受最惠国的全部工业品和96%的农产品，而不要求受惠国给予反向优惠，并放宽原产地原则。

4. 普遍优惠制关税(Generalized System of Preferences, GSP)

普遍优惠制简称普惠制，是发达国家根据1968年联合国贸易与发展会议通过的建立普惠制决议，对自发展中国家或地区输入的商品，特别是制成品和半制成品，给予的“普遍的”、“非歧视的”、“非互惠的”优惠关税待遇。

普遍性、非歧视性和非互惠性是普惠制的三项基本原则。普遍性是指发达国家对所有发展中国家出口的制成品和半制成品给予普遍的关税优惠待遇；非歧视性是指应使所有发展中国家都无歧视、无例外地享受普惠制待遇；非互惠性即非对等性，是指发达国家应单方面给予发展中国家特殊的关税减让而不要求发展中国家对发达国家给予对等待遇。普惠制的目的是通过给惠国对受惠国的受惠商品给予减、免关税的优惠待遇，使发展中的受惠国增加出口收益，促进其工业化水平的提高，加速国民经济的增长。

作为一种优惠性关税，普惠制是在最惠国税基础上实行的关税的再减让。其优惠程度取决于减税幅度，即最惠国税率和普惠制税率之间的差额。减税幅度越大，普惠税的优惠程度就越高。

普遍优惠制是发展中国家在联合国贸易与发展会议上长期斗争的成果。从1968年联合国第二届贸发会议通过普惠制决议至今，普惠制已在世界上实施了30余年。目前，全世界已有190多个发展中国家和地区享受普惠制待遇，给惠国共有40个，其中对我国出口的制成品、半制成品给予普惠制关税待遇的给惠国有39个，它们分别为英国、法国、爱尔兰、德国、丹麦、意大利、比利时、荷兰、卢森堡、希腊、西班牙、葡萄牙、奥地利、瑞典、芬兰、捷克、塞浦路斯、爱沙尼亚、匈牙利、拉脱维亚、立陶宛、马耳他、波兰、斯洛伐克和斯洛文尼亚、瑞士、挪威、日本、新西兰、澳大利亚、加拿大、俄罗斯、白俄罗斯、乌克兰、哈萨克斯坦、土耳其和列支敦士登。美国虽然是普惠制给惠国，但至今未给予我国普惠制关税优惠待遇。

对于不同给惠国，普惠制的具体执行方法不同。各发达国家（即给惠国）分别制订了各自的普惠制实施方案，而欧盟则作为一个国家集团给出共同的普惠制方案。因此，目前全世界共有 15 个普惠制方案。从具体内容看，各方案不尽一致，但大多包括了给惠产品范围、受惠国家和地区、关税削减幅度、保护措施、原产地规则以及给惠方案有效期等六个方面。

发达国家在普惠制的实施过程中，从 20 世纪 80 年代开始引入“毕业条款”（The Graduation Process）。即当一些受惠国或地区的某项产品或其经济发展到较高的程度，使它在世界市场上显出较强的竞争力时，则取消该项产品或该受惠国家或地区全部产品享受关税优惠待遇的资格，称之为“毕业”。例如，美国规定，一国人均收入超过 8500 美元或某项产品出口占美国进口的 50%即为毕业。

第二节 关税的征收

一、关税的征收方法

海关计征关税的方法主要有从量税和从价税两种。在两者的基础上，又衍生出混合税和选择税。

（一）从量税（Specific Duty）

从量税是指以商品的重量、数量、容量、长度和面积等计量单位为标准计征的关税。从量税额的计算公式：

从量税额＝商品数量×单位商品从量税额

各国征收从量税，大部分以商品的重量为单位来征收。例如，美国对薄荷脑的进口税征收从量税，普通税率每磅（1 磅＝0.45kg，下同）征 50 美分，最惠国税率每磅征收 17 美分。我国从 1997 年 7 月 1 日起对啤酒、原油和部分感光胶片试行从量关税。

第二次世界大战以前，发达国家普遍采用从量税的方法计征关税。第二次世界大战后由于商品种类、规格日益繁杂和通货膨胀等原因，多数发达国家转而采用从价税的方法计征关税。

（二）从价税（Ad Valorem Duty）

从价税是以商品的价格为标准计征的关税，其税率表现为货物价格的百分率。从价税额的计算公式：

从价税额＝商品总值×从价税率

在征收从价税中，较为复杂的问题是确定进口商品的完税价格。完税价格是经海关审定作为计征关税的货物价格，它是决定税额多少的重要因素。因此，如何确定完税价格是十分重要的。世界各国所采用的完税价格标准很不一致，大体上可概括为以下三种：成本加保险费和运费价格；装运港船上交货价格；法定价格，即海关估价。例如，美国对羽毛制品的进口征收从价税，普通税率为60%，最惠国税率为4.7%。

(三)混合税(Mixed or Compound Duty)

混合税又称复合税，是对某种进口商品，同时采用从量税和从价税的征税方法征收的关税。混合税额的计算公式：

混合税额=从量税额+从价税额

混合税常用于耗费原材料较多的工业制成品。具体形式有两种：一种是以从量税为主加征从价税，另一种是以从价税为主加征从量税。例如，中国对每台完税价格高于2000美元的放像机征收混合税，最惠国税为每台从量税5480元，加上3%的从价税；普通税为每台从量税20600元，加上6%的从价税。

(四)选择税(Alternative Duty)

选择税是对于一种进口商品同时订有从价税和从量税两种税率，但征税时选择其税额较高的一种征税。例如，日本对坯布的进口征收协定税率7.5%或每平方米2.6日元，征收其最高者。但有时，为了鼓励某种商品进口。也有选择其中税额低者征收。选择税可以根据经济形势的变化及政府的特定需要进行选择，灵活性较强。但由于征税标准经常变动，会使外国厂商无所适从，容易引起贸易纠纷。

目前世界上绝大多数国家都使用混合税和选择税，如发达国家美国、欧盟各国、加拿大、日本等以及一些发展中国家如印度、巴拿马等。

二、关税的征收依据

各国征收关税的依据是海关税则(Customs Tariff)，海关税则又称"关税税则"(Tariff Schedule)，是国家根据其关税政策和总体经济政策，以一定的立法程序制定和颁布实施的应税商品和免税商品的种类划分，及按商品类别排列的关税税率表，是海关凭以征收关税的依据，体现了一国的关税政策。

海关税则一般包括两部分：一部分是课征关税的规章条例及说明；另一部分是关税税率表。关税税率表主要包括三个部分：税则号列(Tariff No. 或 Heading No. 或 Tariff Item)，简称税号；货物分类目录(Description of Goods)；税率(Rate of Duty)。

(一)海关税则的货物分类方法

海关税则对货物的分类主要目的是为了对不同商品使用不同税率，以及方便进出口货物的统计。基本分类方法有：

(1)按照货物的自然属性分类。如动物、植物、矿物等。

(2)按照货物的加工程度或制造阶段分类。如原料、半制成品和制成品等。

(3)按货物成分分类或按工业部门的产品分类。如钢铁制品、塑料制品、化工制品等。

(4)按货物用途分类。如食品、药品、染料、仪器、乐器等。

(5)先按自然属性分类,再按加工程度分类。

(二)海关合作理事会税则目录

海关合作理事会税则目录(Customs Co-operation Council Nomenclature,CCCN)该目录的分类原则是按商品的原料组成为主,结合商品的加工程度、制造阶段和商品的最终用途来划分。海关合作理事会于1950年12月15日在比利时首都布鲁塞尔成立,其税则目录于1959年生效,1965年、1972年及1978年经过了三次系统的修订,CCCN在1974年前称为布鲁塞尔税则目录(Brussel Tariff Nomenclature)缩写为BTN。

海关合作理事会税则目录把全部商品共分为21类、99章,计1015个税目。第1～24章为农畜产品;第25～99章为工业制成品。税目号以4位数字表示,中间用圆点隔开。前两位数字表示所属章次号,后两位数字表示该税目在此章内的顺序。例如,男用外衣其税目号为61.01。目前采用CCCN的约有150个国家(或地区),其中包括20个对中国给惠的国家。

(三)商品名称及编码协调制度(简称HS)

为了更进一步协调和统一这两种国际贸易分类体系,1970年,海关合作理事会决定成立协调制度委员会和各国代表团组成的工作团来研究探讨是否可能建立一个同时能满足海关税则、进出口统计、运输和生产等各部门需要的商品列名和编码的"协调制度"目录。60个国家和20多个国际组织包括关贸总协定、联合国贸易与发展会议、国际标准化组织、国际商会、国际航运协会、国际航空协会、铁路国际运输组织等参加了研究工作。经过十多年的努力,终于完成制定了一套新型的、系统的、多用途的国际贸易商品分类体系《商品名称及编码协调制度》(The Harmonized System,HS),并于1988年1月1日正式生效实施。截至1991年10月,已有88个国家在其税则中正式采用了《协调制度》目录。关贸总协定也是按《协调制度》目录统计的数据作为关税减让谈判的基础。我国自1992年1月1日起也正式实施了以《协调制度》为基础编制的新的《海关进出口税则》和《海关统计商品目录》。关贸总协定也是按《协调制度》目录统计的数据作为关税减让谈判的基础。我国自1992年1月1日起也正式实施了以《协调制度》为基础编制的新的《海关进出口税则》和《海关统计商品目录》。

HS基本上按商品的生产部类、自然属性、成分、用途、加工程度及制造阶段进行编制,共有21类(Section)、97章(Chapter),章下设有用四位数编码的项目(Heading)1241个,其中有311个没有细分目录,其余930个项目被分为3246个一级子目(One-dash Subheading),这些子目中又有796个被进一步分出2258个二级子目(Two-dash Subheading),因此,在《协调制度》中共有5019个税目。其中1～24章为农副产品,25～97章为加工制成品,第77章金属材料为空缺,是为新型材料的出现而留空。如绵羊税目为01.04。

(四)海关税则的种类

1. 依据关税的种类可分为单式税则和复式税则

单式税则(Single Tariff)又称一栏税则,是指一个税目只有一个税率,即对来自任何国家的商品均以同一税率征税,没有差别待遇。目前,只有少数发展中国家如委内瑞拉、巴拿马、冈比亚等仍实行单式税则。

复式税则(Complex Tariff)又称多栏税则,是指同一税目下设有两个或两个以上的税率,即对来自不同国家的进口商品按不同的税率征税,实行差别待遇。其中,普通税率是最高税率,特惠税率是最低税率,在两者之间,还有最惠国税率、协定税率、普惠制税率等。目前大多数国家都采用复式税则。这种税则有两栏、三栏、四栏不等。我国目前采用两栏税则,美国、加拿大等国实行三栏税则,而欧盟等国实行四栏税则。

2. 依据制定税则的权限又可分为自主税则和协定税则

自主税则是指一国立法机构根据关税自主原则单独制定而不受对外签订的贸易条约或协定约束的一种税率。

协定税则指一国与其他国家或地区通过贸易与关税谈判,以贸易条约或协定的方式确定的关税率。协定税则是在本国原有的国定税则以外,通过与他国进行关税减让谈判而另行规定的一种税率,因此要比国定税率低。

三、关税的征收程序

关税的征收程序即通关手续或报关手续,是指进出口货物收货或发货人、运输负责人、物品所有人或其代理人按照海关的规定,办理货物、物品、运输工具进境或出境及相关海关事务的手续和步骤。不同国家(单独关税区)的海关各自都规定了货物进出境报送程序。为适应国际贸易发展的需要,世界各国海关不断努力进行谈判,力求简化和协调海关的监管制度和报送程序,于 1999 年通过了世界海关组织主持修订的新《京都公约》,即《关于简化和协调海关制度的国际公约》。我国从 1994 年就开始参加公约的修订工作,2000 年 6 月,签署了公约的修正议定书。

在我国,海关规定进出境货物经过申报、查验、征税和放行 4 个海关作业环节即完成通关。与之相适应,进出口货物收、发货人或其代理人应当按程序办理相对应的进出口申报、配合查验、缴纳税费、提取或装运货物等手续,货物才能进出境。

(一)申报

申报是指进出口商或其代理人在进出口货物时,在海关规定的期限内,向海关报告其进出口货物的情况,向海关申请办理审查放行的行为。即通常所说的"报关"。申报是进出境货物通关的第一个环节。为了保证申报行为的合法性,海关在进出口货物的申报资格、申报时间、申报单证、申报内容等方面均作了明确的规定。一般情况下,报关应备单证,除进出口货物报关单外,还必须提交以下三类单证:

(1)基本单证。基本单证是指与进出口货物直接相关的商业和货运单证,主要包括：商业发票一份、装箱单一份、提货单或装货单一份（海运进口或出口）、运单一份（空运）、包裹单一份（邮运）、领货凭证一份（陆运）等。

（2）特殊单证。特殊单证是指国家有关法律法规规定实行特殊管理的证件，主要包括：配额许可证管理证件、商品检验证书、动植物检疫证书、药品检验证书等。

（3）预备单证。预备单证主要是指在办理进出口货物手续时，海关认为必要时需查阅或收取的证件，如贸易合同、货物原产地证明书等。

（二）查验

查验是指海关在接受报关单位的申报并以已经审核的申报单为依据，通过对进出口货物进行实际的查核，以确定其报关单证申报的内容是否与实际进出口货物相符的一种监管形式。海关查验货物，一般在海关监管区内的进出口口岸码头、车站、邮局或海关的其他监管场所进行。

（三）缴纳税费

缴纳税费是指进出口货物的收、发货人或其代理人接到海关发出的税费缴纳通知书后，以支票、本票、汇票或现金的形式，向海关指定的银行办理税费款项的缴纳手续，由银行将税费款项缴入海关专门账户的工作环节。

（四）放行

海关放行是指海关在接受进出口货物的申报，经过审核报关单据、查验货物、依法征收税费，对进出口货物作出结束海关现场监管决定的行为。海关在决定放行进出口货物后，需在有关报关单据上签章"海关放行章"，进出口货物的收、发货人凭此办理提取进口货物或装运出口货物的手续。

第三节　关税结构与有效保护率

一、关税水平

关税水平是指一个国家进口税的平均税率，用以衡量或比较一个国家进口税的保护程度，在关税与贸易总协定的关税减让谈判中经常以关税的水平作为削减关税的指标。目前，发达国家的关税水平平均为5%，发展中国家一般为14%左右，在乌拉圭回合的关税谈判中，总体目标是在1986年9月的基础税率上平均降低30%的幅度。这样，欧洲经济共同体在减税后，关税水平将从5.44%降至4.86%，美国大体上使它的减让幅度达到1/3的目标。

二、关税保护率

（一）名义保护率（Nominal Rate of Protection）

名义保护率也叫名义关税率，它是指某种进口商品进入该国关境时，海关根据海关税则所征收的关税税率。如果某商品的进口税率为10%，其进口价格为20美元，加收进口关税 2 美元，实际进口价格为 22 美元，这多出的 2 美元就是按 10%计征的关税，这 10%的税率就是名义保护率。

(二)有效保护率(Effective Rate of Protection)

最终产品的进口税率，显示的是对同类进口竞争商品提供的名义保护率，而一整套关税结构的综合效果，才能表明对某一最终产品国内生产者提供的实际保护或有效保护率。有效保护率是 20 世纪 60 年代以后产生和发展起来的一个概念，后被广泛应用于分析整套关税结构对某一产业最终产品生产者的保护作用。

有效保护率是指征收关税后受保护行业的每单位最终产品附加价值增加的百分比，其反映了关税对本国同类产品的真正有效的保护程度。附加价值是最终产品价格减去用来生产该商品的中间产品成本后的差额。有效保护率的计算公式如下：

$$ERP = \frac{V' - V}{V} \times 100\%$$

其中，ERP 表示某行业的有效保护率；V 和 V' 分别表示征收关税前后该行业(或商品)的国内生产附加值。

有效保护率这一概念的提出是基于如下事实：按照生产过程的加工深度，我们可将产品分为制成品(最终产品)、中间产品(如零部件)和原材料等。对中间产品或原材料征收关税，将提高这些产品的价格，从而增加国内使用者的负担，导致生产成本上涨，使得那些使用中间产品或原材料的最终产品的关税所产生的保护效应降低，所以从中间产品或原材料使用者的角度来看，对中间产品或原材料征收关税就相当于对生产征税，降低了国内生产的附加值。

(三)有效保护率例解

假设在自由贸易情况下，某一制成品国际价格为 100 美元，该产品在国内生产时每单位产出需要使用价值 50 美元的中间投入品，该制成品的国内单位产出附加值为 50 美元。现假定对该制成品征收 20%的从价税，而对使用的中间投入品不征收关税，同时假定该制成品的上涨幅度等于名义税率。于是征税后，该制成品的国内价格上涨到 120 美元(100+100×20%)。保护关税使该制成品的国内附加价值增加到 70 美元(120－50)。

按照有效保护率的计算公式，该国关税政策对该制成品的有效保护率(或国内该制成品附加价值的增加率)为

$$ERP=\frac{70-50}{50}\times 100\%=40\%$$

即对该制成品征收 20%的关税可使其国内生产附加值提高 40%。

如果该国决定对中间产品也征收 10%的名义关税，而制成品的名义关税税率仍为 20%，则征税后该制成品的单位产出附加值减少到 65 美元(120－55)。按照有效保护率的计算公式，该国关税政策的有效保护率为

$$ERP=\frac{65-50}{50}\times 100\%=30\%$$

如果对该制成品和中间投入品同时征收 20%的名义关税，则征税后该制成品的单位产出附加值减少到 60 美元(120－60)，有效保护率为

$$ERP=\frac{60-50}{50}\times 100\%=20\%$$

如果将中间产品的名义税率提高到 50%，而制成品的名义税率仍为 20%，则征税后制成品的单位产出附加值减少到 45 美元(120－75)，有效保护率为

$$ERP=\frac{45-50}{50}\times 100\%=-10\%$$

由此可见，如果最终产品的名义税率大于原材料等中间产品的名义税率时，最终产品的有效保护率大于其名义税率。如果最终产品和中间产品的名义税率相同，最终产品的有效保护率等于名义税率。如果中间产品的名义税率大于最终产品的名义税率，甚至会出现负保护的情况。

研究关税结构，区别名义保护率和实际保护率，具有重要的意义。当最终产品名义税率一定时，对所需的原材料等中间产品征收的名义税率越低，则最终产品名义税率的保护作用(即有效保护率)越大。因此，如果要对某种产业实行保护，不仅要考虑对该产业最终产品的关税率，而且要把整个关税结构与该产业的生产结构结合起来考虑，才能制定出相应的合理政策措施。

基于提高有效保护率的考虑，发达国家常常采用逐步升级的关税结构，即对原料进口几乎完全免税，对半制成品征收适度关税，但对最终产品，特别是对劳动密集型制成品征收较高关税。发达国家的逐步升级的关税结构对发展中国家是极为不利的。它吸引发展中国家扩大原料出口，而阻碍制成品、半制成品出口，从而影响到发展中国家的工业化进程。

复习思考题

1. 什么是关税？关税与国内税有何区别？
2. 什么是财政关税与保护关税？其主要特点是什么？
3. 什么是进口附加税？
4. 什么是普遍优惠制？一般说来，普惠制方案主要有哪些规定？
5. 试简要说明名义关税与有效关税。
6. 征收关税的方法主要有哪几种？
7. 海关税则可分为哪几类？什么是“协调制度”？
8. 简要说明关税对商品价格、生产和销售的影响。

CHAPTER 6

第六章 非关税壁垒

□□□ 学习目标

- 通过学习,要求学生了解各种非关税壁垒的含义、作用。
- 掌握非关税壁垒的特点与发展趋势。
- 熟悉并理解非关税壁垒对国际贸易的影响。

□□□ 学习重点

- 进口配额制
- 技术性贸易壁垒
- 绿色壁垒

□□□ 关键术语

非关税壁垒;进口配额制;"自动"出口配额;外汇管制;最低限价;汇率低估;进口押金制;技术壁垒;绿色壁垒

开篇案例　美国家具非关税壁垒

在过去20年间,中国家具产值增长了130倍,全年生产总值7000多亿元人民币;家具出口额增长了294倍,达到329.9亿美元,中国成了名副其实的家具大国,"中国制造"的家具遍布世界230多个国家和地区。其中美国是我国家具最大的出口市场。近年来,自2009年1月1日加利福尼亚州空气管理署要求降低复合木制品甲醛释放量起,硝烟不断,并有愈演愈烈之势,对我国家具出口产生很大影响。

一、雷斯法案

2010年4月1日起,《雷斯法案》修正案覆盖范围扩大至所有木制家具产品,要求进口商在每次进口木制家具产品时都要提供原料来源和树种的基本申报,包括选用木材种类的拉丁名、采伐的国家、数量、尺寸和价值等信息。所有木制家具产品在进入美国时必须出具"合法"的木材原产地证明，若产品原料来源被界定为非法，美国将有权对产品进行罚没。

二、复合木材甲醛标准

继美国加州自2009年1月1日起对复合木制品中甲醛含量实施新标准后，2010年6月美国参议院通过了《复合木制品甲醛标准法案》，首次确定了复合板中甲醛含量的全国性标准，成为全世界最严格的美国产品标准之一。2010年7月7日，美国总统奥巴马正式签署了该法案，定于2011年1月3日在美国实施，大幅提高在全美销售和批发的刨花板、中纤板、硬木胶合板等木制品的甲醛释放限量的要求。资料显示，新的木制品甲醛释放量限令，将使我国家具出口企业的生产成本提高10%，其次由于加强甲醛释放量的检测将会延长在进口国口岸的通关时间，另外因限量标准的提高极可能导致被国外通报甚至被退运和召回。

三、侧拉式婴儿床禁令

2010年12月，美国政府宣布禁止生产和销售侧拉式婴儿床，新标准要求婴儿床必须有固定的边栏，此禁令于2011年6月生效。

美国对《全尺寸婴儿床标准》(ASTMF1169)进行了修订，主要有以下变更：①淘汰了婴儿床的侧拉栏。从此婴儿床中不再允许出现侧拉栏；②修订标准明确要求，在正常使用中，贴在婴儿床上的警示说明必须完全、随时、全方位可视；③同时解决板条的结构问题：板条不得是侧向组合、指形组合或两端组合的木材块件；④修订标准增加了杆或板条的强度要求。即杆或板条须承受56.2lbf的负载，不会破裂或从水平支撑物中散开。

四、积极应对美国家具非关税壁垒

面对美国林林总总的家具非关税壁垒：一是要加强法规的研究，研读美国系列新法规要求，在企业开展辅导；二是企业要及时改进产品的设计与工艺，加大实验检测设施的投入，加强自检自控，从源头抓好产品质量，避免产品出口美国受阻；三是建立家具出口贸易的预警机制，对遭遇美国家具非关税壁垒的案例、处理情况动态通报，给企业提供预警信息及应对建议，防患未然；四是建立异常信息反馈制度，在美国一些法规实施后发现新情况新问题的，及时向地方政府和检验检疫部门报告，避免因突发事件未妥善处理而影响中国出口产品声誉。

资料来源：孙蓓玲. 关注美国家具非关税壁垒的影响. 中国检验检疫，2011(7)

第一节　非关税壁垒概述

一、非关税壁垒的内涵

非关税壁垒(Non-tariff Barriers，NTBs)是指除关税以外一切限制进口的措施。

非关税壁垒可分为直接和间接的两大类。前者是由进口国直接对进口商品的数量和金额加以限制或迫使出口国"自动"限制商品出口,如进口配额制、进口许可证制和自动出口配额制等。后者是对进口商品制定严格的条例,间接地限制商品进口,如汇率低估、外汇管制、国家垄断、歧视性政府采购政策、进口押金制、专断的海关估价、最低限价、技术性贸易壁垒等。据统计,20 世纪 90 年代初世界上使用的非关税壁垒达 3000 多种。

非关税壁垒在当代国际贸易中正逐渐取代关税成为限制进口的主要手段,这在发达国家的进口贸易中表现尤为明显。其原因除了关税水平下降外,还在于非关税壁垒相对于关税壁垒而言具有多方面的"优越性"。

二、非关税壁垒的特点

非关税壁垒和关税壁垒都有限制商品进口的作用,但是,与关税壁垒相比较,非关税壁垒具有以下特点:

第一,更具灵活性和针对性。各国关税措施作为国家海关法的组成部分,和其他法令一样,要经过一定的立法程序,并要求具有一定的延续性。如果调整或更改税率,需符合较为烦琐的法律程序和手续。这种立法程序和手续,往往迂回迟缓,在需要紧急限制进口时,往往很难适应。同时,关税在同等条件下,还受到最惠国待遇条款的约束,从有协定的国家进口的同种商品适用同样的税率,因而,很难在税率上作灵活的调整。而在制定和实施非关税措施时,通常采用行政程序,手续与制订程序也比较简便,可随时针对某国的某种商品采取或更换相应的限制措施,较快地达到限制进口的目的。

第二,更具有效性。关税壁垒是通过征收高额关税,提高进口商品成本和价格,削弱其竞争能力,达到间接限制商品进口的目的。因而它不能有效地限制某些商品的进口,因为在高关税的情况下,出口商接受各种补贴仍然能够维持出口,有些大的跨国公司甚至赔本倾销以冲垮进口国的民族工业,然后垄断市场。而一些非关税壁垒措施如进口配额等,往往预先规定进口的限额,一旦超过限额就可以名正言顺地直接禁止进口,从而把超额的商品拒之门外,达到关税未能达到的目的。

第三,更具隐蔽性和歧视性。一般说来,关税税率确定之后,往往以法律形式公布于众,依法执行,出口商通常很容易了解有关税率。但是,一些非关税壁垒措施往往不采取公开的方式,经常借用某种理由,使出口商捉摸不定,或者规定极为复杂的技术标准和繁琐的进口手续,使出口商难以适应,从而达到限制商品进口的目的。就技术标准来看,一些国家对某些商品的质量、规格、性能和安全等规定了极为严格和特殊的标准,检验手续繁琐复杂,而且经常变化,使外国商品难以适应,往往由于一个不符合规定,便使商品不能进入对方的市场。同时,一些国家还往往针对某个国家采取更为严格、苛刻的限制性的非关税壁垒措施,更加强了非关税壁垒的差别性和歧视性。

第二节　非关税壁垒的种类

一、进口配额制

进口配额制又称进口限额制，是一国政府在一定时期内，对某些商品的进口数量或金额加以直接的限制，在规定的期限内，配额以内的商品可以进口，超过配额不准进口，或者征收较高关税后才能进口。它是进口数量限制的重要手段之一。进口配额制在实施中又可以分为绝对配额和关税配额两种。

（一）绝对配额（Absolute Quotas System）

即在一定时期内，对某些商品的进口数量或金额规定一个最高额数后，便不准进口，这种进口配额又分为两种方式：

1. 全球配额（Global Quotas）

它是指一国当局在一定时期内对某种商品规定一个全球性配额额度，对来自任何国家或地区的商品一律适用，直到配额总额用完为止，超过总额就不准进口。由于全球配额不限定进口国别或地区，在配额公布以后，进口商竞相争夺配额，并可从任何国家或地区进口。出于邻近国家或地区地理位置接近，到货较快，处于有利地位. 而较远的国家或地区则处于不利的地位。这种方式在配额的利用和分配上，难以贯彻国别政策。为此，一些国家改用国别配额。

2. 国别配额（Country Quotas）

它是指在总配额内，按照国别和地区分配给固定的最高配额，来自任何国家或地区的商品超过规定的配额便不准进口。为了区分来自不同国家或地区的商品，在进口商品时，进口商必须提交原产地证明书。实行国别配额可以使进口国家根据它与有关国家或地区的政治经济关系分配不同的额度。

一般来说，国别配额又可以分为自主配额和协议配额。

(1)自主配额(Autonomous Quotas)，又称单方面配额，是由进口国自主地、单方面强制规定在一定时期内从某个国家或地区进口某种商品的配额，这种配额不需征求输出国家的意见。

自主配额的分配一般参照出口国过去一年的输入实绩，按一定比例确定新的进口数量和金额。由于各国或地区所占比重不一，所得到的配额有差异，所以进口国可利用这种配额，贯彻国别政策。自主配额由进口国家自行制定，往往由于分配额度的差异，容易引起某些出口国家或地区的不满或报复。因而，有些国家采用协议配额，以缓和彼此之间的矛盾。

(2)协议配额(Agreement Quotas)，又称双边配额，是由进口和出口两国政府或民间团体之间协商确定的配额。协议配额是由进出口双方协商确定的，通常不会引起出口方的反感与报复，并可使出口国对于配额的实施有所谅解与配合，执行起来比较容易。

此外，一些国家为了加强绝对进口配额的作用，往往对进口配额做出十分繁杂的规定，例如，对配额商品订得过细，有的按商品的不同规格规定不同的配额，有的按价格水平差异规定不同的配额等等。

(二)关税配额(Tariff Quotas)

关税配额是指对商品进口的绝对数额不加限制，而在一定时期内，规定一定数额的进口配额，对在规定配额以内的进口商品，给予低税、减税或免税待遇；对超过配额的进口商品则征收较高的关税、征收附加税或罚款。这实际上限制或禁止了超过配额以外的商品进口。如欧盟对从享受普惠制待遇的发展中国家进口的纺织品，规定限额以内的免税，超过限额的部分则征收6%的进口税。

关税配额按商品进口的来源，可分为全球性关税配额和国别性关税配额。按征收关税的目的，可分为优惠性关税配额和非优惠性关税配额。优惠性关税配额是指在关税配额以内，对进口的商品，给予较大幅度的关税减让，甚至免税，超过配额的进口商品即按原来的最惠国税率征收关税。非优惠性关税配额是指在关税配额内仍征收原来的进口税，但对超过配额的进口商品则征收极高的附加税或罚款。

关税配额与绝对配额的不同之处在于，绝对配额规定一个最高进口额度，超过就不准进口，而关税配额在商品进口超过规定的最高额度后，仍允许进口，只是超过部分被课以较高的关税。可见，关税配额是一种将征收关税同进口配额结合在一起的限制进口的措施。两者的共同点是都以配额的形式出现，可以通过提供、扩大或缩小配额向贸易对方施加压力，使之成为贸易歧视的一种手段。比如，从1994年7月到1995年5月这段时间里，美国政府在未提供充分证据和未经充分磋商的情况下，先后两次扣减我国总量达252万打的纺织品配额，严重损害了我国的利益。第二次世界大战后，许多发展中国家也实行了进口配额制，其目的主要是限制非必需品及与本国产品相竞争的工业品输入，节约外汇开支，发展民族经济。

二、“自动”出口配额制

“自动”出口配额制(“Volunteer” Export Quotas)是指出口国家或地区在进口国的要求或压力下，“自动”规定某一时期内(一般是3～5年)，限制某些商品对该国的出口，在限定的配额内自行控制出口，超过限额即禁止出口。显然，这种“自动”限制完全是在进口国家的要求或压力下进行的，并非出自出口国的真正“自愿”，出口国的自我限制也是为了避免进口国更为严厉的进口限制措施。

“自动”出口配额制是二次世界大战后出现的一种非关税壁垒措施。随着一些主要发达国家对某些商品进口限制的压力加强，一些出口国被迫同意“自动”限制本国的商品出口。

“自动”出口配额制最早始于美国。自20世纪70年代以来，由于世界经济发展速度放缓，而日本的经济增长让美国和欧洲非常担心，日本和东亚其他一些国家的商品大量涌入美国和欧洲。在这种情况下,美国强迫日本实行"自动"限制商品出口,开始限制日本的纺织品出口,以后又延伸到钢铁业、汽车业。日本对美国出口的汽车曾实行"自动"出口限额,每年不超过168万辆。日本并不心甘情愿这样做,完全是在美国的强大压力下被迫做出的。因为日本明白,如果不体面地接受这一要求,美国会采取更加严厉的制裁手段或报复性措施。因此,日本无条件地接受了"自动"出口配额。1990年,全世界共出现"自动"出口限额261起,其中由欧盟发起的138起,由美国发起的68起,主要是针对日本和东亚一些发展中国家和地区,迫使他们接受发达国家的条件。

"自动"出口配额制和进口配额制虽然从实质上来说都是通过数量限制来限制进口,但仍有许多不同之处。这表现在以下几个方面。第一,从配额的控制方面看,进口配额制由进口国直接控制进口配额来限制商品的进口,而"自动"出口配额制则由出口国直接控制配额,限制一些商品对指定进口国家的出口,因此是一种由出口国家实施的为保护进口国生产者而设计的贸易政策措施。第二,从配额表现形式看,"自动"出口配额制表面上看好像是出口国自愿采取措施控制出口,而实际上是在进口国的强大压力下才采取的措施,并非出于出口国的自愿。进口国往往以某些商品的大量进口威胁到其国内某些工业,即所谓的"市场混乱"(Market Disruption)为借口,要求出口国实行"有秩序增长"(Orderly Growth),"自动"限制出口数量,否则将采取报复性贸易措施。第三,从配额的影响范围看,进口配额制通常应用于一国大多数供给者,而"自动"配额制仅应用于几个甚至一个特定的出口者,具有明显的选择性。那些未包括在"自动"配额制协定中的出口者,可以向该国继续增加出口。第四,从配额适用时限看,进口配额制适用时限相对较短,往往为1年,而"自动"出口配额制较长,往往为3~5年。

"自动"出口限制之所以成为较流行的贸易保护措施,究其原因,与关贸总协定的有关条款和运行机制有直接关系。首先,由于关贸总协定缔约方的多边谈判已大大降低了关税,而传统的非关税壁垒措施(如进出口数量限制、海关估价制度、进出口许可证制度等)也在多边谈判的基础上达成协议,它们的使用必然受到国际社会的监督。因此,要更有力地限制进口,必须转而寻求其他措施。其次,"自动"出口限制协议一般由两国政府部门采取不公开或半公开的方式私下达成,透明度很低。由于这种出口限制是"自愿"的,其法律地位不明确,处在不合法与合法之间的模糊区域,是"灰色区域措施"。第三,由于国际贸易中不断出现反补贴、反倾销指控,作为出口国,采用"自动"出口限制措施来解决争端比其他方法在经济上来得有利,且能不伤和气,可以继续发展与进口国的经贸关系。从进口国的角度看,选择"自动"出口限制比提高关税或规定配额能更好地避开关贸总协定的规则,依自己的意愿针对某个国家采取限制措施,而不涉及出口同类产品的其他国家,不必担心受到这些国家的报复而使本国的出口遭受损害。正因为如此,"自动"出口限制作为灰色区域措施的一种主要形式而迅速蔓延。

三、进口许可证制

进口许可证制(Import License System)是指国家为管制对外贸易,规定某些进口商品必须领取进口许可证,没有许可证,一律不准进口的制度。进口许可证必须注明有效期与进口商品名称、来源、数量及金额等。

进口许可证可分为如下两类:

(1)按进口许可证与进口配额的关系分为有定额的进口许可证和无定额的进口许可证。

①有定额的进口许可证。是指国家有关机构预先规定有关商品的进口配额,在配额的限度内,根据进口商的申请对于每笔进口货物发给进口商一定数量或金额的进口许可证。

②无定额的进口许可证。是指进口许可证不与进口配额相结合,国家有关政府机构也不预先公布进口配额,颁发有关商品的进口许可证,只是在个别考虑的基础上进行。此种进口许可证没有公开的标准,因而给正常贸易造成更大困难,其限制进口的作用更大。

(2)按进口管制的程度,进口许可证分为公开一般许可证和特种进口许可证。

①公开一般许可证。又称"公开进口许可证"、"一般许可证"或"自动进口许可证"。它对进口国别或地区没有限制,凡列明属于公开一般许可证的商品,进口只要填写公开一般许可证后,即可获准进口。显然,这种许可证对进口管制最松。属于这类许可证的商品是"自由进口"的商品。

②特种进口许可证。又称非自动进口许可证。进口商必须向政府有关当局提出申请,经逐笔审查批准后才能进口。这种进口许可证对进口的管制最严,而且多数都指定进口国别或地区。

为了区分两种许可证所进口的商品,有些国家往往定期公布有关商品项目并根据实际需要随时进行调整。

四、外汇管制

外汇管制(Foreign Exchange Control)是一国政府通过法令,对国际结算和外汇买卖实行限制,以平衡国际收支和维持本国货币汇价的一种制度。在外汇管制的国家,国家把外汇全部控制在手中,出口商必须把他们出口所得到的外汇,按官定汇率卖给外汇管制机关,进口商也必须在外汇管制机关按固定汇率申请购买外汇。本国货币携带出入境也受到严格的限制。这样,国家的有关政府机构就能够限制进口商品的品种、数量和进口国别。外汇管制的方式较为复杂,一般可分为以下几种。

(一)数量性外汇管制

它是指国家外汇管理机构对外汇买卖的数量直接进行限制和分配。进口商如欲进口商品,必须向国家外汇管理部门申请外汇额度,经外汇管理部门批准后,方可获得外汇，支付进口货款。其目的在于国家集中外汇收入，控制外汇支出，实行外汇分配，以限制进口商品品种、数量和国别。

(二)成本性外汇管制

它是指国家外汇管理机构对外汇买卖实行复汇率制度，利用外汇买卖成本的差异，间接影响不同商品的进出口。所谓复汇率制度，是指一国货币对外有两个或两个以上的汇率。其目的是利用汇率的差别限制和鼓励某些商品进口或出口。一般说来，对于适当允许进出口的商品使用普通汇率；对于鼓励进出口的商品使用优惠汇率；对于严格限制进口的商品则使用惩治性汇率，即高价购买外汇，使进口商品成本增加，竞争力下降，从而达到限制其进口的目的。

(三)混合性外汇管制

所谓混合性外汇管制，是指同时采用数量性和成本性的外汇管制，对外汇实行更为严格的控制，以影响控制商品进出口。第二次世界大战以后，由于经济发展，发达国家很少实行外汇管制，而一些外汇短缺的发展中国家还经常使用。

五、汇率低估

汇价低估(Exchange Rate Under Valued)是指低估本币价值，有意识地使本国货币对外币贬值。一国货币对外贬值，势必使该国进出口商品价格发生变动，用本国货币表示的进口商品价格提高，用外国货币表示的出口商品价格下降。因此，汇价低估，提高了进口产品的价格，其经济效应类似于对进口产品征收了相应的关税，起着限制进口的作用。

在一国的进口需求弹性较大而国外的出口供给弹性较小的情况下，汇价低估对一国外汇收支的平衡是有利的，也起到保护本国民族工业发展的作用。但是，汇价低估对进口的限制是隐蔽的和无选择性的，它在限制了本国需要限制的产品(如高档消费品等最终产品)进口的同时，也限制了本国急需进口的技术设备和原材料，妨碍本国经济的发展。汇价低估还会形成对民族工业的过度保护，使本国产品失去降低成本和提高质量的国际竞争刺激。如果本国某些产品(如技术设备、原材料等)的进口具有刚性，那就更会提高企业的生产成本，推动价格上升，这不仅将导致本国企业及其产品的国际竞争力下降，还会诱发本国的通货膨胀。为了保证必要的进口，在采取汇价低估政策的同时，可以有选择地对某些产品实施进口补贴，以保证本国经济发展和人民生活必需的重要产品的进口。

六、国家垄断制

国家垄断制(State Monopoly)是指在对外贸易中，某些商品的进出口由国家直接经营，或者把这些商品的垄断权给予某些组织。发达国家对进出口贸易的国家垄断主要集中在烟、酒、农产品、军火、石油及石油制品等几类商品上。

各国国家垄断的进出口商品主要有四大类。第一类是烟酒。由于可以从烟酒进出口垄断中取得巨大的财政收入，各国一般都实行烟酒专卖。第二类是农产品。对农产品实行垄断经营往往是一国农业政策的一部分，这在欧美国家最为突出。如美国农产品信贷公司是世界上最大的农产品贸易垄断企业，对美国农产品国内市场价格能保持较高水平起了重要作用：当农产品价格低于支持价格时，该公司就按支持价格大量收购农产品，以维持价格水平，然后以低价向国外市场大量倾销，或者"援助"缺粮国家。第三类是武器。它关系到国家安全与世界和平，自然要受到国家专控。第四类是石油。它是一国的经济命脉，因此，不仅出口国家，而且主要的石油进口国都设立国营石油公司，对石油贸易进行垄断经营。

七、歧视性政府采购政策

歧视性政府采购政策（Discriminatory Government Procurement Policy），是指国家制定法令，规定政府机构在采购时必须优先购买本国产品，从而导致对国外产品构成歧视的做法。主要发达国家都有相应的歧视性政府采购政策规定。如英国规定政府机构使用的通讯设备和电子计算机必须是英国产品；日本也规定，政府机构使用的办公设备、汽车、计算机、电缆、导线、机床等不得采购外国产品；美国从 1933 年开始实行并于 1954 年和 1962 年两次修改的《购买美国货物法案》是最为典型的政府采购政策。该法案规定，美国实行的"购买美国货法案"则规定，凡是美国联邦政府所要采购的货物，应该是美国制造的，或是用美国原料制造的。只有在美国自己生产的数量不够，或者国内价格过高，或者不买外国货就会损害美国利益的情况下，才可以购买外国货。为了达到限制进口的目的，美国国防部和财政部甚至往往采购比进口货贵 50% 的美国货。由于发达国家政府采购的数量非常庞大，因此，这是一种相当有效的限制进口的非关税壁垒措施。

为限制各成员运用歧视性政府采购政策限制进口，GATT 在东京回合多边贸易谈判中制定了《政府采购协议》，该协议现已成为世界贸易组织框架下的多边协议之一。

八、专断的海关估价

在海关税率一定的情况下，税额的大小取决于商品的完税价格。海关为了征收关税而确定进口商品的完税价格的制度称为海关估价制（Customs Valuation）。专断的海关估价是指某些国家为了达到增加进口货的关税负担，阻碍商品的进口的目的，根据某些特殊规定，人为地提高某些进口货的海关完税价格。

用专断的海关估价来限制商品的进口，以美国最为突出。长期以来，美国海关是按照进口商品的外国价格（进口货在出口国国内销售市场的批发价）或出口价格（进口货在来源国市场供出口用的售价）两者之中较高的一种进行征税。这实际上提高了缴纳关税的税额。

为防止外国商品与美国同类产品竞争，直到 GATT 东京回合签订《海关估价守则》之前，美国海关当局对煤焦油产品、胶底鞋类、蛤肉罐头、毛手套等四种国内售价很高的商品，一直是依"美国售价制"(American SellingPrice System)征税，使这些商品的进口税率大幅度地提高，有效地限制了外国货的进口。

GATT 乌拉圭回合修改了《海关估价守则》，达成了《关于实施关税与贸易总协定第七条的协议》(又称《海关估价协议》)，确立了主要以商品的成交价格为海关完税价格的新估价制度，目的在于为签字国的海关提供一个公正、统一、中性的货物估价制度，不使海关估价成为国际贸易发展的障碍。《海关估价协议》现已成为 WTO 框架下的多边协议之一。

九、最低限价

最低限价(Minimum Price)是指进口国对某一商品规定最低价格，进口价格如低于这一价格就征收附加税。如规定钢材每吨最低限价为 320 美元，进口时每吨为 300 美元，则进口国要征收 20 美元的附加税，以抵消出口国的补贴或倾销。这一最低限价往往是根据某一商品生产国在生产水平最高的情况下生产出的价格而定出的。如欧共体 1978 年起对钢材规定最低限价，这一价格是根据日本生产钢材的最高生产水平而制定的。凡低于该价格的，就要征收差额部分的附加税。美国自 1978 年起对钢材也全面实行最低限价，以削弱进口钢材的竞争能力，限制外国钢材的大量进口。再如英国 1980 年也曾对中国生产的闹钟规定最低限价。

十、社会责任标准

现在执行的社会责任国际标准为 SA8000(Social Accountability 8000)，该标准对企业的社会责任，包括遵守商业道德、保护劳工权利、保护环境等做出了明确规定，适用于世界各地，任何行业，不同规模的公司。目前，劳工标准和环保标准已经成为很多跨国公司选择供货商时要考虑的重要条件。综合起来看，受社会责任标准影响最大的是纺织业、服装业、玩具和鞋业等劳动密集型消费品行业，中国首当其冲。如美国、法国、意大利等传统中国轻工业产品进口国的贸易组织正在讨论一项协议，要求中国的企业必须事先通过 SA8000 标准，否则就要联合抵制进口。

第三节　技术性贸易壁垒

技术性贸易壁垒(Technical Barriers to Trade，TBT)是指进口国通过颁布法律、法令和条例，对进口商品建立各种严格、繁杂、苛刻而且多变的技术标准、技术法规和认证制度等方式，对外国进口商品实施技术、卫生检疫、商品包装和标签等标准，从而提高产品技术要求，增加进口难度，最终达到限制外国商品进入，保护国内市场的目的。技术性贸易壁垒是目前各国使用最为广泛的一种非关税壁垒措施。

一、技术性贸易壁垒的类别

WTO《技术性贸易壁垒协议》将技术性贸易壁垒分为技术法规、技术标准和合格评定程序。

(一)技术法规

技术法规是规定强制执行的产品特性或其相关工艺和生产方法,包括可适用的管理规定在内的文件,如有关产品、工艺或生产方法的专门术语、符号、包装、标志或标签要求。

(二)技术标准

技术标准是经公认机构批准的、规定非强制执行的、供通用或反复使用的产品或相关工艺和生产方法的规则、指南或特性的文件。可见技术法规与技术标准性质不同,其关键区别是前者具强制性,而后者是非强制性的。

(三)合格评定程序

合格评定程序是指按照国际标准化组织(International Organization for Standardization,ISO)的规定,依据技术规则和标准,对生产、产品、质量、安全、环境等环节以及对整个保障体系进行全面监督、审查和检验,合格后由国家或国外权威机构授予合格证书或合格标志,以证明某项产品或服务是符合规定的标准和技术规范。合格评定程序包括产品认证和体系认证两个方面:产品认证是指确认产品是否符合技术规定或标准的规定;体系认证是指确认生产或管理体系是否符合相应规定。当代最流行的国际体系认证有 ISO9000 质量管理体系认证和 ISO14000 环境管理体系认证。

二、技术性贸易壁垒的主要措施

综观世界各国(主要是发达国家)的技术性贸易壁垒,其限制产品进口方面的技术措施主要有以下几种。

(一)严格、繁杂的技术法规和技术标准

利用技术标准作为贸易壁垒具有非对等性和隐蔽性。在国际贸易中,发达国家常常是国际标准的制定者。他们凭借着在世界贸易中的主导地位和技术优势,率先制定游戏规则,强制推行根据其技术水平定出的技术标准,使广大经济落后国家的出口厂商望尘莫及。而且这些技术标准、技术法规常常变化,有的地方政府还有自己的特殊规定,使发展中国家的厂商要么无从知晓、无所适从,要么为了迎合其标准付出较高的成本,削弱产品的竞争力。例如,原联邦德国禁止在国内使用车门从前往后开的汽车,而这恰好是意大利菲亚特 500 型汽车的式样;法国严禁含有红霉素的糖果进口,从而把英国糖果拒之门外;美国则对进口的儿童玩具规定了严格的安全标准等。

(二)卫生检疫标准(Health and Sanitary Regulation)

主要适用于农副产品及其制品。各国在卫生检疫方面的规定越来越严,要求卫生检疫的商品也越来越多。如美国规定其他国家或地区输往美国的食品、饮料、药品及化妆品必须符合美国《联邦食品、药品及化妆品法》(The Federal Food,Drug and Cosmetic Act)的规定。其条文还规定,进口货物通过海关时均须经食品药物管理署(Food and Drug Administration,FDA)检验,如发现与规定不符,海关将予以扣留,有权进行销毁,或按规定日期装运再出口。

(三)严格的包装、标签规则

为防止包装及其废弃物可能对生态环境、人类及动植物的安全构成威胁,许多国家颁布了一系列包装和标签方面的法律和法规,以保护消费者权益和生态环境。从保护环境和节约能源来看,包装制度确有积极作用,但它增加了出口商的成本,且技术要求各国不一、变化无常,往往迫使外国出口商不断变换包装,失去不少贸易机会。以法国为例,法国于20世纪90年代要求所有标签、说明书、广告传单、使用手册、保修单和其他产品的情报资料都要强制性地使用法语或经批准的法语替代词。

第四节　绿色壁垒

随着经济发展所带来的环境污染加剧、某些资源的日益枯竭以及人类环境意识、健康意识的提高,环境保护、可持续发展成为各国特别是发达国家关注的话题,这本是人类发展进步的表现。但在这种"绿色潮流"中,发达国家假借环保之名,对其他国家特别是发展中国家设置"绿色壁垒",并逐步成为它们在国际贸易中使用的主要技术壁垒。

一、绿色贸易壁垒的含义与成因

所谓绿色贸易壁垒是指各国为了保护本国市场,借口为保护环境和国民健康,对进口商品提出带有歧视性、针对性的技术、安全和卫生标准,如达不到这些标准,进口国有权扣留、退回、销毁、索赔等;或不规范地使用国际公认的标准。20世纪90年代以后,国际贸易中绿色贸易壁垒开始盛行,主要原因有:

第一,全球自然资源匮乏,生态环境恶化,为绿色贸易壁垒的出现提供了契机。

第二,消费观念的更新、绿色需求的扩大,推动了绿色贸易壁垒的形成。可持续发展概念反映在消费行为上,就是绿色消费浪潮的兴起,绿色商品风靡全球。消费者在选购商品时,更加注重产品的环境要求。

第三,环保标准不一。发达国家政府通过立法对生活用品的卫生和安全要求予以保证,从国外进口的产品当然不能例外。而发展中国家因经济发展阶段不同,环保意识薄弱,环保相关法规滞后,技术落后,缺乏对产品标准的科学检验手段,出口的产品有时难以达到发达国家的标准要求，受到发达国家绿色贸易壁垒的限制。

第四，竞争的压力。在经过关贸总协定多轮多边贸易谈判以后，关税普遍下降，非关税措施受到了抑制和规范。为了在竞争中取胜，世界贸易组织成员尤其是发达国家成员有意利用和加强环保上的各种要求，作为竞争手段，成为限制进口、保护国内市场的绿色贸易壁垒。

二、绿色壁垒的形式

（一）"环境标志"形式的绿色壁垒

"环境标志"也称绿色标志、生态标志，它由各国政府管理部门或民间团体按照严格的程序和环境标准颁发给厂商，附印于产品及包装上，以向消费者表明：该产品或服务从研制、开发到生产、使用直至回收利用的整个过程均符合生态和环境保护要求。环境标志制度对于调动全社会各阶层人们积极参与环境保护有着独特的作用，是一种有效的环境管理手段。但由于环境标志制度所确立的环境标准相当高，厂商为达到环境标志的要求，其产品的生产须改变原材料成分及生产工艺才能打开市场。因此，环境标志制度在一定程度上讲就成为一种变相的贸易壁垒。

（二）"绿色关税"形式的绿色壁垒

"绿色关税"'又称"环境进口附加税"，是指以保护环境为由，对一些影响生态环境的进口产品除征收一般关税外，再加征额外的关税。"绿色检疫"是发达国家为达到限制进口外国产品的目的而制定的严格的卫生检疫标准。

（三）"环保包装"形式的绿色壁垒

目前世界各国在环保包装方面采取的措施主要有：第一，以立法的形式规定禁止使用某些包装材料，例如立法禁止使用含有铅、汞和镉等成分的包装材料，不能再利用的容器，没有达到特定的再循环比例的包装材料等。第二，建立存储返还制度。许多国家规定，啤酒、软性饮料和矿泉水一律使用可循环使用的容器，消费者在购买这些物品时，向商店交存一定的保证金，以后退还容器时由商店退还保证金。有些国家还将这种制度扩大到洗涤剂和油漆等的生产和销售上。第三，制定强制包装物再循环或利用的法律，如日本的再利用法、新废弃物处理法等。第四，税收优惠或处罚，即对生产和使用包装材料的厂商，根据其生产包装的原材料或使用的包装中是否全部或部分使用可以再循环的包装材料而给予免税、低税优惠或征收较高的税赋，以鼓励使用可以再生的资源。

（四）"绿色保护"形式的绿色壁垒

绿色保护就是通过各种法律对环境进行保护，使之达到食物天然化、环境绿色化、空气水源纯净化的绿色要求。目前国际上已签订了 150 多个多边环保协定，其中有将近 20 个含有贸易条款，旨在通过贸易手段达到实施环保法规的目的。各国对进口产品也竞相制定越来越复杂且严格的环保技术标准。其中食品的环境技术标准是最高的，各国政府尤其是日本、欧盟、美国等发达国家对食品中的农药残留量和有毒物质含量标准的规定到了近乎苛求的地步。近年来，人们对纺织品的环保要求也越来越严格，尤其是对丝绸料的化学成分有明确的规定和严格的检测手段。

复习思考题

1. 什么是非关税壁垒？试比较它与关税壁垒对限制进口的作用。
2. 绝对配额与关税配额、“自动”出口配额的主要区别是什么？
3. 外汇管制可分为哪几种？它如何起到限制进口的作用？
4. 发达国家如何利用技术标准达到限制进口的目的？

CHAPTER 7

第七章

其他贸易政策工具

□□□ 学习目标

- 通过学习，要求学生了解出口促进的办法，知悉出口管制的措施。
- 掌握几种主要的出口促进措施。

□□□ 学习重点

- 出口信贷
- 出口补贴
- 出口管制

□□□ 关键术语

出口信贷；卖方信贷；买方信贷；出口补贴；商品倾销；外汇倾销；出口管制；多边出口管制

开篇案例 棉花补贴

美国一直以来都是世界主要的棉花生产国和出口国，其棉花产量约占世界棉花产量的20%，而其棉花出口量约占世界棉花出口总量的35%，在世界棉花出口总量中居第一位。美国的棉花生产和出口长期以来受到美国政府给予的大量补贴，并且补贴额度也呈上升趋势。

自20世纪30年代罗斯福政府制定临时农业法案以来，美国政府一直对农业实施巨额补贴的政策。每隔几年美国都要对农业法条款做增补修改，逐步形成了目前的综合性农业法案。在农业法生效的2002年至2007年6年间，每年平均农业补贴的支出将达到190亿～210亿美元。而按1996年农业法，法定农业补贴为666亿美元，新农业法在此基础上增加了519亿美元，总计达1185亿美元，比1996年增加40%～50%。农业法实行补贴的目的之一就是努力扩大农产品出口，实行补贴后具有压低国际市场同类农产品价格的作用，这将直接增强美国农产品的国际竞争力，使得美国农产品能够以更低的价格向世界市场出售，从而对主要农产品出口国造成威胁，减少这些国家的市场份额。

欧盟的棉花产量仅占世界棉花产量的3%，也仅有希腊和西班牙生产棉花，但欧盟却给予了其棉花种植者非常高的补贴。2004年，欧盟对棉花种植者的收入补贴达到11亿美元。欧盟对棉花的补贴是一种价格补贴和产量补贴的混合政策。欧盟既规定了高于世界价格的棉花指导价格，同时也规定了享受价格支持的具体生产数量，除了价格支持政策外，欧盟还给予棉花种植者其他形式的补贴。在希腊，欧盟和希腊政府还为棉花种植者提供棉花机械投资补助，以提高棉花生产的机械化水平。

印度是世界上主要的棉花生产国之一，总产量仅次于中国和美国，它主要是通过实施最低支持价格政策来提供补贴，该政策与中国曾实行的保护价收购政策非常类似。印度政府根据农业成本和价格委员会的建议来决定各州的最低支持价格。当市场价格低于最低支持价格时，印度棉花公司就要按照公布的最低支持价格来进行保护性收购。除此之外，印度政府还通过资助棉花发展项目、提供良种和统一防治病虫害等服务来对棉花种植者提供帮助。

资料来源：潘苏，谭砚文. 主要棉花生产国棉花补贴政策的比较分析. 世界农业，2007(12)

第一节　鼓励出口的措施

许多国家在实行以关税和非关税壁垒措施限制进口的同时，还对出口采取各种经济和行政鼓励措施，即实行“奖出限入”政策。各国鼓励出口的措施多种多样，归纳起来主要有以下几种。

一、出口信贷

出口信贷(Export Credit)是出口国为了鼓励商品出口，加强本国商品在国际市场上的竞争能力，通过银行对本国出口厂商或外国进口厂商提供的贷款。出口信贷的利息率一般低于相同条件资金贷放的市场利率，其中的利差由国家补贴，并与国家信贷担保相结合。出口信贷是在WTO框架下合理使用的一种鼓励出口的手段，因而为各国普遍采用。

按借贷关系出口信贷可以分为卖方信贷和买方信贷。

(一)卖方信贷(Supplier's Credit)

所谓卖方信贷，是指出口方银行向出口厂商(即卖方)提供的贷款，其贷款合同由出口商与银行之间签订。卖方信贷通常用于那些金额大、期限长的项目。因为这类商品的购进需用很多资金，进口商一般要求延期付款，而出口商为了加速资金周转，往往需要取得银行的贷款。卖方信贷正是银行直接资助出口商向外国进口商提供延期付款，以促进商品出口的一种方式。但由于卖方信贷风险较大，手续也较繁琐，因此较少使用。

（二）买方信贷（Buyer's Credit）

所谓买方信贷，是指出口方银行直接向进口厂商（即买方）或进口方银行提供的贷款，其附加条件就是贷款必须用于购买债权国的商品，这就是所谓约束性贷款（Tied Loan）。买方信贷由于具有较强约束性可以较好地起到扩大出口的作用。

在出口信贷中，利用买方信贷较卖方信贷为多。最近 20 年来，国际上大的工程项目及成套设备交易的增加，金额大、期限长，由于商业信贷本身存在的局限，出口商筹措周转资金感到困难，因此由银行出面直接贷款给进口商或进口方银行的买方信贷迅速发展起来。

由于出口信贷方式能有力地扩大和促进出口，世界上的主要出口国尤其是西方国家一般都设立专门银行来办理此项业务，如美国进出口银行、日本输出入银行、法国对外贸易银行、加拿大出口开发公司等。这些专门银行除对成套设备、大型交通工具的出口提供出口信贷外，还向本国私人商业银行提供低利率贷款或给予贷款补贴，以资助这些商业银行的出口信贷业务。

我国也于 1994 年 7 月 1 日正式成立了中国进出口银行。作为一家政策性银行，中国进出口银行的资金来源除国家财政拨付外，主要是中国银行的再贷款、境内发行的金融债券和境外发行的有价证券以及向外国金融机构筹措的资金等，其任务主要是对我国的机电产品及成套设备等资本品货物的进出口给予必要的政策性金融支持，从根本上改善我国出口商品结构，以促进其升级换代。

二、出口信贷保险

出口信贷保险（Export Credit Guarantee）是指私人保险公司对本国出口厂商或银行向外国进口厂商或银行提供的出口信贷进行保险，在出口厂商或银行不能如期收回货款时补偿他们的损失。

出口信贷保险业务是随着出口信贷业务的发展而出现的。在出口信贷业务中，无论是卖方信贷还是买方信贷，都存在着不能如期收回贷款的风险。这就为私人保险公司提供了一个极大商机，出口信贷保险业务应运而生。

但是，由于世界各国经济运行中的固有矛盾，企业的倒闭破产，或企业间的相互并购情况越来越普遍，同时由于主要贸易大国争夺市场的竞争越来越尖锐，它们纷纷推行进口限额和外汇管制等管制措施，使进口商或银行常常可以根据国家限制进口或外汇管制的政策条文来拒绝偿还贷款。这样，国际贸易中提供出口信贷的风险就变得越来越突显。当这种风险普遍存在且演变成为一种经常性经济现象后，因风险而招致的损失可能超过私人保险公司能够承受的限度，遂迫使私人保险公司退出市场。为鼓励出口厂商或银行继续提供出口信贷以促进本国的出口贸易，政府开始大规模介入出口信贷保险业务，于是便产生了出口信贷国家担保制。

三、出口信贷国家担保制

出口信贷国家担保制(Export Credit Guarantee System)是出口国政府为了扩大出口，对于本国出口厂商或银行向国外进口厂商或银行提供的信贷，由国家设立的专门机构出面担保。当外国债务人由于政治或经济原因拒绝付款时，国家担保机构即按照承保的数额给予补偿。这是出口国政府为鼓励出口而较为常用的一种手段。

出口信贷国家担保制的主要内容如下：

（一）担保的项目

出口信贷国家担保制所担保的项目通常为商业保险公司不承保的出口风险的所有项目。出口风险分为政治风险和经济风险。

(1)政治风险。政治风险是指由政治方面的原因如发生政变、革命、暴乱、战争以及政府实行禁运、冻结资金或限制对外支付等所造成的经济损失。

(2)经济风险。经济风险是指因经济方面的原因如货币贬值、通货膨胀以及进口厂商或借款银行因破产倒闭无力支付等所造成的经济损失。

（二）担保金额

政治风险的承包金额一般为合同金额的85%～95%，经济风险的承保金额一般为合同金额的70%～80%。担保的期限一般与贷款的期限一致。

（三）担保对象

担保对象主要分为以下两种：

(1)对出口厂商的担保。担保机构对出口厂商的担保主要通过两种形式：一种是担保机构对本国出口厂商向国外进口厂商提供的信贷直接提供担保；另一种是允许出口厂商以担保金额向银行抵押取得信贷。

(2)对银行的直接担保。这是指担保机构对本国银行所提供的出口信贷直接给予担保，如果出现过期未能清偿贷款时，担保机构将给予偿付。

（四）担保期限

担保期限通常分为短期和中、长期。短期担保一般为6个月左右，一般采用综合担保的方式，即出口厂商只需一年办理一次投保，就可承保在该年内对海外的一切短期信贷交易，如发生债务人拒付时，均可得到补偿；中、长期担保通常为2～15年，采取逐笔审批的特殊担保方式。

从目前的情况看，发达国家出口信贷担保制日益加强，担保范围不断扩大，担保信用额在出口中所占比重不断提高，国家担保基金也不断增加，说明这些国家更加重视出口信贷担保制。

中国政府在大力发展出口信贷业务的同时，也越来越重视发展出口信贷国家担保业务，把其作为鼓励出口的重要手段。继组建进出口银行后，在 2001 年 12 月，由财政部出资，中国人民保险公司和进出口银行联合组建了中国出口信用保险公司，为企业提供出口信用保险、资金运作、咨询等业务。

四、出口补贴

出口补贴（Export Subsidies）是指国家政府或同业公会对某商品的出口商所给予的现金补贴或财政上的优惠待遇，其目的在于降低出口商品的价格，加强其在国外市场的竞争。出口补贴方式有直接补贴和间接补贴两种。

（一）直接补贴（Direct Subsidies）

它是一国政府或同业公会对本国或本行业的出口商在出口某项商品时，直接付给出口商的现金补贴，如西欧共同市场对其农产品出口就采用这种直接补贴法。因该地区农产品价格高于国际市场价格，按国际市场价格出口时就会出现亏损，故政府或同业公会按差价或亏损直接补贴，以增强其在国际市场中的竞争能力。出口补贴的幅度和时间的长短，往往随着国内市场与国际市场之间的差价的变化而变化。有时为了鼓励某种商品出口，补贴金额甚至大大超过实际差价。

（二）间接补贴（Indirect Subsidies）

它是指政府对某些出口商品给予财政上的优惠。主要有以下几种：

(1)退还或减免出口商品所缴纳的国内税。如免征销售税、消费税、增值税和盈利税等，以减轻他们的业务经营费用。许多国家减免出口商品国内税的理由：一方面，这些出口商品未在生产国的国内消费；另一方面，这些商品在进口国国内可能被征收同种或类似的国内税。

(2)暂时免税进口。如果某些进口商品不是为本国消费，而是经过改制、修理或加工以后再出口时，允许其暂时免税进口。通常这种待遇仅仅给予进口原料或制成品，以降低成本，提高出口竞争能力。

五、商品倾销

垄断组织以远低于国际市场的价格，甚至远低于生产成本的价格，向国外抛售商品，从而打击竞争者，占领市场，这就是商品倾销（Commodity Dumping）。表面看来，倾销只会使出口商受到损失，其实不然，他们不仅可以通过各种办法得到补偿，而且可以得到更多利润，因为第一，在国内用垄断高价出售，获得垄断利润，用来补偿倾销而有余。第二，从国库获得津贴，有的国家政府甚至高价买进、低价出口，直接补贴垄断组织。第三，当国外竞争者被打垮、市场被占领后，就以垄断高价出售，以所得垄断利润补偿以前损失而有余。

商品倾销按倾销目的和时间不同可分为三种：

(一)偶然性倾销(Sporadic Dumping)

它是指以倾销方式在国外市场抛售企业积压的或过时的商品,其目的是为了加速资金周转。这种倾销的时间短暂,一般不会对进口国同类产业造成不利影响。

(二)间歇性或掠夺性倾销(Intermittent or Predatory Dumping)

这种倾销是指以低于国内价格甚至低于成本的价格在国外市场倾销商品,打击竞争对手,在垄断了市场之后,再提高价格。其目的是占领国外市场。这种倾销往往会对进口国同类产业造成损害。

(三)长期性倾销(Long-run Dumping)

这种倾销是指长期以低于国内的价格在国外市场出售商品。商品倾销引起的利润损失可以用以下办法进行弥补:

(1)用时间价格差进行弥补。即倾销时的低价损失用占领市场后高价垄断利润来弥补。

(2)用地区价格差进行弥补。即国外市场的低价损失用国内市场的高价来弥补。

(3)用政府给予的优惠和补贴弥补。

六、外汇倾销

外汇倾销(Exchange Dumping)是指出口企业利用本国货币对外贬值的机会,进行商品倾销,争夺国外市场的一种特殊手段。由于一国货币贬值后,以外币表示的出口商品的价格就会降低,这样无疑就提高了出口商品的竞争能力,导致扩大商品出口的结果。不仅如此,在一国货币贬值后,货币贬值的国家从国外进口的商品以贬值后的货币计算,其商品价格必然上涨,从而削弱了进口商品的竞争力,限制了外国商品的进口。因此,货币贬值起到了促进出口和限制进口的双重作用。

外汇倾销不能无限制和无条件地进行,具备以下条件才能奏效:

第一,货币贬值的程度要大于国内物价上涨的程度。货币贬值必然会引起一国国内物价上涨。当国内物价上涨程度赶上或超过货币贬值的程度,对外贬值与对内贬值的差距随之消失,外汇倾销的条件也就不存在了。但是,国内物价上涨与出口价格上涨总要有一个过程,并非本国货币对外国货币的汇率一贬值,国内物价就立即上涨,一般是 9 个月至 1 年的时间才能看出来。在一定时期内,国内物价上涨程度总是落后于本国货币对外贬值的程度,因此,出口企业就可以获得外汇倾销的利益。

第二,对方国家不采取同样的措施。如对方国家采取相应的货币贬值的措施,外汇倾销的作用也就被抵消了。当然,一般不会同时采取。如果同时采取外汇倾销措施,则国内外货币贬值将相互抵消,汇率仍处于贬值前的水平。

第三,对方不采取其他报复性措施。如采用征收进口附加税等措施以抵消贬值的作用,则外汇倾销也就不起作用了。

第四,商品不再复进口到本国市场。否则,货币贬值的作用也就消失。

第二节 经济特区措施

许多国家为了促进经济的发展，建立了经济特区、自由贸易区、保税物流区等。在特区内实行特殊的经济政策，吸引外商从事贸易和出口加工等业务活动，其目的是促进对外贸易的发展，繁荣本地区与相邻地区的经济，增加财政收入与外汇收入。

一、经济特区

经济特区(Economic Zone)，是指一个国家或地区在其国境以内、关境以外所划出的一定范围，并建立良好的交通运输、通信联络、仓储等基本设施，实行关税等方面的优惠政策，吸引外国企业从事贸易与出口加工工业等业务活动的区域。经济特区的建立，有助于促进对外贸易的发展，鼓励转口贸易和出口加工贸易，吸引外国投资，引进先进的生产和技术，增加财政收入和外汇收入，从而繁荣本国经济。

经济特区的出现，至今已有400多年的历史，早期的经济特区主要以开展自由贸易为主，现在的经济特区已发展成为贸易、生产、科技开发等多种类型。

二、自由港或自由贸易区

自由港(Free Port)又称自由口岸，一般设在港口或港口地区；自由贸易区(Free Trade Zone)亦称自由区或对外贸易区，一般设在邻近港口的地区或港口的港区。自由港和自由贸易区除名称不同，所设置的地理位置略有不同外，在性质、特征、作用等方面基本是一样的，所以人们一般都把它们并为一类。无论是自由港还是自由贸易区都划在关境以外，对进出口商品的全部或大部分免征关税，并且允许外国或本国的厂商在港内线区内自由从事储存、展览、改装、整理、加工和制造等业务活动，以便于本地区的经济和对外贸易的发展，增加财政收入和外汇收入。

自由港和自由贸易区一般有两种类型：一种是把整个港口或港区所在的城市都划为自由港或自由贸易区，如我国香港整个是自由港。在香港，除了个别商品外，绝大多数商品可以自由进出，免征关税。甚至允许任何外国商人在那里兴办工厂企业。新加坡亦如此。另一种是把港口或港区所在城市的一部分划为自由港或自由贸易区，例如，汉堡自由贸易区只是把汉堡市的一部分划为自由区，这个自由贸易区位于港区中心，占地14.6平方千米。因此，外国商品只有运入该区内才能享有免税等优惠待遇，不受海关的监督。

三、保税区

保税区(Bonded Area)又称保税仓库。它是海关所设置的或经海关批准注册的，在海港、机场或其他地点设立的允许外国货物不办理进口手续就可以连续长时间储存的区域。在储存期间，进口商品可暂时不缴纳进口税，如再出口，也不缴纳出口税。

运入保税区内的商品可进行储存、改装、分类、混合、展览、加工和制造等业务活动。因此，它起到类似自由港或自由贸易区的作用。一般的自由港或自由贸易区都设有保税仓库，并独立存在。有的国家还设立保税工厂，专门供外国货物加工之用。设立保税区的主要目的是为了发展转口贸易，增加有关各项收入，同时给予进出口商以经营上的便利。

各国设立的保税区都有不同的时间规定，货物储存期限一般为1个月到3年不等，逾期货物未办理有关手续，即视为放弃货物，海关有权对其进行拍卖处理，所得的款项除抵偿关税、仓储及其他杂费外，余款归还货主。

四、出口加工区

出口加工区(Export Processing Zone)是一个国家或地区在其港口、国际机场附近的地方，划出一定的范围，新建和扩建码头、车站、道路、仓库和厂房等基本设施以及提供免税等优惠待遇，鼓励外国企业在区内进行投资设厂，生产以出口为主的制成品的加工区域。

出口加工区是在20世纪60年代后期和70年代初，在一些发展中国家或地区建立和发展起来的。其目的在于吸收外国投资，引进先进技术与设备，促进本地区的生产技术和经济的发展，增加外汇收入。

出口加工区是在自由港、自由贸易区的基础上发展起来的，因此，它与自由港虽均为经济特区，但二者仍有区别：一般说来，自由港或自由贸易区以发展转口贸易，取得商业方面的收益为主，是面向商业的，因而它属于贸易型经济特区；而出口加工区则是以发展出口加工工业，取得工业方面的收益为主，是面向工业的，因而它属于生产型经济特区。

目前，许多国家和地区都选择一个运输条件较好的地区为设区地点。这是因为在出口加工区进行投资的外国企业所需的生产设备和原材料大部分依靠进口，所生产的产品又全部或大部分输往国外市场销售。因此出口加工区应该设在进出口运输方便、运输费用最节省的地方。通常选择国际港口或港口附近、国际机场附近设区最为理想。出口加工区的类型包括：

1. 综合性出口加工区

即在区内可以经营多种出口加工工业，如菲律宾的巴丹出口加工区所经营的项目包括服装、鞋类、电子或电器产品、食品、光学仪器和塑料产品等。目前，世界上大多数出口加工区都属于此类。

2. 专业性出口加工区

即在区内只准许经营某种特定出口加工产品，并全部用来出口。例如，印度在孟买的圣克鲁斯飞机场附近建立电子工业出口加工区，以发展电子工业的生产和增加这类产品的出口，在区内经营电子工业生产的企业可享有免征关税和国内税等优惠待遇，但全部产品必须出口。

五、边境区

自由边境区(Free Perimeter)是指在本国边境地区，按照自由贸易区或出口加工区的优惠措施，吸引国外厂商投资，以开发边境区经济为目的的自由区域。凡区内使用的机器设备、原材料和消费品，都可免税或减税进口。但商品从区内转运到本国其他地区出售，则须照章纳税。

自由边境区与出口加工区不同之处在于：在自由边境区内的进口商品加工后，大多是在区内使用，只有少数是用于再出口。其主要目的是利用外资开发边境区经济，故有些国家对某些商品的优惠待遇规定了期限。当这些边境区生产能力发展后，就逐渐取消某些商品的优惠待遇，直至废除自由边境区。例如，墨西哥设立的一些自由边境区期限已满时，就取消了原有的优惠待遇。

六、科学园区

科学园区（Scientific Area）是一个国家或地区为了实现产业结构改造和促进高科技产业的发展而在本国境内划出的，以新兴工业产品的研究和开发、高科技产业的生产为主要内容的区域。

世界首例科学园区是1951年正式创办于美国加利福尼亚州的“斯坦福科研工业区”，后发展成为“硅谷”。目前全世界大约有500多个科学园区，且呈迅速发展的趋势。作为高科技发展的一种新趋势，科学园区在一些发展中国家和地区也有不同程度的发展。例如，新加坡、中国台湾以及中国大陆也设立了许多高科技开发区。

科学园区的主要特点是：有充足的科技和教育设施，以一系列企业组成的专业性企业群为依托；区内企业设施先进、资本雄厚、技术密集程度高；园区地址一般选在靠近信息渠道畅通和交通网络发达的大城市附近；优惠政策更加完善，并注重形成创新和创业的环境，使投资者可以顺利地进行高科技产业的投资活动。但各国对设在科学园区内的科研机构和企业均有严格的规定。

七、过境区

沿海国家为了方便内陆邻国的进出口货物运输，开辟一些海港、河港或国境城市作为货物过境区（Transit Zone）。过境区对过境货物简化海关手续，不征关税或只征少量的过境费用。过境货物一般可在过境区内作短期储存，重新包装，但不得加工。

第三节　出口管制方面的措施

一、出口管制的内涵与作用

（一）出口管制的内涵

出口管制措施（Measurment for Export Control）是指出口国家政府通过各种经济的和行政的办法和措施，对本国出口贸易实行管制行为的总称。许多国家为了达到一定的政治、军事和经济目的，对某些商品，特别是战略物资实行出口管制，限制或禁止这些商品的出口。

出口管制是一国对外贸易政策的组成部分，尤其是西方发达国家往往运用出口管制作为其实行贸易歧视的重要手段。

(二)出口管制的目的

1. 出口管制的政治目的

出口国为了干涉和控制进口国的政治经济局势，在外交活动中保持主动地位，遏制敌对国家或臆想中的敌对国家的经济发展，维护本国的政治利益和安全，通过出口控制手段，限制或禁止某些可能增加其他国家军事实力的物资，特别是战略物资和可用于军事的高技术产品的出口，或通过出口控制手段对进口国施加经济制裁压力，迫使其在政治上妥协就范。例如，在 20 世纪 90 年代以前，美国一向把禁止向苏联出售具有战略意义的技术和技术产品作为打击对方的重要措施。

2. 出口管制的经济目的

出口国为了保护国内稀缺资源或再生资源，保证国内市场的正常供应，促进国内有关产业部门或加工工业的发展，防止国内出现严重的通货膨胀，维持国际收支平衡，以及稳定国际市场商品价格，避免本国贸易条件的恶化等目的，需要对有关商品的出口进行适当的控制。

二、出口管制的商品

出口管制的商品主要有以下几大类：

(1)军火武器、军事设备等战略物资以及先进技术资料。大多数国家对这些商品与技术资料实行严格管制，如需出口，必须经过申请并取得特殊出口许可证。

(2)国内生产所需的原材料、半制成品及国内供应不足的某些商品。对这些商品实行管制的主要目的是为了保证国内生产或满足国内需求。如美国对某些化工产品、药品、活牲畜、可可等实行出口管制；日本对矿产品、肥料、某些食品等控制出口。

(3)在进口国的要求或压力下，"自动"出口限制的商品。其主要目的是为了缓和与进口国在贸易上的摩擦。如发展中国家根据纺织品"自限协定"，自行控制纺织品的出口。

(4)国家实行出口许可证的商品。其目的是一国为了有计划地安排生产和统一对外。如我国对玉米、原油、人参、轮胎、机床等实行出口许可证，控制出口。

(5)对某国或地区采取经济制裁而限制或禁止出口的商品。如 20 世纪 90 年代前，美国曾对苏联实行粮食控制出口。

(6)某些重要的文物、艺术品、黄金、白银等特殊商品。大多数国家都规定，对某些重要的文物、艺术品、黄金需特许才能出口。

三、出口管制的形式

出口管制形式可以是单方面管制，也可以是多边出口管制。

(一)单方面出口管制

1. 单方面出口管制的内涵

单方面出口管制是指出口国根据具体情况，通过设立专门机构对本国某些出口商品实行的单方面的管制。如美国商务部设立贸易管制局，专司出口管制的管理工作。有些国家还制定相应的出口管制条例和法案，如英国有《1970 年货物出口管制条例》和《1976 年战略物资管制条例》，美国有《出口管制法案》，这些条例和法案对管制出口商品的具体范围、审批手续、管制程序等都作了详细的规定。

2. 单方面出口管制遵循的三项原则

第一，国家安全原则。如《美国出口管理法 1988 年修正案》第三章“政策声明”中明确指出：美国的出口管制政策是“限制对其他国家或国家集团的军事潜力有重大帮助的货物和技术的出口，并且证明这种出口对美国国家安全有不利的影响”。在此基础上，确立出口管制对象国时，主要考虑以下因素：对方所奉行的政策对美国国家安全的影响；对方是否是社会主义国家；对方与美国现存及潜在的关系状况；对方与美国的友好国家及与美国敌对国家现存及潜在的关系状况；对方的核武库能力；对方对从美国进口的技术、产品进行再出口控制的能力；总统认为需要考虑的其他因素。

第二，短缺物资不或缺原则。世界各国为保护本国经济发展需要，防止某些短缺物资过多外流和减少因国外需求造成的通货膨胀，限制某些产品和技术的出口。当然，因自然禀赋和其他方面的原因，各国对出口产品限制的范围和种类有所不同。譬如，美国除了限制军事技术和战略物资出口，还曾对铜、兽皮、核桃木、未加工的西洋红杉、某些石油精炼产品和农产品进行过出口限制。

第三，履行国际义务原则。各国在管制出口中，还要履行有关的国际贸易协议与决定，如在国际商品协定、出口国生产组织中承担的义务，还有联合国通过的对某些国家进行制裁或禁运的决议。

3. 出口管制的国家

世界各国尤其是政治经济大国，在上述原则基础上，根据本国情况，对不同的国家予以不同的出口管制。如美国对不同的国家实行不同类型的管制，对所谓共产党国家，主要以国家安全为主；对其盟国和发展中国家，则主要以外交政策和短缺供应管制为主。因此，美国在其《出口管理条例》中，曾按照宽严程度不同的国别政策，将加拿大以外的所有国家划分为如下七个国家组，进行区别对待。

Z 组：古巴、柬埔寨、朝鲜民主主义人民共和国、越南。

S 组：利比亚。

Y 组：阿尔巴尼亚、保加利亚、老挝、蒙古人民共和国、苏联。

W 组：匈牙利、波兰。

Q 组：罗马尼亚。

T 组：北美、中美和南美国家、百慕大和加勒比国家，但古巴除外。

V 组：其他不在上列各组之内的所有国家。

美国对 Z 组国家管制最严。美国总的政策是拒绝向这些国家出口和再出口美国产的商品和技术。对 S 组国家，美国规定，对除药品、医疗用品、食品和农产品以外的所有商品和技术实行全面管制。对Y组国家,允许非战略物资出口,凡被认为与军事用途有关、有助于提高其军事实力、有损于美国国家安全的商品和技术都不允许出口。对W组国家,管制原则与Y组国家基本相同,但受限制程度略小于Y组国家。对Q组国家,所受限制略小于W组国家,其他规定基本相同。对T组国家的管制较松,对这类国家的总政策与对V组国家的总的政策基本相同。但对向该组任何国家出口用于犯罪管制和侦察设备、军用车辆和用于军事设备的某些专门设计的商品和技术,一律需要有效出口许可证。对V组国家的出口管制最松。但在具体执行其出口管制法规时,则实行差别待遇。

4. 出口管制的商品内容

出口管制国家管制的出口商品一般包括如下内容:

第一,战略物资和先进科学技术。其中包括:武器、军事设备、军用飞机、军舰、先进的电子计算机及有关的资料等。

第二,国内生产所需的短缺的各种原材料、半成品和国内市场供应不足的某些商品。

第三,实行"自动出口限制"的商品。如原"多种纤维协定"项下出口的纺织品和某些双边"自限"商品,如日本按照与美国达成的"自限"协定,对美国出口的汽车、钢铁采取自我管制出口措施。

第四,历史文物、艺术珍品、贵金属等。

第五,被列入对进口国或地区进行经济制裁范围的商品。如联合国成员对被联合国通过决议予以制裁的国家,要进行出口管制。

第六,出口生产国组织通过的"限产保价"的商品,要管制出口。如石油输出国组织对出口的石油按照分得的份额出口石油。一些国家,如美国将其出口商品按属性、用途、贸易方式制定了两个管制商品清单,一个是商用及双重(民用和军用)用途的管制名单,一个是军品管制名单。

(二)多边出口管制

所谓多边出口管制是几个国家的政府,为了协调出口政策,通过建立一个出口管制机构,协商和制定统一的出口管制政策,以达到共同的政治和经济目的。

第二次世界大战后,由一些发达国家和个别发展中国家组成的巴黎统筹委员会就是这种类型的国际性组织。如1949年由美国一手操纵成立的巴黎统筹委员会(The Coordinating Committee for Multilateral Export Controls,COCOM)就是一个多边出口管制机构,该委员会的主要职责是:编制和增减多边"禁运货单"、规定"禁运"对象(主要是针对社会主义国家)、确定"禁运"的审批程序、加强转口管制、讨论例外程序、交换情报等,该委员会于1994年正式解散。

复习思考题

1. 什么是出口信贷？它有哪些类型？
2. 为什么说出口信贷国家担保制可以起到促进出口的作用？
3. 什么是出口补贴？它有哪些具体的方式？
4. 什么是商品倾销？它有哪几种类型？
5. 什么是出口加工区？出口加工区通常有哪几种类型？
6. 什么是出口管制？出口管制的目的是什么？管制的商品通常有哪些？

第三篇

国际贸易协调

CHAPTER 8

第八章

经济一体化与国际贸易

□□□ 学习目标

- 理解经济一体化的概念,掌握经济一体化的组织形式及特点。
- 掌握关税同盟理论,了解经济一体化的其他理论。
- 了解经济一体化发展概况,理解经济一体化形成的原因及影响。
- 以经济一体化理论对实践进行分析。
- 掌握中国参与经济一体化的原因。

□□□ 学习重点

- 经济一体化的主要形式与理论
- 经济一体化形成的原因及影响
- 世界主要区域经济一体化组织

□□□ 关键术语

经济一体化;优惠贸易安排;自由贸易区;关税同盟;共同市场;经济同盟;完全经济一体化;贸易创造;贸易转移;欧盟;北美自由贸易区;亚太经合组织

开篇案例　中国-东盟自贸区

中国-东盟自贸区是中国对外建立的第一个自贸区,其成员包括中国和东盟10国,涵盖18亿人口和1400万平方公里。2000年11月,我国时任总理朱镕基提出建立中国-东盟自贸区的设想,得到了东盟各国领导人的积极响应。经过双方的共同努力,2002年11月4日,我国与东盟签署了《中国-东盟全面经济合作框架协议》,决定在2010年建成中国-东盟自贸区,并正式启动了自贸区建设的进程。2004年1月1日,自贸区的先期成果——"早期收获计划"顺利实施。2004年全年早期收获产品贸易增长40%，超过全部产品进出口增长的平均水平。2004年11月，双方签署自贸区《货物贸易协议》，并于2005年7月开始相互实施全面降税。2007年1月，双方又签署了自贸区《服务贸易协议》，2010年1月1日全面建成。

当前世界经济复苏乏力，国际经济危机深层次影响远未消除，而东亚和东盟地区正呈现一个鲜明特征，即扩大开放和合作，加快区域经济一体化。中国和东盟的贸易额从2002年的547.67亿美元跃升至2011年的3628亿美元，比2002年增长了5.6倍，年均增长20%以上。目前，中国已成为东盟的第一大贸易伙伴，东盟也取代日本成为中国第三大贸易伙伴。

中国-东盟商务理事会中方常务副秘书长许宁宁分析认为，首先，作为中国对外建立的第一个自贸区，中国-东盟自贸区有很强的先发优势。其次，中国与东盟各国在资源禀赋、产业结构、商品贸易等方面各具特色，互补性强，合作潜力巨大。此外，中国东盟间还具备独特的地缘优势。广西、云南等西南省区同东盟国家地理位置相邻，其与东盟国家的贸易互补性更强，大大促进了这些省区的出口。

目前，中国和东盟就启动"区域全面经济伙伴关系"(RCEP)已经达成了共识。RCEP自贸区建成后，将覆盖大约30亿人口，区内经济总量接近20万亿美元，不仅会形成全球规模最大的自由贸易区，还将更加有效地消除内部贸易壁垒，创造和完善自由的投资环境，扩大服务贸易。有理由相信，中国-东盟自贸区的发展前途无可限量，亦将成为经济复苏的新"引擎"，为世界经济发展做出应有贡献。

资料来源：

[1]王军伟.世界上最大的自由贸易区正式建成. http://news.xinhuanet.com/world/2010-01/01/content_12738070.htm

[2]中国-东盟自贸区成为经济复苏新动力. http://www.cafta.org.cn/show.php? contentid=66621

第一节 经济一体化概述

经济一体化是经济全球化发展进程中出现的一个重要趋势，在世界经济发展中，往往形成不同的经济一体化组织，但层次不同。往往都认为任何形式的一体化组织都将涉及贸易制度安排等，并且经济一体化程度越高，对国际贸易的影响越大。

一、概念

经济一体化(Economic Integration)是一个不断发展的概念。较早的如荷兰经济学家丁伯根(Tinbergen)在1954年提出："经济一体化是将有关阻碍经济最有效运行的人为因素加以消除，通过相互协作与统一，创造最适当的国际经济结构。"根据这一概念，他认为经济一体化包括消极和积极两类，消极一体化(Negative Integration)是指区域贸易自由化过程中消除歧视和管理制度等经济一体化过程；而积极一体化(Positive Integration)是指运用强制力量打破旧的制度和框架，建立新的自由化政策和制度。美国经济学家巴拉萨(Balassa)在1961年认为经济一体化是指消除各国经济单位之间差别的过程以及各国间各种形式差别待遇的消失状态。此外还有很多学者对经济一体化进行了界定。

目前比较一致的观点是认为经济一体化有广义和狭义之分。广义的经济一体化即世界经济一体化，或称国际经济一体化，它是指各国国民经济之间彼此相互开放，形成一个相互联系、相互依赖的有机整体。狭义经济一体化，即区域经济一体化，是指地理位置相邻近的两个(或两个以上)国家(地区)，为了维护共同的经济利益和加强经济联系与合作，相互间通过契约和协定，通过制定统一的对内、对外经济贸易政策、财政与金融政策等，在区域内逐步消除成员国间的贸易与非贸易壁垒，进而协调成员国间的社会经济政策，形成一个跨越国界的商品、资本、人员和劳务等自由流通的统一的经济区域的过程，最终形成一个政治经济高度协调统一的有机体。世界银行在其《全球一体化及其增长中的不均衡》的报告中指出，一体化程度的主要测量指标是国际贸易、外国直接投资(FDI)以及一国国内生产总值(GDP)在世界范围所占的比重。这三个指标实际上代表了全球市场一体化、全球生产一体化以及全球金融一体化的程度。

区域经济一体化是经济全球化的一种表现形式和必经的发展阶段。经济全球化是世界各国经济高度相互依赖和配合的表现，是全球层次的国际分工与竞争。区域经济一体化则取决于一国在潜在利益和现实成本之间的权衡。由于各国初始发展水平的趋同程度决定各国能否通过实现未来经济的有效融合而获取经济利益，因此，区域经济一体化总是发生在高度趋同的国家和地区，如西欧、拉美和东南亚地区等。与之相反，经济全球化却是一国难以控制的、市场自发行为的过程。区域经济一体化和经济全球化本质上都是因市场制度内在缺陷而引致的制度变迁。

区域经济一体化同时也是经济全球化发展的制约因素之一。区域经济一体化对内自由对外保护，其组织在经济利益上存在独享性和排他性，这成为经济全球化发展的制约因素。然而，区域经济一体化毕竟是经济全球化的组成部分，区域经济一体化组织内部的经济自由度的增强，意味着世界经济整体变得更为自由与开放。因此，只要设法减少区域经济一体化组织的排他性，增加其开放性，区域经济一体化就会促进经济全球化的发展，同时其自身也会得到更好的发展。

目前，世界各国的实践是以区域经济一体化为主，并在发展中表现出了几个突出的特点：

(1)地区经济集团的数量日益增多，规模越来越大，向洲际化方向发展。

(2)参与一体化集团主体是主权国家，并在国家体制、经济、历史、文化等方面具有一定相似性，共同构成具有一定排他性的利益集团。

(3)目的是通过区域经济组织，在成员国之间进行分工协作，更有效地利用各成员国的资源，获取国际分工的利益，促进成员国经济的共同发展和繁荣。

(4)具有明确顺序的阶段发展过程，这个过程包括从产品市场、生产要素(劳动力、资本、技术、信息等)市场到经济政策统一逐步演化。

(5)地区经济一体化的程度不断加深，成为与经济全球化同样重要的趋势，并已经引起世界各国的政治家与经济学家的高度重视。

二、经济一体化的组织形式

根据发展由低到高程度的不同，经济一体化可以分为六种等级递增的形式：优惠贸易安排(Preferential Trade Arrangements)、自由贸易区(Free Trade Area)、关税同盟(Custom Union)、共同市场(Common Market)、经济同盟(Economic Union)和完全经济一体化(Complete Economic Integration)。随着经济一体化程度由低到高的发展，区域内壁垒的取消程度、要素的流通程度以及成员国实施经济政策等的一致性逐步提高。

(一)优惠贸易安排

它是经济一体化的程度最低、结构最松散的一种形式。成员国间通过协议或其他形式，对全部或部分商品相互给予特别的关税或非关税优惠，但对非成员国仍保留各自的贸易壁垒。如 1932 年的英联邦特惠制(Commonwealth Preference system)，1975 年欧盟与非洲、加勒比海及太平洋地区的发展中国家缔结的《洛美协定》，以及 1976 年 6 月 2 日成立的非洲木材组织(成员国包括安哥拉、喀麦隆、中非共和国、刚果(布)、刚果(金)、科特迪瓦、加蓬、加纳、赤道几内亚、利比里亚、尼日利亚、圣多美和普林西比、坦桑尼亚、多哥等 14 个国家)。此外，如欧洲煤钢共同体和美加汽车产品协定也属于优惠贸易安排。

(二)自由贸易区

它是指两个或两个以上成员国之间通过签订自由贸易协定，消除彼此间的关税和非关税壁垒，实现商品的完全自由流动，但对于非成员国仍保留各自对外的关税及非关税壁垒。这一形式的最大特点就是将商品的自由流动限制在成员国之间，因此很容易导致非成员国的产品由关税较低的成员国进入自由贸易区，导致成员国对外贸易政策的失效。为避免这一现象的产生，自由贸易区往往制定统一的“原产地规则”，要求产品价值的一定百分比是在成员国生产，可享受免征进口税的特殊待遇。例如 1960 年成立的欧洲自由贸易联盟(European Free Trade Association，EFTA)，但这一联盟强调的是工业品自由贸易，不包含农产品，农业补贴水平各自独立。另外，1994 年建立的北美自由贸易区也是典型的自由贸易区形式。

(三)关税同盟

它是在自由贸易区基础上发展的更高一级的一体化形式，成员国之间不仅完全取消关税和非关税壁垒，实现商品的自由流动，同时协调其相互之间的贸易政策，建立对外的统一关税和其他贸易措施，这是关税同盟与自由贸易区的区别所在。关税同盟由于实行共同的、统一的对外关税以及一定统一程度的贸易政策，开始带有超国家的性质，增强了对区域市场的垄断，具有更强的排他性。关税同盟建立的目的使参加国的商品在统一关境内的市场上处于有利的竞争地位，排除非同盟国家商品的竞争。世界上最早、最著名的关税同盟是第二次世界大战后的比荷卢经济联盟（比利时、卢森堡和荷兰组成的关税同盟），其他如加勒比共同体、欧洲经济共同体等。

（四）共同市场

它是在关税同盟的基础上，成员国之间完全取消贸易壁垒，建立对非成员国的统一关税，实现成员国之间贸易自由化，并允许成员国间技术、资本、劳动力等生产要素的自由流动。建立对非成员国的共同关税，并且在此基础上实现劳务、资本和人员等生产要素的自由流动，即成员之间的人员及资本的跨国界移动没有任何限制。与关税同盟相比，共同市场是更高一级的一体化组织，除实行关税同盟制度，成员国之间还实现了生产要素的自由流动。

共同市场的建立需要成员国让渡如商品进口关税、技术标准等制定权、国内间接税率的调整权、干预资本流动权以及学历和技术等级的相互承认制度等。例如安第斯共同体（Andean Community，CAN）是拉丁美洲最早成立的地区性经济组织，成员国为安第斯山麓国家玻利维亚、哥伦比亚、厄瓜多尔、委内瑞拉和秘鲁，故原称安第斯集团，总部设在秘鲁首都利马。巴拿马为永久观察员国。此外，中非关税与经济同盟（UDEAC）和南方共同市场（MERCOSUR）也是共同市场经济一体化组织。

（五）经济同盟

它是程度更高的区域经济一体化组织，除了达到共同市场的目标，实现了成员国之间商品和生产要素的自由流动，建立起对外的共同关税外，还进一步制定和执行某些共同经济与社会政策，包括货币、财政、经济发展和社会福利政策以及有关的贸易和生产要素流动政策，逐步废除经济贸易政策方面的差异，并拥有一个制定这些政策的超国家的共同机构，使一体化的范围从货物生产、交换扩大到分配等领域。典型的如欧洲联盟。

（六）完全经济一体化

这是经济一体化的最高阶段，成员国在经济、金融、财政等政策上完全统一，在国家经济决策中采取同一立场，区域内商品、资本、人员等完全自由流动，使用共同货币，还要进一步实现成员国之间在政治、外交和军事上的合作或政策协调，逐步实现经济制度、政治制度、法律制度及其他方面制度的一体化。

以上六种形式是按照一体化程度由低到高顺序排列的，主要特征区别见表 8-1。在现实中，并不意味着一体化过程必然按此顺序发展，它可以是某一个起点开始甚至跳跃发展，而且大多数一体化组织形式很难明确地进行归类。

表 8-1　　经济一体化组织形式的区别

特征＼组织形式	优惠贸易安排	自由贸易区	关税同盟	共同市场	经济同盟	完全经济一体化
关税优惠	√	√	√	√	√	√
取消内部关税		√	√	√	√	√
对外的共同关税			√	√	√	√
生产要素自由流动				√	√	√
统一的经济政策					√	√
政治与法律的协调						√

此外，根据参加国的经济发展水平，还可以分为水平一体化（Horizontal Integration）和垂直一体化（Vertical Integration）两类。所谓水平一体化是指由经济发展水平相同或相近的国家所形成的经济一体化形式，现存的区域经济一体化组织大多属于这种形式。水平一体化又可以分为“北北型”和“南南型”两种形式，“北北型”区域经济一体化是发达国家之间组成的一体化组织，层次一般较高，市场规模较大，贸易效应明显，发展得也最为成功。而“南南型”区域经济一体化组织是发展中国家之间建立的一体化组织，这类组织数量较多，但合作内容有限，一体化程度一般较低，合作效果并不理想。

纵向一体化是由经济发展水平不同的国家所形成的一体化。发达国家寻求市场而发展中国家寻求更好的合作伙伴，因此，常常组建成垂直一体化组织形式。比较有代表性的：1989 年成立的亚太经合组织（APEC），1994 年成立的北美自由贸易区（NAFTA）以及 2008 年签署的中国-新西兰自由贸易协定等。

第二节　经济一体化理论

经济一体化的发展引起了经济学家广泛的关注，并形成了许多不同理论，如关税同盟理论（Theory of Customs Union）、大市场理论（Theory of Big Market）。

一、关税同盟理论

关税同盟理论是经济一体化理论中比较具有影响力的理论之一，也是经济一体化的第一个完整的理论。这一理论的主要提出者是美国普林斯顿大学经济学教授维纳（J. Viner）和李普西（R. G. Lipsey）。该理论主要从关税同盟组建之后将产生的经济利益这个角度论述一体化对全球福利的影响，认为关税同盟可为成员方带来静态和动态两方面的效应。但并非在所有的情况下，关税同盟都会增加福利。因此，对具体问题要做具体分析。

（一）关税同盟的静态效应

关税同盟的静态效应包括贸易创造（Trade Creation）效应和贸易转移（Trade Diversion）效应两个方面。

1. 贸易创造效应

所谓贸易创造是指建立关税同盟后，成员国因内部自由贸易，由原来国内生产转变为进口的过程。例如在给定的汇率下，假设建立关税同盟前某产品在A国的售价为20元每单位，在B国的售价为15元每单位，A国对进口的商品征收50%的从价税，此时虽然B国的价格低于A国，但A国不会从B国进口而选择自己生产，原因在于，A国从B国进口的此种商品价格将达到22.5元每单位。但是如果两国建立关税同盟实现自由贸易，则B国的此种商品在A国的售价也是15元每单位，此时A国将不会自己生产而选择从B国进口，贸易被"创造"出来。

贸易创造效应是指建立关税同盟后，成员国原来因关税保护而进行本国生产的产品被成员国较低成本的进口商品所替代，从而使得成员国之间贸易量增加，以及资源利用效率的提高和福利水平的改善。假设世界上只有A、B、C三个国家，都生产同一产品但生产成本各不相同，如图8-1所示。图中S_X、D_X分别代表A国(假设为小国)X产品的国内供给曲线和需求曲线，二者的交点E决定了A国该产品的国内均衡价格与生产数量。B国X产品自由贸易价格为P_1，C国X产品自由贸易价格为P_3，且$P_3 > P_1$。由于假定A国为小国，因此该国贸易不影响世界价格。在完全自由贸易的条件下，A国将从B国进口产品X，B国的完全弹性供给线以S_1表示。现在A国对B、C两国产品征收相同的关税t，则征税后A国从B国进口的价格为P_2($P_2 = P_1 + t$)，而从C国进口的价格变为P_4($P_4 = P_3 + t$)，由于$P_3 > P_1$，因此，$P_4 > P_2$，也就是说当A国征税后，B国产品仍具有比较优势，A国仍选择从B国进口产品。在进口价格为P_2的情况下，A国消费数量为OQ_3，其中OQ_2部分为国内生产，Q_2Q_3部分则从B国进口。而面积c部分是A国的税收所得。

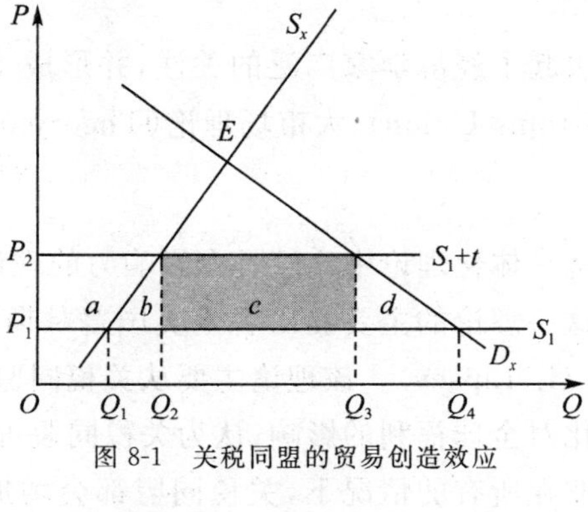

图8-1 关税同盟的贸易创造效应

现在若A国与B国建立了关税同盟，相互取消贸易壁垒，但对非成员国C国保持统一的关税t。此时，A国从B国进口X产品的价格为自由贸易价格P_1，但从C国进口则有关税，因此，A国仍会选择从B国进口，在P_1价格下，A国的消费X产品的数量为OQ_4，其中，OQ_1部分为国内生产，Q_1Q_4部分则从B国进口。与建立同盟前相比较，消费数量增加(Q_3Q_4),国内生产数量减少(Q_1Q_2),进口数量增加($Q_1Q_2+Q_3Q_4$)。可见,关税同盟的建立增加了同盟内部贸易数量,即为贸易创造。再看福利情况,根据经济学消费者剩余和生产剩余的概念,图 8-1 中,当 A 和 B 两国形成关税同盟后,A 国的消费者剩余增加图中($a+b+c+d$)部分,同时生产者剩余损失 a 部分,政府税收收入减少了 c 部分,总福利水平:$(a+b+c+d)-a-c=(b+d)$。其中,b 表示产品由国内高成本生产转到低成本的成员国进口;d 表示国内消费扩大而形成的消费者福利增加。

2. 贸易转移效应

所谓贸易转移是指由于关税同盟对外实行统一关税政策,非成员国的成本较低的进口被成员国的高成本进口所取代。假设一个由 A、B、C 三个国家构成的世界,在给定的汇率下,某产品在 A 国的售价为 20 元每单位,在 B 国的售价为 16 元每单位,在 C 国的售价是 12 元每单位,同时 A 国对进口的商品征收 50%的从价税。这样,A 国从 B 国进口的价格为 24 元,而从 C 国进口的价格为 18 元,A 国将会从 C 国进口该产品。现在若 A、B 两国建立关税同盟,实现自由贸易,则 B 国的产品可以免税向 A 国出口,售价为 16 元,但 C 国仍要承担关税,售价为 18 元,此时,消费者会转向购买 B 国的商品,即贸易发生了转移。

就贸易转移本身来说,造成了整个社会财富浪费和经济福利水平的下降,即贸易转移效应,这实际上是关税同盟实施对外贸易保护下的低效率表现,在形成同盟前,一国任何一个国家都征收关税,这会给成本低的国家提供贸易机会,但组建同盟后,成员国的产品可能会取代成本低的国家的产品(对外统一关税的原因),从世界的角度讲,贸易从低价格的国家(地区)转移到高价格的国家(地区),使得国际资源分配恶化,生产背离了比较优势原则。

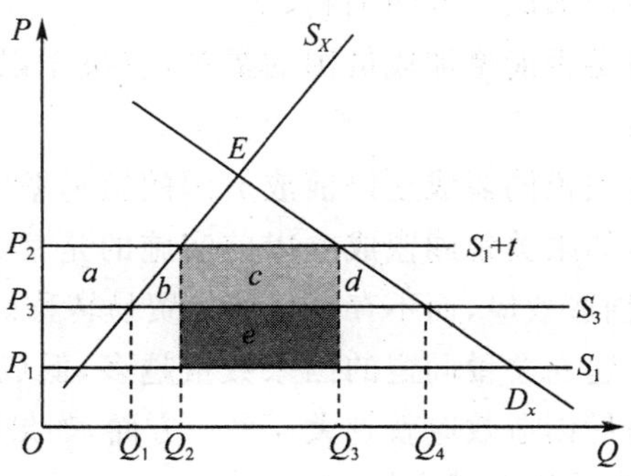

图 8-2 关税同盟的贸易转移效应

假设世界上只有 A、B、C 三个国家,都生产同一产品但生产成本各不相同,如图 8-2 所示。S_X、D_X 分别代表 A 国(假设为小国)X 产品的国内供给曲线和需求曲线,二者的交点 E 决定了 A 国该产品的国内均衡价格与生产数量。B 国 X 产品自由贸易价格为 P_1,C 国 X 产品自由贸易价格为 P_3,且 $P_3>P_1$,S_1 和 S_3 分别表示 B 国和 C 国的完全供给弹性曲线。若三国开展自由贸易，则B国在该产品的生产上具有比较优势，A和C国均可以从B国进口该商品，而对于A国来说，B、C两国都可以是其进口国，但从B国进口获利较多（进口价格为P_1）。现假定A国对进口商品征收非歧视性关税t，此时它将选择以P_2的价格从B国进口（如C国进口价格高于其本国生产价格），此时A国消费数量为OQ_3，其中OQ_2部分为国内生产，Q_2Q_3为进口数量，面积$(c+e)$部分是A国的税收所得。

现在假定A国与C国结成关税同盟，成员国内部互相取消关税实行自由贸易，对非成员国仍征收t的关税。此时，A国将不再从B国进口而选择从C国以P_3价格进口，即发生贸易转移。在价格P_3下，A国的消费数量为OQ_4，其中OQ_1部分为国内生产，Q_1Q_4为进口数量，此时进口量扩大，但却没有关税收入。A国对于X商品的进口已经从高效率的C国转向了低效率的B国，进口量由原来的Q_2Q_3增加至Q_1Q_4，这说明贸易转移效应某种程度上也产生了贸易创造。

贸易转移效应的福利效应仍然可以以生产者剩余和消费者剩余的变化计算出来。对于A国来说，建立关税同盟后，进口价格由P_2变化为P_3，其消费者剩余增加图中$(a+b+c+d)$部分，生产者剩余减少了图中a部分，政府税收减少了$(c+e)$部分，A国的总体福利水平变化为$(a+b+c+d)-a-(c+e)=(b+d)-e$。其中，$(b+d)$部分是贸易创造带来的福利增加，$e$部分是贸易转移带来的福利减少，因此贸易转移的福利效应是不确定的，取决于$(b+d)$和e的对比关系。

由于贸易创造是高效率的生产取代了低效率的生产，从而节省了资源，而贸易转移从低成本转向了高成本，因此，关税同盟的经济效应取决于运行中的贸易创造和贸易转移效应所占的比例。只有在因关税同盟建立而使贸易创造效应大于贸易转移效应时，建立关税同盟才会增加成员方的福利。

一般来讲，关税同盟是否能增加成员国的福利，取决于以下因素对贸易创造效应和贸易转移效应的影响：

第一，贸易壁垒。若关税同盟成立以前成员国的贸易壁垒较高，则成立关税同盟后的贸易创造效应越大，如果关税同盟成立以前实施的是禁止性关税，那么建立关税同盟后则只会产生贸易创造效应，而不存在任何的贸易转移效应。

第二，成员国数量。建立关税同盟的国家数量越多，低成本生产者存在的可能性就较大，则关税同盟的贸易创造效应就越大。另一方面，如果潜在成员国越多，那么建立关税同盟后的获得福利的机会越大。

第三，工业化程度。一般来讲，若同盟成员国是工业化国家组成的，那么他们实施生产专业化分工的可能性越大，越容易产生贸易创造效应。

此外，地缘性也是影响因素之一。地理位置越接近的国家，运输成本越不会成为产生贸易创造效应的障碍。因此，当建立关税同盟时，应该通盘考虑相关因素，以争取取得最大的效益。

3. 其他静态效应

除贸易创造效应和贸易转移效应以外，关税同盟的建立还会带来一些其他方面的静态效应，如降低成员国的海关人员、边界巡逻人员等行政费用支出，增强各成员整体的经济实力，改善同盟成员对外贸易条件等。

（二）关税同盟的动态效应

关税同盟建立不但会给各成员国带来静态效应，还会因经济规模的扩大而产生一些动态的影响。

1. 竞争的加强

这可能是最大的动态效应。一般而言，在贸易保护的条件下，生产者（特别是那些垄断者和寡头垄断者）往往达成协议，形成垄断获取利润。当建立关税同盟后贸易壁垒的保护被消除了，生产者必须提高效率参与竞争，避免被淘汰。关税同盟内部市场的日益开放和竞争者数目的增加，会刺激生产者增强采用新技术的意识，降低生产成本，从而提高经济效率。

2. 规模经济收益

关税同盟建立以后，成员国的国内市场组成一个统一的大市场，可以使生产者提高专业化程度和生产效率，享受到规模经济的利益。

当然，不属于任何一个关税同盟的小国如比利时和荷兰，在没有加入欧盟前许多主要工业部门已经能够通过为国内市场生产及提供出口而享有规模经济的好处。然而，成立欧盟后，由于各工厂范围内所制造产品差别减少，生产效率大幅提高，因而取得了巨大的经济效益。

3. 投资的扩大

关税同盟的建立会刺激同盟内部或外部的投资者增加投资。首先，关税同盟建立而出现的结构调整、内部与外部经济性以及收入和需求的预期增长都会导致投资行为。其次，关税同盟的建立意味着对非成员国产品的排斥，因此有可能刺激非成员国以在关税同盟成员国内建立生产设施，以在当地直接生产销售的方式规避贸易壁垒，这样便产生了伴随生产转移而形成的外资的大量进入。再次，由于关税同盟的建立而形成的广阔的市场分散了投资的风险，也会刺激投资的增加。

4. 经济资源的有效利用

关税同盟建立后而形成的共同市场中，劳动力、资本等生产要素可以自由流动，这样有利于经济资源得到更好的利用。

关税同盟建立所产生的这些动态效应往往被认为比静态效应大得多，而且非常重要。如英国在 1973 年加入欧盟的主要原因在于这些动态效应。

5. 形成新的垄断

这是关税同盟产生的负面影响。关税同盟建立后，如果排他性很强，则会成为技术进步的严重障碍。除非关税同盟不断有新的成员国加入，否则这一现象就不容忽视。

6. 拉大经济发展水平的差距

关税同盟建立以后，资本可能会逐步流向投资环境比较好的地区，这将可能导致不同地区之间经济发展水平差距的拉大。

二、其他的经济一体化理论

除了关税同盟理论外，还形成了以现代贸易为基础的一些经济一体化理论，并影响着经济一体化的发展。

(一)大市场理论

大市场理论是从动态角度来分析以共同市场为研究对象，分析共同市场成立与效益的理论。它通过消除保护主义的障碍，将受保护的成员国市场统一起来，形成大市场，使得企业不得不面临大市场的激烈竞争，从而实现专业化、批量化生产等的利益，即区域经济一体化的竞争效应。

西托夫斯(T. Scitovsky)和丹纽(J. F. Denian)是这一理论的主要代表。他们认为：以前各国之间推行狭隘的保护贸易政策，只顾本国利益，把市场分割得狭小又缺乏弹性，导致企业无法实现规模经济和大批量生产的利益。大市场理论的核心是通过国内市场向统一的大市场延伸，扩大市场范围，获取规模经济利益和技术利益。

虽然大市场理论分析了共同市场的作用，但人们认为这理论中所说的实现规模经济的目标难以用激化竞争的方式实现，因为竞争激化的结果往往是垄断，而这对于共同市场内部分工不利。

(二)工业偏好理论

库珀(C. A. Cooper)、马赛尔(B. F. Massell) 和约翰森(H. G. Johnson)等学者在修正关税同盟理论的过程中，提出了“偏好工业生产”的假说，并由此形成了工业偏好理论。这一理论遵循传统的比较成本理论，从工业生产和工业品贸易(即资本品贸易而非消费品)的角度来解释一体化。认为大部分国家都有发展现代工业的偏好，并有意识地加速工业化进程，偏好程度接近的几个国家结成的关税同盟将形成一个统一的扩大了的市场，这有助于成员国企业实现规模经济。同时政府通过直接补贴、成员国间关税减免及对外关税保护等措施引导资金向本国工业生产利益所代表的公共福利增加。

此外他们还认为，那些有强烈工业偏好的国家一般在国际市场竞争中只有较弱的比较成本优势，但通过结盟取消相互间关税后，往往会认为本国的产品比盟国的产品更具有比较成本优势，从而偏好进入盟国市场以扩大工业生产规模。因而，根据该理论，那些具有相似工业偏好、相似工业生产成本水平、在国际市场上比较成本相对处于弱小优势的国家往往倾向于形成经济一体化(如关税同盟)组织。

工业偏好理论不仅能很好地说明欧盟的形成，对正处于工业化进程中的发展中国家的经济一体化也具有一定的实践指导意义。但同时这一理论也存在一定的缺陷：首先，形成同盟的国家进行专业分工时，牺牲了非成员国的利益。第二，这一理论无法解释一些具有比较成本优势的国家的区域经济一体化问题。第三，该理论更适合解释发达国家之间的经济一体化，而对于发展中国家的经济一体化现象的解释匮乏。

(三)协议性国际分工理论

协议性国际分工理论是日本一桥大学经济学教授小岛清(Kiyoshi Kojima)于20世纪70年代提出的。他认为以往的国际分工和平衡是在成本递增下通过竞争形成的，但是没有论及成本递减或成本不变的情况。而经济一体化的目的就是要通过大市场化实现规模经济，也就是成本长期递减，因此提出此时的国际分工应在共同市场的内部分工原理下进行，通过协议方式实现专业化的分工，而不能依赖价格机制的自动调节来实现。

与关税同盟理论比较起来，这一理论缺少强制力，它要求成员方之间应为长远利益而互相妥协，实行协议性分工的具体条件包括：

第一，必须是在同等阶段的国家之间建立，而不能在工业国和初级产品生产国之间建立。也就是说形成协议分工的两个或多个国家，在资本、劳动力等资源禀赋上相近，工业化水平和经济发展阶段具有相似性，这样协议分工后的产品，才能在每一个国家和地区生产，互相竞争的各国之间才可以扩大分工和贸易。相反，不同阶段的国家之间的分工更容易使得某一个国家陷入单方面的完全专业化，此时是基于比较优势原理的分工，而不是协议分工。

第二，协议分工对象的商品必须是能够获得规模经济的商品。因此，协议分工效应在重工业中最大，轻工业中最小，而在农业中几乎难以实现。

第三，协议分工对象的商品在任何一个国家都可以生产，不存在生产不同产品的利益差异，也就是说，一国协议分工后无论生产何种产品所得的利益都不会随着分工而增加需求，产生利益差异。

(四)相互依存理论

相互依存理论形成于60年代后期，是西方国际关系学的重要理论之一。较早作为系统理论研究的是理查德·库珀(Richard N. Cooper)，而将这一理论应用于经济一体化的解释的是美国耶鲁大学的卡尔·多伊奇(Karl Deutsch)，他在其著作《国际关系分析》中详细解释了相互依赖对于经济一体化的影响。

所谓相互依赖是指一国经济与另一国的经济相互的作用和影响程度，它是社会生产力发展和国际分工的产物。存在于世界各国经济之间的相互依赖关系，仅仅是程度的差别，而且这种依赖关系是双方面的传递和影响，随着时间的推移、环境的变化，其内容和形式也会发生变化。

各国经济之间存在的这种相互依赖关系既有正向或积极的一面，又有反向或消极的一面，正向或积极的关系能够促使一些国家成立区域经济一体化组织，以有利于各成员国经济的发展，而且由于相互依赖的反向或消极的作用，会加剧区域内部的竞争，使各成员国的经济利益发生冲突，所以，需要各成员国之间进行协商，以协调各自的政策，达到更好的结合。一般来说，正向或积极的依赖程度越高，结成一体化的可能性越大，牢固程度越高。

这一理论从相互依赖的角度解释了经济一体化形成的原因，从现象上来看，似乎比较接近区域经济一体化中的政策协调，因而也可作为区域经济一体化的一种理论依据。但也有学者认为这一理论过于强调各国间的相互依赖和相互联系，这可能与实际不符。

(五)综合发展战略原理

这一理论是由鲍盟斯·塞泽尔基在《南南合作的挑战》一书中提出的，用于解释发展中国家的经济一体化。这一理论的主要原则有：

经济一体化是发展中国家的一种发展战略。它不限于市场的统一，它是在一定条件下寻求尽可能高的其他一体化形式；

两极分化是伴随一体化出现的一种特征，只能通过强有力的共同机构和政治意志制定系统的政策来避免它；

鉴于私营部门在发展中国家一体化进程中是导致其失败的重要原因之一，故有效的政府干预对于经济一体化的成功至关重要；

发展中国家的经济一体化是集体自力更生的手段和按新秩序逐渐改变世界经济的要素。

这一理论在解释发展中国家经济一体化现象的时候，没有单独地考虑贸易、投资问题，而是考虑了政治、经济等多种因素。该理论认为发展中国家的经济一体化应考虑的经济因素包括：经济发展水平与差异、经济依存度、资源和生产要素的互补性以及他国跨国公司在本国经济的地位等；而政治和结构因素包括：区域政治协调程度、实现一体化的有利的"政治意识"、对外政治关系、机构效率等。在条件允许的情况下，发展中国家的经济一体化应是尽可能地包含更多的经济和社会活动，此外在一体化的过程中，应是以区域内的工业化来加强依存度，通过协商对待外资以协调管理外国经济实体，同时提供有利于较不发达国家的优惠待遇。

这一理论突破了以往经济一体化理论的研究方法，把经济一体化与集体自力更生结合起来，综合考虑经济政治因素，强调政府的有效干预，而不是将其限于市场的统一，因此，发展中国家一体化是一种综合发展战略。

第三节 经济一体化的发展

一、经济一体化的发展概况

经济一体化的发展雏形是关税的统一，1775～1879 年，奥地利与其邻近的国家建立的五个关税同盟，1874 年瑞典与挪威建立的关税同盟，1921 年比利时与卢森堡又建立了关税同盟，这些都是经济一体化组织的雏形。1944 年 9 月，比利时、荷兰、卢森堡三国签订了《伦敦关税协定》，并于 1948 年 1 月正式成立了"比荷卢关税同盟"(Benelux Union)，是第一个现代意义上的区域经济集团。第二次世界大战以后，在世界经济与贸易发展的新形势下，地区经济一体化取得迅速发展，并成为影响世界经济贸易发展的重要力量。战后地区经济一体化的发展，主要经历了三个时期。

（一）发展时期

战后初期到20世纪60年代，一大批地区经济一体化组织开始建立。如1949年1月，苏联和东欧国家成立了经济互助合作委员会；1951年4月，法国、联邦德国、意大利、比利时、荷兰、卢森堡六国签订了《欧洲煤钢联营条约》，决定建立煤钢共同体；1957年3月，上述六国又在罗马签订了《罗马条约》，并于1958年1月1日正式生效，成立了欧洲经济共同体；1960年1月，英国、瑞典、丹麦等国签订了《建立欧洲自由贸易协会公约》，建立了欧洲自由贸易区。进入20世纪60年代，广大发展中国家在取得政治上的独立以后，也相继建立了20多个地区经济一体化组织，希望借此推动对外经济合作，加快自身的经济发展。如亚洲的东盟，非洲的西非共同体，阿拉伯世界的海湾合作委员会，拉美地区的中美洲共同市场等。

（二）相对停滞时期

20世纪70年代中期至80年代中期，由于世界经济的发展受到石油危机的强劲冲击，欧洲经济共同体内部一体化进程放缓，发展中国家的地区经济一体化进展受挫，整个世界经济和国际贸易环境恶化，各国间的利益冲突加剧，过去已经建立起来的一些地区经济一体化组织也中断了活动或归于解体，极大地影响了地区经济一体化的进程。

（三）高速发展时期

20世纪80年代以来是地区经济一体化的高速发展时期。这一时期世界范围内共建立了三十多个地区经济一体化组织，其成员涵盖了世界上的一百三十多个国家和地区。1988年1月，美国、加拿大签署了《美加自由贸易协定》，随后，美、加、墨三国建立了北美自由贸易区，于1994年1月1日正式运转；20世纪80年代末建立了亚太经济合作组织等。

这一时期，发展中国家的地区经济一体化也进一步加强。如“东亚经济集团”、“南美共同体”以及中国-东盟自由贸易区等，加强了发展中国家之间的合作。

在世界经济发展的新形势下，地区经济一体化获得了长足的发展，纵观区域经济一体化的发展，在第二次世界大战后20世纪五六十年代和20世纪80年代后期是发展的高潮时期。随着经济一体化组织经济实力的增强，地区经济一体化已经成为左右世界经济与国际贸易发展的一支重要力量。

二、经济一体化形成的原因

（一）直接原因

第二次世界大战后，国际市场竞争日趋激烈，贸易保护主义加剧。区域经济一体化的建立，往往是由于成员国的经济和政治受到其他国家或集团的威胁而导致的，如美国与苏联在欧洲的对峙促使西欧的联合，70 年代日本经济崛起等。此外，20 世纪 80 年代以来，贸易大国贸易战略的调整，使得原来的多边贸易自由化转向多边与双边、诸边并举，推动了经济一体化的发展。这种情形下，发展中国家很难发挥国际贸易中的比较优势，不得不寻求区域经济一体化的保护。

(二)社会生产力的高速发展

第三次科技革命极大地促进了社会生产力的提高和国际分工向广度和深度发展，加速了各国经济的相互依赖和经济生活的国际化趋势。发达国家之间的国际分工和专业化日益发展，越来越多的商品、资本、劳动力、科技成果在各国之间流动。生产力的发展为打破国家边界对资源配置的地理限制提供了条件，逐步实现对资源的跨国配置以及对宏观经济和市场运行规则的国际联合调控。

(三)内部动力

经济一体化给各成员国带来很多经济效应，如贸易创造效应、贸易转移效应等，有助于一体化区域内部的经济发展，促使投资结构发生变化，提高国民收入水平，加强对外谈判能力，提高整体经济的发展。此外，地域相近的国家之间的经济一体化可以节省交易成本，除了容易开展国与国之间商品、服务、资本、人员交流外，有助于确立和扩大共同的政治和经济利益。这些经济一体化的效应是经济一体化发展的内部动力。

三、经济一体化的影响

(一)对国际贸易的影响

1. 提高了区域内贸易发展和自由化程度

成员国之间通过经济一体化的措施，如签订优惠的贸易协定、减免关税、削减非关税壁垒、取消各种数量限制等，使得成员国之间商品、劳务、技术和资本等生产要素实现了自由流动，加强成员国之间在生产、科技和其他诸多领域的广泛协调与合作，加深了成员国之间的分工与合作，从而推动集团内部贸易的发展，区域内部的贸易自由化程度也加深。

2. 促进区域内企业规模化发展与竞争

经济一体化组织的建立，使得各成员形成了统一开放的大市场，有利于企业提高规模化生产水平，降低交易成本，提高企业效益。同时，一体化的发展也加剧了内部市场的竞争，使得企业的竞争对手范围也在扩大。

3. 不利于世界自由贸易的发展

经济一体化组织的特点是对内实行自由贸易政策，但对外实行的却是保护贸易政策，从整个世界范围来看，区域经济一体化将促使贸易保护主义抬头，恶化国际贸易环境，尤其是对于落后的发展中国家对发达国家的出口不利，从而不利于世界自由贸易的发展。

4. 不利于多边国际贸易体制的建立与完善

经济一体化虽然提高了区域经济贸易集团在世界贸易中的地位，带动了国际贸易的发展，但这种发展是内部贸易的发展，对非成员国实际上构成了不平等待遇，有违WTO的宗旨。随着区域经济一体化的加强，世界市场将会出现更多实力相当的区域经济贸易集团，导致集团之间竞争更为激烈，不利于国际协调宏观政策发挥，不利于多边贸易体制的建立与完善。

（二）对国际投资的影响

1. 内部投资增长迅速

由于区域经济贸易集团内贸易自由化的实施以及统一市场的形成，资本自由流动加速。此外，经济一体化所形成的统一市场使得企业不断扩大生产规模，并逐步形成跨国的组织机构，甚至是垄断机构，进一步促进了资本在成员国间的快速流动。

2. 改变了国际投资的形式

经济一体化组织对非成员国实施的歧视性的贸易政策，使得非成员国不得不面对一些贸易壁垒限制，因此，它们将原先的商品出口改为直接投资的方式，以绕过进口国的贸易壁垒。随着经济一体化程度的加深，收购、兼并等成为国际直接投资的主要形式之一，而以跨国公司为主体的私人资本成为国际直接投资的主要来源。

（三）对国际金融的影响

1. 推动金融自由化进程

经济一体化促进了区域内资本市场、金融中介的自由开放，促进了资本生产价格利率市场化发展，进而促进了如欧元货币联盟的发展，提高了经济贸易联盟的整体实力，推动了国际金融的一体化进程和金融自由化的发展。

2. 促进金融工具的创新

经济一体化使得金融机构要同时面临国内外同行的竞争，以及因竞争而导致的金融业平均利润的变化。随着国际性金融机构兼并的增多和竞争力的增强，将促使金融机构不断开拓新的业务领域，进行金融工具的创新，寻找新的利润增长点。

3. 货币政策缺乏独立性

随着经济一体化程度的提高，经济一体化成员国之间的货币政策逐步统一，区域内一个国家一旦陷入经济金融发展困境，将会通过贸易、产业联动等机制影响到其他成员国，但因为货币政策的统一，成员国难以自由地使用货币政策对本国的宏观经济运行进行调整，进而形成成员国发展困境的连锁反应。

（四）对世界经济格局的影响

1. 推动了世界经济走向全球化

经济一体化组织内成员国实行生产要素的自由流动，提高了资源配置的效益，深化了成员国之间的相互依存和分工，尤其是20世纪90年代以来，北美自由贸易区的形成推动了经济一体化的纵深发展，打破了经济一体化组织由背景相近国家组成的传统观念，推动了经济全球化的历史进程。

2. 改变了世界经济格局的发展方向

随着经济一体化实践的加强，在 20 世纪 90 年代形成了欧盟、北美自由贸易区以及亚太经合组织三大区域经济，逐步形成了世界三大地区经济圈。

3. 加剧世界经济发展的不平衡

区域经济一体化组织形式不一，并且成员国内部也有着不同的矛盾冲突，其发展存在着种种不稳定因素，另外区域经济一体化的发展也使得国家主权面临挑战，这些消极影响加剧了世界经济发展的不平衡。

第四节　经济一体化的实践

经济一体化是经济全球化的重要形式，并在世界经济发展的过程中不断壮大，20 世纪 60 年代仅有 19 个区域经济一体化组织，70 年代时有 28 个，到 80 年代增加到 32 个。目前全世界已有超过 100 个各种类型的区域经济一体化组织，对世界经济的发展有着重要的影响。其中对世界经济最具有影响的是欧洲联盟、北美自由贸易区和东南亚国家联盟，这三大区域经济一体化组织已成为世界经济三大板块的核心，世界其他区域合作组织基本处于其边缘或之间，形成了在空间上相互渗透的格局。

一、欧洲联盟

欧洲联盟(European Union)，简称欧盟(EU)，是目前世界上一体化程度最高、制度建设最完备的区域经济一体化组织，也是一个集政治实体和经济实体于一身、在世界上具有重要影响的区域一体化组织。总部设在比利时首都布鲁塞尔，是由欧洲共同体(European Community，又称欧洲共同市场)发展而来的，主要经历了三个阶段：荷卢比三国经济联盟、欧洲共同体、欧盟。

(一)欧洲联盟的成立与发展

第二次世界大战后，西欧各国的经济实力和经济地位明显下降，在美国的援助下，经济才得以恢复，但随着经济的恢复和发展，西欧与美国的矛盾也在加深。苏联及东欧社会主义的发展也让西欧倍感威胁。为了遏制苏联的扩张，与美国抗衡，西欧各国考虑联合起来，通过在经济、政治、防务方面的联合来提高自己的地位。

1946 年 9 月，英国首相丘吉尔曾提议建立“欧洲合众国”。1950 年 5 月 9 日，法国外长罗伯特·舒曼提出欧洲煤钢共同体计划(即舒曼计划)，旨在约束德国。1951 年 4 月 18 日，法国、联邦德国、意大利、荷兰、比利时和卢森堡六国在巴黎签订了为期 50 年的《关于建立欧洲煤钢共同体的条约》(又称《巴黎条约》)，1952 年 7 月 25 日生效。1955 年 6 月 1 日，参加欧洲煤钢共同体的六国外长，建议将煤钢共同体的原则推广到其他经济领域，并建立共同市场。1957 年 3 月 25 日，6 国外长在罗马签订了《欧洲经济共同体条约》和《欧洲原子能共同体条约》,统称《罗马条约》,并于1958年1月1日正式生效。根据《罗马条约》,6个成员国从1958年1月1日至1969年12月31日用12年的时间建成关税同盟,而实际只用了10年时间在1968年就提前完成建立关税同盟的目标。1965年4月8日,6国签署了《布鲁塞尔条约》,决定将欧洲煤钢共同体、欧洲原子能共同体和欧洲经济共同体合并,统称欧洲共同体,简称欧共体,总部设在比利时布鲁塞尔。条约于1967年7月1日正式生效。

为了推动欧洲一体化建设,1986年2月17日,欧共体各成员国政府首脑在卢森堡签署了旨在建立欧洲统一大市场的《欧洲单一文件》。1991年12月11日,欧共体政府间会议在荷兰的马斯特里赫特签署了旨在使欧洲一体化向纵深发展和建立政治及经济货币联盟的《欧洲联盟条约》(也称《马斯特里赫特条约》,简称《马约》)。1992年2月7日,各国外长正式签署《马约》。1993年11月1日,《马约》正式生效,欧共体开始向欧洲联盟过渡,即欧共体从经济实体向经济政治实体过渡。

在欧洲联盟的发展过程中,成员不断地增加。1973年,英国、丹麦、爱尔兰加入了当时的欧共体,使欧共体由最初的6国发展成为9国;1981年希腊、1986年葡萄牙和西班牙先后成为欧共体的正式成员国,成员国总数扩大到12个。1995年1月1日奥地利、瑞典、芬兰正式加入欧盟,欧盟成员国扩大到15个,成为一个具有近330万平方公里土地、13.675亿人口、7.4万亿美元国内生产总值和占全球贸易量43%的区域性经济贸易集团。2002年11月18日,欧盟15国外长会议决定邀请塞浦路斯、匈牙利、捷克、爱沙尼亚、拉脱维亚、立陶宛、马耳他、波兰、斯洛伐克和斯洛文尼亚10个中东欧国家入盟。2003年4月16日,在希腊首都雅典举行的欧盟首脑会议上,上述10国正式签署入盟协议。2004年5月1日,这10个国家正式成为欧盟的成员国。这是欧盟历史上规模最大的一次扩大,欧盟成员国增加到25个,人口增加到约4.55亿,整体国内生产总值增加到10万多亿美元。2007年1月,罗马尼亚和保加利亚两国加入欧盟,欧盟成为一个涵盖27个国家、总人口超过4.8亿、GDP16.106万亿美元的当今世界上经济实力最强、一体化程度最高的国家联合体。2011年6月上旬克罗地亚加入欧盟的司法谈判获得成功,2012年1月,克罗地亚举行有关加入欧盟的全民公投,近68.5%的投票支持克罗地亚加入欧盟。巴罗佐建议,克罗地亚于2013年7月成为欧盟第28个成员国。2012年,欧盟获得诺贝尔和平奖。

从20世纪50年代的欧洲煤钢联盟到今天的欧盟,作为取得巨大成功的地区经济一体化组织,欧盟已经成为欧洲政治、经济发展的主导力量,在世界经济中也处于举足轻重的地位。

(二)欧洲联盟的成果

1. 共同农业政策

根据《罗马条约》的规定,共同体内部实行自由贸易,取消相互间的进出口关税和数量限制,对外则实行一致的贸易政策,建立工业品的关税同盟和实行共同农业政策

(CAP)。在削减内部关税方面,共同体成员国从1959年起基本上每年削减10%的关税,到1968年就全部取消了内部关税。农产品经历了1962年、1965年和1968年三次调整,到1968年7月,关税同盟比《罗马条约》规定的时间提前一年半实现,共同农业政策也开始进入实施阶段。共同农业政策的主要目标是提高农业生产效率、稳定市场、保证供给以及保证农业收入等。

20世纪60年代初确立了共同农业政策的基本原则,1962年通过建立农产品统一市场的协议并逐步着手实施。到1968年7月,主要农产品已纳入各类农业共同市场组织,实现了各成员国的农产品统一价格,建立了共同农业基金。1969年欧共体内部完全取消农产品关税,对外征收差价税,实现了主要农产品在欧共体市场内的自由流通。

2. 欧洲货币体系

关税同盟建立以后,关税同盟的福利效应逐渐发挥,成员国数量不断增加,欧洲一体化向更高一级的共同市场迈进。1969年12月,共同体国家在海牙召开的首脑会议上就提出把建立统一货币为中心的"欧洲经济货币联盟",作为加速一体化的进程、抗御美元的影响、提高共同体在世界政治经济中的地位所追求的目标。1972年初,欧共体部长理事会才着手推行货币联盟措施。1978年4月,在哥本哈根召开的欧共体首脑会议上,提出了建立欧洲货币体系(European Monetary System,EMS)的建议。同年12月5日欧共体各国首脑在布鲁塞尔达成协议,决定于1979年1月1日建立欧洲货币体系,后因原联邦德国和法国在农产品贸易补偿制度上发生争执,延迟到同年3月13日才正式成立。1979年3月,在德国总理和法国总统的倡议下,欧洲经济共同体的8个成员国(法国、德国、意大利、比利时、丹麦、爱尔兰、卢森堡和荷兰)决定建立欧洲货币体系,将各国货币的汇率与对方固定,共同对美元浮动。在欧洲货币体系成立后的10年内,它的内部固定汇率不断在调整,使它的汇率体制得以生存。1989年6月,西班牙宣布加入欧洲货币体系,1990年10月,英国也宣布加入,使欧洲货币体系的成员国扩大到10个。

欧洲货币体系是为促进各成员国内部贸易,保证各成员国货币相对稳定而建立的国际货币联合,是欧共体向实现货币联盟迈出的重要一步。这个体系包括:创建欧洲货币单位(European Currency Unit,ECU),即当时欧共体12个成员国货币共同组成的一篮子货币,各成员国货币在其中所占的比重大小是由它们各自的经济实力决定的;建立稳定汇率的机制(exchange rate mechanism,ERM),即欧洲货币体系内部的汇率制并非完全固定的,成员国之间货币汇率有一个可波动的范围;建立欧洲货币合作基金(European Monetary Cooperation Fund,EMCF),为了保证欧洲货币体系的正常运转,欧共体还于1973年4月设立了欧洲货币合作基金,集中起成员国20%的黄金储备和美元储备,作为发行欧洲货币单位的准备。

3. 经济同盟

1993年1月1日欧洲共同市场启动后,初步实现了商品、服务、资本和劳动力的自由流动。同时另一个对欧盟发展起决定作用的条约《马约》在1993年11月1日生效。《马约》为欧盟的发展提出了三个目标：1999年以前(分三阶段进行)建成经济货币联盟，发行单一货币，建立欧洲中央银行；实施共同的外交和安全政策；实行司法内政合作，协调反毒、移民、避难、引渡、入境管理方面的政策。

4. 欧元

欧元的国际三字母代码(ISO 4217标准)为EUR。欧元是欧盟一体化进程的重要标志，使得欧洲单一市场得以完善，欧元区国家间自由贸易更加方便。

1989年时任共同体委员会主席的德洛尔在《关于实现经济货币联盟的报告》中，再一次明确提出货币联盟的最终目标就是建立单一的欧洲货币。1991年12月欧共体12国签署的《马约》确定了实现欧洲单一货币的措施和步骤，并作了具体安排，提出时间表：最迟不晚于1999年1月1日建立单一货币体系，并在1998年1月1日以前建立独立的欧洲中央银行。在1995年12月15日召开的欧洲货币联盟马德里高峰会议上，将未来欧洲货币的名称确定为"欧元"，以取代欧洲货币体系下所创立的ECU。

1998年3月25日，欧盟执委会宣布11个国家，即奥地利、比利时、芬兰、德国、法国、爱尔兰、意大利、卢森堡、荷兰、葡萄牙和西班牙成为首批流通欧洲单一货币——欧元的国家(欧盟15个成员国中，希腊未达趋同标准；瑞典、英国、丹麦虽已达标，但此前它们决定暂留在货币联盟之外)。1999年1月1日欧元诞生，这11个成员成为欧元国，这些国家的货币政策从此移交设在德国法兰克福的欧洲中央银行(European Central Bank，ECB)负责。2000年6月，欧盟在葡萄牙北部城市费拉举行的首脑会议批准希腊加入欧元区。经过1999年1月1日至2002年1月1日为期三年的过渡，欧洲中央银行发行统一的欧元从非现金流通领域进入现金流通领域，到2002年3月欧元替代包括希腊在内的12国货币成为欧元区单一的货币。2006年7月11日，欧盟财政部长理事会正式批准斯洛文尼亚在2007年1月1日加入欧元区，同时该国将成为新加入欧盟的10个中东欧国家中第一个加入欧元区的国家。2008年1月1日，塞浦路斯、马耳他加入了欧元区。2011年1月1日，爱沙尼亚加入欧元区，从而使欧元区成员国增至17个。欧元的成功表明欧洲经济同盟向前迈出了重要一步。此后经过1997年的《阿姆斯特丹条约》、2001年的《尼斯条约》和2004年的《欧盟宪法条约》，欧洲联盟向一个完全政治经济一体化方向发展。

(三)欧盟的主要组织机构

作为一个经济政治实体，欧盟建立了一个庞大的超国家管理体系。总部设在布鲁塞尔，部分机构设在卢森堡的首都卢森堡和法国的斯特拉斯堡。其主要官方机构设置如下：

欧洲理事会(European Council)，通常称为欧盟首脑会议或欧盟峰会，是欧盟最高决策机构，负责讨论和决定欧洲联盟的内部建设、重要的对外关系及重大的国际问题。欧洲理事会设主席一职，任期两年半，可连任一届。首任主席是比利时人赫尔曼·范龙佩,2010 年 1 月 1 日正式就任,任期至 2012 年。欧洲理事会在决策过程中采取协商一致通过的原则。理事会下设总秘书处。

欧盟理事会(Council of European Union),也称部长理事会(Council of Ministers),简称理事会,是欧盟立法与政策制定、协调机构。主要负责制定欧盟法律、法规和有关欧盟发展、机构改革的各项重大政策;负责制订执行欧盟条约所需要的决定以及共同外交和安全政策、司法、内政等方面的政府间合作与协调事务;任命欧盟主要机构的负责人并对其进行监督。理事会由每个成员国各 1 名部长级代表组成,在理事会会议上代表其成员国政府进行投票表决。除外长理事会外,理事会主席由各成员国轮任,任期半年。理事会设秘书长 1 人。现任秘书长为德国人乌韦·科塞庇乌斯(Uwe Corsepius),任期到 2015 年 6 月。

欧洲委员会(Commission of European Union),又称欧委会或委员会,是欧盟的常设执行机构,负责实施欧洲联盟条约和欧盟理事会作出的决定,向理事会和欧洲议会提出报告,处理联盟的日常事务,负责管理欧盟的资金,代表欧盟对外联系和进行贸易等方面的谈判等。欧委会由每个成员国 1 名代表组成,共 27 人,其中设主席 1 人,副主席 7 人。本届欧委会任期从 2009 年 11 月计算,任期到 2014 年。主席是葡萄牙人若泽·曼努埃尔·巴罗佐(José Manuel Barroso),2009 年 9 月 16 日当选。

欧洲议会(European Parliament),是欧盟监督、咨询和立法机构,除了和欧盟理事会共享立法权外,还有民主监督权及欧盟预算的决定权,可以否定委员会的预算草案并要求提出新方案,原则上以简单多数表决,并可以三分之二多数弹劾欧盟委员会。保护消费者、教育、文化、卫生等领域的事务,由欧洲议会和欧盟理事会共同决策。欧洲议会议员由成员国直接普选产生,任期 5 年。设议长 1 人,副议长 14 人,任期两年半,可连选连任。

欧洲法院(Court of Justice of the European Union),欧盟的司法机构,是欧盟的最高仲裁机构,以欧盟规章法律为准绳,负责维护欧盟所有决议的执行,保障欧盟规章得到尊重,并对条约和规章作出终裁性解释,审理和裁决在执行欧盟条约和有关规定中与成员国同类规定相矛盾的各种争议。法院设在卢森堡,现有 15 名法官和 9 名检察官,由成员国政府共同任命。法院院长在法官中推选,任期三年。

欧洲审计院(European Court of Auditors),成立于 1977 年,由 15 人组成,由欧盟理事会在征得欧洲议会同意后任命。审计院负责审计欧盟及其各机构的账目,审查欧盟收支状况,审计欧盟各机构的财务,确保欧盟财政的正常管理。审计院设在卢森堡。

其他重要机构还有经济社会委员会、地区委员会和欧洲投资银行等。1993 年还决定增设一系列业务机构,如欧洲金融机构(法兰克福)、欧洲警署(海牙)、欧洲环保局(哥本哈根)、内部市场协调局(马德里)、兽医监察局(都柏林)、欧洲培训基金会(都灵)、欧洲职业培训中心(希腊)、欧盟翻译中心(卢森堡)等。

二、北美自由贸易区

(一)北美自由贸易区的建立与发展

北美地区的经济一体化是在20世纪80年代兴起的,北美自由贸易区(North American Free Trade Area,NAFTA)的前身是由美国和加拿大两国建立的美加自由贸易区。进入20世纪80年代后,美加之间的经济关系获得了进一步发展,双方在贸易、投资上相互渗透、相互依赖的关系更加加深。然而,两国在经济上的矛盾又频频发生并不断扩大,以致危及双方的经济利益。于是,美加两国经过23轮,历时一年零四个月的谈判,拟定了双边自由贸易的草案。1988年11月,两国政府正式签署《美加自由贸易协定》,并于1989年1月1日正式生效。该协定只要求从1989年到1998年10年内,逐步削减并最终取消双边贸易的全部关税及许多的非关税壁垒。对从区外第三国进口的商品,双方仍使用各自现行的关税。为防止第三国利用自由贸易区逃避关税,双方确认了原产地规则。另外,该协议对农产品、能源、汽车、劳务、金融服务贸易作了规定。

20世纪80年代中期,墨西哥陷入了严重的债务危机。进入90年代以后,为了尽快摆脱危机,恢复经济的活力,促进经济复苏与增长,墨西哥采取了扩大对外开放减少政府干预的政策,与美国签署了广泛的双边贸易协定。随后,已经与美国签署了《美加自由贸易协定》的加拿大加入谈判。美、加、墨三国于1991年6月正式开始谈判。经过14个月的讨论和协调,1992年8月12日签订了《北美自由贸易协议》,并于1994年1月1日正式生效。

(二)北美自由贸易区的宗旨

消除缔约方之间货物与服务贸易的障碍,便利缔约方之间货物与服务的流动;促进自由贸易区内的公平竞争;实质上增加缔约方境内的投资机会;在第一缔约方境内为知识产权提供充分有效的保护,并使其能够得到强制执行;为北美自由贸易协定的使用和实施、北美自由贸易区的共同管理和缔约方之间争端的解决建立有效的程序;为进一步发展三个缔约方之间的、区域间的和多边的合作建立机制,以扩大和提高北美自由贸易区协定项下的利益。

(三)组织机构

北美自由贸易区的组织机构体系,包括自由贸易委员会、秘书处、专门委员会、工作组、专家组、环境合作委员会、劳工合作委员会、各国行政办事处、北美发展银行和边境环境委员会。

自由贸易委员会。最高级别的机构,它由缔约方内阁及其代表或他们指定的人员组成。负责监督协定的实施,督促进一步的谈判,解决合作引起的争端;监督根据协定建立的专门委员会和工作组的工作,考虑其他可能影响协定的运作事项。

秘书处。处理日常事务的行政机构,同时在各缔约方设立分秘书处并监督其工作。职责是为委员会提供帮助,为专家组和专门委员会提供行政支持。

专门委员会。专门负责某一领域事项的委员会,主要有货物贸易委员会、服装贸易委员会、农业委员会、与标准相关的委员会、小型商业委员会、金融服务委员会、私人商业争端咨询委员会等等。

工作组和专家组。主要是解决某一领域的专业问题,并就此向自由贸易委员会、专门委员会和仲裁庭提供咨询意见。自由贸易委员会建立的工作组主要有原产地规则工作组、农业工作组、美国和墨西哥双边工作组、加拿大和墨西哥双边工作组、贸易工作组、临时入境工作组等。

三、亚太经济合作组织

亚太经济合作组织(简称"亚太经合组织",Asia-Pacific Economic Cooperation,APEC),是亚太地区机制最完善、层级最高、影响最大的经济合作论坛。

(一)建立与发展

20 世纪 80 年代末,经济全球化、贸易投资自由化和区域集团化趋势渐成潮流,亚洲地区经济在世界经济中的比重明显上升。1989 年 11 月亚太地区的 12 个国家(美国、日本、澳大利亚、加拿大、新西兰、韩国、马来西亚、泰国、菲律宾、印度尼西亚、新加坡、文莱)在澳大利亚堪培拉举行第一届部长会议,标志着这一组织正式成立。随后,中国(1991 年 11 月,以主权国家身份),中国台北和香港(1991 年 11 月以地区经济体名义,1997 年 7 月 1 日起改为"中国香港")、墨西哥和巴布亚新几内亚(1993 年 11 月),智利(1994 年),秘鲁、俄罗斯和越南(1998 年 11 月)加入 APEC。1997 年温哥华领导人会议宣布 APEC 进入十年巩固期,暂不接纳新成员。现有成员 21 个:澳大利亚、文莱、加拿大、智利、中国、中国香港、印尼、日本、韩国、马来西亚、墨西哥、新西兰、巴布亚新几内亚、秘鲁、菲律宾、俄罗斯、新加坡、中国台湾、泰国、美国及越南。总部设在新加坡。东盟秘书处、太平洋经济合作理事会和太平洋岛国论坛为该组织观察员。

(二)宗旨

亚太经合组织的宗旨和目标于 1991 年 11 月在韩国首都汉城(现称首尔)举行的亚太经合组织第三届部长级会议上确认的,即"为该地区人民的共同利益保持经济的增长与发展;促进成员间经济的相互依存;加强开放的多边贸易体制;减少区域贸易和投资壁垒"。

该组织每年举行一届部长年会。1993 年,亚太经济合作组织成员领导人提出了建立亚太经济共同体的构想,计划在 2020 年之前消除该地区存在的贸易和投资障碍。所有的国家将在一个统一的日期开始自由化,但实施的进度要考虑各成员之间经济发展水平的差异。要求工业化国家和地区实现自由贸易和投资的时间不得迟于 2010 年,发展中国家和地区则不得迟于 2020 年。

(三)组织机构

APEC 共有五个层次的运作机制:领导人非正式会议、部长级会议(包括外交、外贸双部长会议以及专业部长会议)、高官会(负责执行领导人和部长会议的决定,并为下次领导人和部长会议做准备)、委员会(贸易和投资委员会(CTI)、经济委员会(EC)、经济技术合作高官指导委员会(SCE)和预算管理委员会(BMC))和工作组(从事专业活动和合作)以及秘书处(为 APEC 各层次的活动提供支持与服务,由 APEC 当年的东道主指派)。

四、其他的经济一体化组织

除了上述经济一体化组织外,世界上还有很多的经济一体化组织形式,这里只介绍其中的一部分,见表 8-2。

表 8-2 其他经济一体化组织简表

地区	名称	成立时间	成员国
亚洲	东南亚国家联盟(ASEAN)	1967 年 8 月 8 日	马来西亚、菲律宾、泰国、新加坡、印尼、文莱、越南、缅甸、老挝、柬埔寨
	南亚区域合作联盟(SAARC)	1985 年 12 月	印度、孟加拉、巴基斯坦、斯里兰卡、马尔代夫、尼泊尔、不丹、阿富汗
	海湾合作委员会(GCC)	1981 年 5 月	阿拉伯联合酋长国、阿曼、巴林、卡塔尔、科威特、沙特阿拉伯
	经济合作组织(ECO)	1964 年	伊朗、巴基斯坦、土耳其、阿富汗、阿塞拜疆、哈萨克斯坦、乌兹别克斯坦、吉尔吉斯斯坦、土库曼斯坦、塔吉克斯坦
欧洲	欧洲自由贸易联盟(EFTA)	1960 年 1 月 1 日	挪威、瑞士、冰岛和列支敦士登
	独联体经济联盟(CIS)	1993 年 11 月	阿塞拜疆、亚美尼亚、白俄罗斯、格鲁吉亚(1993 年 12 月加入,2009 年 8 月 18 日正式退出)、吉尔吉斯斯坦、摩尔多瓦(1994 年 4 月起)、哈萨克斯坦、俄罗斯、乌兹别克斯坦、乌克兰、塔吉克斯坦、土库曼斯坦(2005 年 8 月退出)
	黑海经济合作组织(BSEC)	1992 年 6 月 25 日	阿尔巴尼亚、亚美尼亚、阿塞拜疆、保加利亚、格鲁吉亚、希腊、摩尔多瓦、俄罗斯、罗马尼亚、土耳其、乌克兰、塞尔维亚
拉丁美洲	南部共同市场(MERCOSUR)	1991 年	阿根廷、巴西、巴拉圭、乌拉圭、委内瑞拉
	中美洲共同市场(CACM)	1960 年	哥斯达黎加、洪都拉斯、尼加拉瓜、萨尔瓦多、危地马拉
	安第斯共同体(CAN)	1969 年 5 月	玻利维亚、哥伦比亚、厄瓜多尔、秘鲁(1992 年 8 月终止成员资格)、委内瑞拉(2006 年 4 月退出)
	拉美一体化协定(LAIA)	1980 年 8 月 12 日	阿根廷、玻利维亚、巴西、哥伦比亚、智利、厄瓜多尔、墨西哥、巴拉圭、秘鲁、乌拉圭、委内瑞拉和古巴

（续表）

地区	名称	成立时间	成员国
非洲	西非国家经济共同体（ECOWAS）	1975年5月28日	贝宁、布基纳法索、多哥、佛得角、冈比亚、几内亚比绍、加纳、利比里亚、马里、尼日利亚、塞拉利昂、塞内加尔
	南非共同体（SADC）	1980年4月	安哥拉、博茨瓦纳、津巴布韦、莱索托、马拉维、莫桑比克、纳米比亚、斯威士兰、坦桑尼亚、赞比亚、南非、毛里求斯、刚果（金）、塞舌尔和马达加斯加
	阿拉伯马格里布联盟（UMA）	1989年2月	阿尔及利亚、利比亚、毛里塔尼亚、摩洛哥、突尼斯
	大阿拉伯自由贸易区协议（GAFTA）	1980年	阿尔及利亚、巴林、科摩罗、吉布提、埃及、伊拉克、约旦、科威特、黎巴嫩、利比亚、毛利塔利亚、摩洛哥、阿曼、巴勒斯坦、卡塔尔、沙特阿拉伯、索马里、苏丹、叙利亚、突尼斯、阿联酋和也门

（一）亚洲地区

1. 东南亚国家联盟

东南亚国家联盟（Association of Southeast Asian Nations，ASEAN）简称东盟。前身是由马来西亚、菲律宾和泰国3国于1961年7月31日在曼谷成立的东南亚联盟。1967年8月7～8日，印度尼西亚、泰国、新加坡、菲律宾4国外长和马来西亚副总理在曼谷举行会议，发表了《东南亚国家联盟成立宣言》，即《曼谷宣言》，正式宣告东盟成立，1967年8月28～29日，马、泰、菲3国在吉隆坡举行部长级会议，决定由东南亚国家联盟取代东南亚联盟，东南亚联盟成为政府间、区域性、一般性的国家组织。

东盟现有成员国10个，20世纪80年代至90年代，文莱（1984年）、越南（1995年）、老挝（1997年）、缅甸（1997年）和柬埔寨（1999年）5国先后加入该组织，使东盟由最初成立时的5个成员国扩大到10个成员国。巴布亚新几内亚是东盟观察员国。东盟10国总面积444万平方公里，人口5.76亿，国内生产总值（GDP）达15 062亿美元，是一个具有相当影响力的区域性组织。其宗旨是本着平等合作的精神，通过共同努力来加速地区的经济增长、社会进步和文化发展；增进地区间的积极合作和相互援助，同国际组织和区域性组织保持紧密和有益的合作。

2. 南亚区域合作联盟

1983年8月，孟加拉国、不丹、印度、马尔代夫、尼泊尔、巴基斯坦和斯里兰卡7国外交部长在印度首都新德里举行首次会晤，并通过了《南亚区域合作联盟声明》。1985年12月，7国领导人在孟加拉国首都达卡举行第一届首脑会议，发表了《达卡宣言》，制定了《南亚区域合作联盟宪章》，并宣布南亚区域合作联盟（South Asian Association for Regional Cooperation，SAARC）简称南盟正式成立。2005年11月，阿富汗加入南盟，成为南盟第八个成员。2004年1月，第12届南盟首脑会议通过了《南亚自由贸易区框架协定》。根据这一协定,南盟成员国从2006年开始建立自由贸易区,并在5年至10年内将关税从30%左右逐步降到5%以下。

南盟宪章规定,成员国之间以尊重主权平等、政治独立、互不干涉内政和平等互利为原则,促进在经济、社会、文化和科学技术领域的相互合作。这种合作不讨论成员国双边的和有争议的问题,南盟各级机构按照协商一致的原则作出决定。

3. 海湾合作委员会

海湾合作委员会(Gulf Cooperation Council,GCC)简称海合会,全称海湾阿拉伯国家合作委员会,1981年5月在阿联酋阿布扎比成立。其成员国为阿拉伯联合酋长国、阿曼、巴林、卡塔尔、科威特、沙特阿拉伯6国(2011年5月,海合会首脑会议宣布欢迎约旦和摩洛哥加入),是海湾地区的重要政治经济组织,总部设在沙特阿拉伯首都利雅得。其宗旨是加强成员国之间在一切领域内的协调、合作和一体化,加强和密切成员国人民间的联系、交往与合作,推动6国发展工业、农业、科学技术,建立科学研究中心,兴建联合项目,鼓励私营企业间的经贸合作。

为防范两个地区大国伊朗和伊拉克,2001年12月,也门被批准加入海合会卫生、教育、劳工和社会事务部长理事会等机构,参与海合会的部分工作。2012年12月召开的海合会首脑会议上,沙特国王阿卜杜拉建议将海合会由目前较为松散的地区组织提升为一个在政治、安全和国防等领域关系更加紧密的联合体。

4. 经济合作组织

经济合作组织(Economic Cooperation Organization,ECO)为跨政府的亚洲国际组织。该组织由伊朗、土耳其和巴基斯坦倡导,成立于1985年,1992年新增7个成员国共计达到10个成员国。现成员国包括阿富汗、阿塞拜疆、伊朗、哈萨克斯坦、吉尔吉斯斯坦、巴基斯坦、塔吉克斯坦、土耳其、土库曼斯坦、乌兹别克斯坦。

该组织的目的是在改进、促进贸易发展和提供投资机会方面提供一个讨论的平台,最终为商品和服务建立单一市场,总部设于伊朗德黑兰。

(二)欧洲地区

1. 欧洲自由贸易联盟

欧洲自由贸易联盟(European Free Trade Association,EFTA),又称“小自由贸易区”。1960年1月4日,奥地利、丹麦、挪威、葡萄牙、瑞典、瑞士和英国在斯德哥尔摩签订《建立欧洲自由贸易联盟公约》,即《斯德哥尔摩公约》。该公约经各国议会批准后于同年5月3日生效,欧洲自由贸易联盟正式成立,简称欧贸联,总部设在日内瓦。

成员国共有4个:冰岛、挪威、瑞士和列支敦士登。1960年3月,列支敦士登成为准成员,1991年5月正式加入。1961年6月,芬兰成为准成员国,1986年1月正式加入。1970年3月,冰岛加入欧贸联。1973年1月,英国、丹麦退出。1986年12月31日,葡萄牙退出。1994年12月31日,奥地利、瑞典、芬兰退出后加入欧盟。

欧贸联的宗旨是在联盟区域内实现成员国之间工业品的自由贸易和扩大农产品

贸易;保证成员国之间的贸易在公平竞争的条件下进行;发展和扩大世界贸易并逐步取消贸易壁垒。其主要任务是:逐步取消成员国内部工业品的关税和其他贸易壁垒,以实现“自由贸易”;对其他国家的工业品仍各保持不同的关税率;扩大农产品的贸易;不谋求任何形式的欧洲政治一体化。

2. 独联体经济联盟

这是苏联解体后在东欧地区形成的经济一体化组织。在苏联解体前,所建立的是经济互助委员会(Council of Mutual Economic Assistance,CMEA 或 COMECON),经济互助委员会是一个相当于欧洲经济共同体的社会主义阵营经济共同体,1949 年成立,总部设在莫斯科。其宗旨是将以前对西方国家的贸易转移出来以实现共产主义国家内部更大程度的自给自足。在这一安排下,大多数成员国以工业品和农产品交换苏联的石油和天然气。但由于经济政治原因以及经互会内部矛盾,1991 年 6 月 28 日,经济互助委员会在匈牙利的首都布达佩斯正式宣布解散。

1991 年底,苏联正式解体,大多数原苏联加盟共和国组成了独立国家联合体(Commonwealth of Independent States,CIS),简称独联体。1991 年 12 月,俄罗斯、乌克兰和白俄罗斯三国领导人在白俄罗斯的别洛韦日签署成立独立国家联合体协定。1993 年 9 月,独联体各国就建立经济联盟达成协议,1993 年 12 月,格鲁吉亚正式成为独联体成员国。1994 年 4 月,就建立自由贸易区达成协议,规定各成员国逐步取消关税,建立统一信贷政策,向关税同盟过渡。1994 年 10 月,各国签署了《独联体一体化发展的基本方针》、《独联体一体化发展的前景计划》等文件,决定建立独联体的超国家机构——跨国经济联盟委员会。

独联体经济一体化正逐步开展,但它的发展却不是很乐观。成立时,12 个苏联加盟共和国阿塞拜疆、亚美尼亚、白俄罗斯、格鲁吉亚(1993 年 12 月起)、吉尔吉斯斯坦、摩尔多瓦(1994 年 4 月起)、哈萨克斯坦、俄罗斯、乌兹别克斯坦、乌克兰、塔吉克斯坦和土库曼斯坦均为独联体正式成员国。2005 年 8 月,土库曼斯坦宣布退出独联体。2009 年 8 月 18 日格鲁吉亚正式退出。独联体现有 10 个成员国,即俄罗斯、乌克兰、白俄罗斯、亚美尼亚、阿塞拜疆、摩尔多瓦、哈萨克斯坦、塔吉克斯坦、乌兹别克斯坦和吉尔吉斯斯坦。

3. 黑海经济合作组织

黑海经济合作组织(Black Sea Economic Cooperation,BSEC)又称黑海经济合作计划。最先由土耳其倡议成立。1992 年 6 月 25 日,土耳其、保加利亚、罗马尼亚、希腊、摩尔多瓦、亚美尼亚、阿塞拜疆、格鲁吉亚、俄罗斯、乌克兰和阿尔巴尼亚等 11 个黑海沿岸国家签署了关于建立黑海经济合作计划的协议,11 国领导人在雅尔塔签署了《黑海经济合作组织章程》,1999 年 5 月 1 日起生效,黑海经济合作组织正式诞生。

其宗旨是努力把黑海建成一个和平、稳定、繁荣的地区,各国要发展睦邻关系,扩大和加强经济、科技和环保等方面合作,为共同繁荣创造条件。声明强调,在民主法治和尊重平等互利的基础上，建立成员国间新型伙伴关系。

截至目前，黑海经济合作组织含塞尔维亚在内共12个成员国。美国、法国、德国、意大利、奥地利、波兰、捷克、斯洛伐克、白俄罗斯、克罗地亚、埃及、以色列和突尼斯为该组织观察员。

(三)拉丁美洲地区

1. 南部共同市场

南部共同市场(South American Common Market, MERCOSUR)，简称南共市，是南美地区最大的经济一体化组织，也是世界上第一个完全由发展中国家组成的共同市场。1991年3月26日，阿根廷、巴西、巴拉圭和乌拉圭4国总统在巴拉圭首都亚松森签署《亚松森条约》，宣布建立南部共同市场。该条约于同年11月29日正式生效。1995年1月1日，南共市正式启动，关税联盟开始生效。1996年智利、玻利维亚为其非正式成员国。2012年7月31日，委内瑞拉正式成为该组织的第五个成员国。此外，厄瓜多尔和玻利维亚也开启了加入南共市的新一轮谈判进程。同年12月，玻利维亚签署了加入南共市的议定书，为成为该组织成员国迈出重要一步。

其宗旨是通过有效利用资源，保护环境，协调宏观经济政策，加强成员国经济互补，促进成员国科技进步和实现经济现代化，进而改善人民生活，推动拉美地区经济一体化进程。

2. 中美洲共同市场

中美洲共同市场(Central American Common Market, CACM)，是中美洲发展中国家地区性经济合作组织。1962年8月2日，哥斯达黎加、洪都拉斯、尼加拉瓜、萨尔瓦多、危地马拉等五国正式成立中美洲共同市场。总部设在危地马拉首都危地马拉城。1963年8月巴拿马作为准成员国参加活动。中美洲共同市场于1969年解散，1990年恢复。

该组织的宗旨在于：促进中美洲的经济一体化，协调各成员国的经济政策，逐步取消各成员国之间的关税，统一对外关税，最后实现地区贸易自由化，建立自由贸易区和关税同盟。

3. 安第斯共同体

安第斯共同体(Andean Community, CAN)，简称安共体，成立于1969年5月，是拉美地区一个重要的区域经济一体化组织，总部设在秘鲁首都利马。其成员国为安第斯山麓国家玻利维亚、哥伦比亚、厄瓜多尔、秘鲁和委内瑞拉(2006年4月，委内瑞拉因秘鲁和哥伦比亚与美国签订自由贸易协定而退出该组织)，故原称安第斯集团，1995年9月5日建成安第斯一体化体系，1996年3月改为现名。巴拿马为永久观察员国。

其宗旨是充分利用本地区的资源，促进成员国之间的协调发展，取消各国之间的关税壁垒，组成共同市场，加速经济一体化。

4. 拉丁美洲一体化协会

拉丁美洲一体化协会(Latin American Integration Association,LAIA),是拉美地区部分国家的政府间一体化组织。其前身是由墨西哥和大多数南美国家于 1960 年 2 月 18 日建立的拉美自由贸易协定(Asociacion Latinoamericana de Libre Comercio, ALALC),希望加速一体化进程并建立共同市场。1980 年 8 月 12 日,原拉美自由贸易协会 11 个成员国的外交部长在乌拉圭首都蒙得维的亚签署了《蒙得维的亚条约》,宣告拉丁美洲一体化协会成立。

其宗旨是促进和协调成员国之间的贸易,扩大出口市场和开展经济合作,并在不断扩大双边和多边合作的基础上最终建立拉美共同市场,实现本地区的经济一体化。

协会共有 12 个成员国:阿根廷、玻利维亚、巴西、哥伦比亚、智利、厄瓜多尔、墨西哥、巴拉圭、秘鲁、乌拉圭、委内瑞拉和古巴。14 个观察员是:中国(第一个亚洲观察员)、哥斯达黎加、萨尔瓦多、危地马拉、洪都拉斯、尼加拉瓜、巴拿马、多米尼加共和国、西班牙、意大利、葡萄牙、罗马尼亚、俄罗斯和瑞士。

(四)非洲地区

1. 西非经济共同体

西非经济共同体(Economic Community of West African States,ECOWAS),简称西共体,是非洲最大的区域性经济合作组织。成立于 1975 年 5 月 28 日,执行秘书处设在尼日利亚首都阿布贾。其宗旨是促进成员国经济、社会和文化等方面的发展与合作,最终目标是实现西非地区经济一体化。

西共体共有 12 个正式成员国:贝宁、布基纳法索、多哥、佛得角、冈比亚、几内亚比绍、加纳、利比里亚、马里、尼日利亚、塞拉利昂、塞内加尔;被中止成员国资格的 3 国:几内亚(因 2009 年 1 月发生军事政变)、尼日尔(因 2009 年 10 月发生总统为寻求连任强行推动制宪公投和立法选举)、科特迪瓦(因 2010 年总统选举发生争议)。另外,毛里塔尼亚于 2000 年 12 月 31 日退出西共体。

2. 南部非洲发展共同体

南部非洲发展共同体(Southern African Development Community,SADC),简称南共体,其前身是 1980 年成立的南部非洲发展协调会议。1992 年 8 月 17 日,南部非洲发展协调会议成员国首脑决定改南部非洲发展协调会议为南部非洲发展共同体,朝着地区经济一体化方向前进。总部在博茨瓦纳首都哈博罗内。

成员国有 15 个:安哥拉、博茨瓦纳、津巴布韦、莱索托、马拉维、莫桑比克、纳米比亚、斯威士兰、坦桑尼亚、赞比亚、南非、毛里求斯、刚果(金)、塞舌尔和马达加斯加(2009 年 3 月拉乔利纳政变后加入)。其宗旨是在平等、互利和均衡的基础上建立开放型经济,打破关税壁垒,促进相互贸易和投资,实行人员、货物和劳务的自由往来,逐步统一关税和货币,最终实现地区经济一体化。

3. 阿拉伯马格里布联盟

阿拉伯马格里布联盟(Union of the Arab Maghreb; Union du Maghreb Arabe, UMA),简称马盟,成立于1989年2月17日,由摩洛哥、突尼斯、阿尔及利亚、利比亚和毛里塔尼亚地处北非马格里布地区的国家组成[①]。常设秘书处设在摩洛哥的拉巴特。其宗旨是推进区域经济互补合作,协调彼此在重大国际问题上的立场,并最终实现阿拉伯统一。

4. 大阿拉伯自由贸易区

大阿拉伯自由贸易区(The Greater Arab Free Trade Area, GAFTA)最早是在1981年正式提出的,拥有22个成员国:阿尔及利亚、巴林、科摩罗、吉布提、埃及、伊拉克、约旦、科威特、黎巴嫩、利比亚、毛利塔利亚、摩洛哥、阿曼、巴勒斯坦、卡塔尔、沙特阿拉伯、索马里、苏丹、叙利亚、突尼斯、阿联酋和也门。

复习思考题

1. 什么是经济一体化?根据发展程度的不同,经济一体化有哪些形式(举例说明)?它们之间有哪些主要区别?
2. 经济一体化形成的原因是什么?有哪些影响?
3. 什么是贸易创造?什么是贸易转移?举例说明。
4. 什么是关税同盟的贸易创造效应和贸易转移效应?图示说明。
5. 简述关税同盟的动态效应。
6. 关税同盟是否能增加成员国的福利,取决于哪些因素?
7. 简述大市场理论、工业偏好理论、相互依存理论的主要内容。
8. 简述综合发展战略原理的原则。
9. 试比较欧洲自由贸易联盟和欧盟。
10. 美国签订了哪些贸易协定?什么是北美自由贸易区?
11. 如何看待亚太经合组织?
12. 什么是经互会?其宗旨是什么?什么是独联体?

---

① 马格里布是一个专有的地理名称,阿拉伯语意为"西方",是历史上对北非地区阿尔及利亚、摩洛哥和突尼斯的统称。大马格里布除上述三国外还包括毛里塔尼亚和利比亚两国。该地区同属阿拉伯民族,人口近6000万。

CHAPTER 9
第九章

国际贸易协调机制

□□□ 学习目标

- 理解贸易条约与协定的概念和主要内容。
- 掌握贸易条约与协定的种类、所依据的法律原则。
- 了解 GATT 的发展及其八个回合的谈判，尤其是乌拉圭回合，掌握关贸总协定及世贸组织的相互关系。
- 掌握 WTO 的宗旨、职能和机构、基本原则。
- 了解我国从复关到入世的过程，了解我国入世的权利和义务，认识我国入世谈判的原则和难点。

□□□ 学习重点

- 贸易条约与协定的种类、所依据的法律原则。
- WTO 的宗旨、职能和机构、基本原则。
- 我国入世谈判的原则和难点。

□□□ 关键术语

贸易条约与协定；缓冲存货；多边合同；出口配额；市场准入；关税与贸易总协定；世界贸易组织；最惠国待遇原则；国民待遇原则；非歧视原则；透明度原则

开篇案例

2010 年 6 月，VISA 针对银联卡发起了一场全球“封杀令”，各大国际发卡组织随后纷纷指责中国银联垄断，这场银行卡的“渠道之争”，很快演变成了国家之间的贸易争端。2010 年 9 月，美国提出了世贸组织争端机制下的磋商请求，半年之后，双方磋商失败，美国贸易代表办公室正式提请 WTO 启动争端解决机制；2011 年 7 月 4 日，由世贸组织总干事拉米指定的专家组正式开始审理此案，当时预计需要12至18个月的时间进行调查。2012年7月，世贸组织美国诉中国银联垄断市场争端解决小组驳回了美国方面的几项主张，包括有关中国银联垄断地位的指控，以及关于外国服务提供商可以通过跨境方式提供电子支付服务的主张。

WTO虽然驳回了美方关于中国银联市场地位的指控，但裁定银联清算交易部分存在垄断。该小组指出，中国要求所有在国内发行的支付卡与中国银联的网络合作并附带其标识，以及强迫所有支付终端使用银联网络的做法违反了世贸组织的规定。

资料来源：对WTO驳回"银联垄断"指控不必自喜. 金融界网站，http://bank.jrj.com.cn/2012/07/25102113910654.shtml

第一节 贸易条约与协定

贸易条约与协定的发展由来已久，随着国际贸易的发展，贸易条约与协定不仅在数量上大为增加，在内容上也越来越复杂，并且已成为各国加强同外界联系，扩大经济贸易的重要途径。

一、概念及种类

(一)概念

贸易条约与协定(Commercial Treaties and Agreements)是国际条约与协定之一，指两个或两个以上的主权国家为确定彼此间在经济、贸易关系方面的权利和义务而缔结的各种书面协议。在国际经济关系中，由于各国的社会经济制度和政治经济实力对比关系的不同，它们之间所缔结的贸易条约与协定的内容和作用也有所不同。尽管贸易条约与协定通常是在所谓"自由贸易、平等竞争"的形式上签订的，但缔约国政治、经济实力不同，因此，各缔约国之间从贸易条约与协定中得到的好处不同。发达资本主义国家往往利用贸易条约与协定作为对外扩张，夺取市场、原料来源和投资范围的重要手段。

贸易条约与协定是为一国实行对外贸易政策而服务的，但与之前所提及的关税、非关税等对外贸易措施又不完全相同。关税与非关税措施是由主权国家通过立法或行政措施来实施，属于国内法范畴。而贸易条约与协定是由两个或两个以上的国家进行协商并达成协议，受到国际法规范的约束。

(二)种类

贸易条约与协定按照参加缔约国家的多少，可分为双边贸易条约与协定和多边贸易条约与协定。前者是两个主权国家之间所缔结的贸易条约与协定，后者是两个以上主权国家共同缔结的贸易条约与协定。而按照所签订具体内容不同，又可以分为贸易条约、贸易协定、贸易协议书、支付协定、国际商品协定等。

1. 贸易条约

贸易条约(Commercial Treaty)是全面规定缔约国之间经济、贸易的条约,又称通商航海条约。贸易条约的内容比较广泛,主要涉及如关税的征收及海关通关手续、缔约国双方公民和企业在对方国家所享有的经济权利、船舶航行和港口使用、知识产权的保护、铁路运输、转口和过境、进口商品的国内捐税、进出口数量限制以及仲裁裁决的执行等各方面问题。

这种条约是由国家首脑或其特派全权代表来签订,并经最高权力机关批准,缔约国间互换文件后才能生效,有效期限一般比较长。

2. 贸易协定

贸易协定(Trade Agreement)是缔约国间为调整相互间的经济贸易关系而签订的书面协议。与贸易条约相比,贸易协定所涉及的面比较窄,对缔约国之间的贸易关系往往规定得比较具体,有效期较短,签订程序比较简单,一般只需经签字国的行政首脑或其代表签署即可生效。内容一般包括最惠国待遇条款、进出口商品货单和贸易额、作价原则和使用的货币、支付和清偿的办法、关税优惠及其他事项的规定等。

3. 贸易协议书

贸易协议书(Trade Protocol)是缔约国就发展贸易关系中某项具体问题所达成的协议,一般作为贸易协定的补充、解释或修改。内容较为简单,如用来规定有关贸易方面的专门技术问题,或个别贸易协定中的某些条款,有时也用来规定延长条款或协定的有效期。其签订程序比贸易协定更为简单,一般经签字国有关行政部门的代表签署后即可生效。

4. 支付协定

支付协定(Payment Agreement)大多为双边支付协定,是规定两国间关于贸易和其他方面债权结算方法的书面协议。内容包括规定清算机构、开立清算账户、规定清算项目与范围、规定清算货币和清算方法以及清算账户的差额处理等。

支付协定是外汇管制的产物,在实行外汇管制的条件下,一种货币往往不能自由兑换成另一种货币,对一国所拥有的债权不能用来抵偿对第三国的债务,结算只能在双边基础上进行,因而通过缔结支付协定来解决两国间的债权债务。这种支付清算协定有助于克服外汇短缺的困难,有利于双边贸易的发展。

5. 国际商品协定

国际商品协定(International Commodity Agreement)是某项商品的主要出口国和进口国就该项商品的购销、价格等问题,经过协商达成政府间的多边协定。协定的主要对象是发展中国家的初级产品,其主要目的在于稳定该项商品的价格和供销,消除短期和中期的价格波动。具体内容可以包括:

第一,缓冲存货(Buffer Stock)。协定成员国提供大量资金和存货,协定的执行机构建立缓冲库存(包括存货与现金),并规定最高、最低价格。当市场价格涨到最高限价时,就利用缓冲库存抛出存货;当市场价格跌到最低限价时,则用现金在市场上收购,以达到稳定价格的目的。如国际锡协定和国际天然胶协定。

第二,多边合同(Multilateral Contracts)。这种条款规定,进口国在协定规定的价格幅度内,向各出口国购买一定数量的有关商品;出口国在规定的价格幅度内,向各进口国出售一定数量的有关商品。如国际小麦协定。

第三,出口配额。先规定一个基本的出口配额,再根据市场需求和价格变动情况作相应的增减来确定当年平均的年度出口配额。如国际咖啡、糖的协定。

第四,出口配额和缓冲存货相结合的规定。协定规定最高和最低限价,然后通过出口配额和缓冲存货来调节价格,使价格恢复到最高限价和最低限价的幅度内。如国际可可协定。

第五,市场准入限制。有的是进口国为了保护国内市场而与出口国签订的,以便对某一时期某种商品的进出口数量作出安排。如国际多种纤维协定(MFA),对纺织品和服装市场准入限制。

二、依据的法律原则

国际上,贸易条约与协定中所依据的法律原则主要是:最惠国待遇原则和国民待遇原则。

(一)最惠国待遇原则

1. 概念

最惠国待遇原则(Most Favored Nation Treatment,MFNT)是指缔约国一方现在和将来所给予任何第三国的一切特权、优惠和豁免,同样给予缔约对方。它是贸易条约与协定中的一项重要条款,既可以适用于两国经济贸易关系的各个方面,也可以只适用于贸易关系中某几项问题。

2. 种类

最惠国待遇可分为无条件的最惠国待遇和有条件的最惠国待遇两种。无条件的最惠国待遇是指缔约国一方现在和将来给予任何第三国的一切优待,立即无条件、无补偿地、自动地给予对方。有条件的最惠国待遇是指如果缔约国一方给予第三国的优惠是有条件的,则另一方必须提供同样的补偿,才能享受这种优待。

3. 适用范围

最惠国待遇条款适用的范围一般包括:有关进口、出口、过境商品的关税及其他捐税;商品进口、出口、过境、存仓和换船方面的有关海关规则、手续和费用;进出口许可证发放的行政手续。一般来讲,缔约双方可以根据两国的关系和发展贸易的需要,在最惠国待遇条款中具体确定其适用的范围。在通商航海条约中,最惠国待遇条款适用的范围要大些,可把缔约国双方的船舶驶入、驶出和停泊时的各种税收、费用和手续等也包括在内。

在贸易条约与协定中，一般还规定有不适用最惠国待遇的例外条款。如缔约国一方给予邻国有关过境贸易的特别优惠待遇；缔约关税同盟国家之间或在特定国家之间的特惠待遇等，这些都是适用最惠国待遇的例外。

(二)国民待遇原则

在国家间签订的贸易条约与协定中，时常规定缔约国双方相互给予国民待遇原则(Principle of National Treatment)，即缔约国一方根据条约规定，应将本国公民、企业和船舶享有的权利和优惠扩及缔约对方在本国境内的公民、企业和船舶。

国民待遇原则是法律待遇条款之一，一般适用于外国公民或企业的经济权利。其范围主要包括：外国公民的私人经济权利(私人财产、所得、房产、股票)、外国产品应交的国内税、利用铁路运输和转口过境的条件、船舶在港口的待遇、商标注册、版权、专利权等等。但沿海贸易权、领海捕鱼权、土地购买权等均不包括在内。

三、结构与内容

贸易条约与协定一般由序言、正文和结尾三个部分组成。

序言通常载明缔约方之间发展经济贸易关系的愿望及缔结条约或协定所遵守的原则。

正文是贸易条约与协定的主要组成部分，它是有关缔约各方权利、义务的具体规定。不同种类的贸易条约与协定，其正文所包括的条款和内容有所不同。

结尾包括条约和协定的生效、有效期、延长期的程序、份数、文字等内容以及签订条约和协定的地点及双方代表的签名。缔结条约和协定的地点对于需要经过批准的条约和协定有特别的意义，如果条约是在一方首都签订的，按惯例批准书就应在对方国家的首都交换。

贸易条约与协定一般以缔约各方的文字写成，并且规定两种文本具有同等的效力。

第二节　从关税与贸易总协定到世界贸易组织

一、关税与贸易总协定

(一)关税与贸易总协定的产生

1929年的经济危机以及第二次世界大战使得国际贸易萎缩，世界经济陷入严重困境，为保护本国产品，各国贸易保护主义空前发展。为了推动本国经济的发展，美国政府从1933年开始在贸易中实行非歧视原则和减少贸易壁垒等措施，与古巴等32个国家签订双边互惠贸易协议，推行自由化贸易政策，为日后关税与贸易总协定的创建奠定了基础。战后，各国达成共识，国家间必须进行国际合作和政治协调，建立一个相对自由开放的贸易体系，并从金融、投资、贸易三个方面建立国际经济新秩序。

1944 年 7 月，美国、英国等 44 个国家在美国新罕布什尔州的布雷顿森林（Bretton Woods）召开会议，讨论国际货币金融体系问题，建立了国际货币基金组织（International Monetary Fund，IMF）和国际复兴与开发银行（International Bank for Reconstruction and Development，IBRD）。1945 年 11 月，美国建议缔结一个制约和减少国际贸易限制的多边公约，协调国际贸易关系。1946 年 2 月，联合国经济和社会理事会成立筹备委员会，10 月在伦敦召开国际贸易与就业会议，邀请了包括中国在内的 19 个国家，审议了《国际贸易组织宪章草案》，起草并通过了一项关税与贸易总协定大纲。

1947 年 10 月 30 日，23 个国家在双边谈判的基础上，签订了 123 项双边关税减让协议，构成一个独立的协议，称为"关税与贸易总协定"（General Agreement on Tariff and Trade，GATT），简称关贸总协定，作为国际贸易组织成立之前各国相互处理贸易纠纷的临时性根据。这一协定于 1948 年 1 月 1 日正式生效，旨在调整各缔约方对外贸易政策和国际贸易关系方面的相互权利、义务。

1947 年 11 月至 1948 年 3 月，在哈瓦那举行联合国贸易和就业会议，审议并通过了《国际贸易组织宪章》，即《哈瓦那宪章》。但美国国会认为《哈瓦那宪章》中的一些规定不符合美国的利益，因而没有批准《哈瓦那宪章》，受其影响，56 个《哈瓦那宪章》签字国，只有个别国家批准了《哈瓦那宪章》，国际贸易组织的建立计划夭折。这样，关贸总协定便作为一个临时性的应急协定而一直沿用至 1995 年世界贸易组织（WTO）成立。

（二）主要内容

关税与贸易总协定由序言和四个部分组成，共 38 条。

序言阐明了缔结该协定的目的，关贸总协定的宗旨就是要通过多边贸易谈判，达成互惠互利的协议，逐步降低关税并消除各种非关税壁垒，实现国际贸易自由化，扩大世界资源的充分利用以及发展商品的生产与交换，保证充分就业，保证实际收入和有效需求的巨大持续增长，以达到提高生活水平，加速世界经济发展的目的。

第一部分包括第 1 条和第 2 条，主要规定缔约国之间在关税和贸易方面相互提供无条件的最惠国待遇以及关税减让事项。第二部分包括第 3 条到 23 条，主要规定取消数量限制、补贴等各种贸易障碍以及国民待遇原则。第三部分包括第 24 条到 35 条，规定了总协议的适用范围、活动方式、参加和退出该协议的手续，以及有关程序方面的问题。第四部分包括第 36 条到 38 条，1965 年增加的，主要规定发展中国家的缔约方在贸易与发展方面的特殊要求和有关问题。

（三）关税与贸易总协定的基本原则

纵观关贸总协定的原文及其若干附件和一份暂时适用议定书，可以将关贸总协定的基本原则概括为以下八个方面。

1. 非歧视原则

非歧视原则（Rule of Non-Discrimination）是关贸总协定中最基本、最重要的原则，这个原则是通过关贸总协定中的最惠国待遇条款（无条件的）和国民待遇条款体现的。

最惠国待遇条款和国民待遇条款都体现了非歧视原则，二者的区别在于：最惠国待遇条款是使来自不同国家的进口产品在一个缔约国的市场上处于同等的竞争地位；而国民待遇条款则是使进口产品在一个缔约国的市场上与其国内产品处于同等的竞争地位。

2. 关税保护和关税减让原则

关税是关贸总协定允许的唯一保护形式，关贸总协定规定缔约方只能通过关税来保护本国产品，而不应采取其他限制进口的措施，并承诺逐步削减关税。

3. 取消数量限制原则

关贸总协定规定原则上应取消或禁止采用进出口数量限制。总协定的第 11 条规定："任何缔约方除征收税捐或其他费用外，不得设立或维持配额、进出口许可证或其他措施以限制或禁止其他缔约方领土的产品输入，或向其他缔约国领土输出或销售出口产品。"但以下三种情况可以例外：①为了稳定农产品市场；②为了改善国际收支；③为促进发展中国家的经济发展的需要，可在非歧视的基础上实施或维持数量限制。

4. 公平贸易原则

关贸总协定认为，各缔约方和出口贸易经营者不应采取不公平的贸易手段进行国际贸易竞争和扭曲国际贸易竞争。为创立和维持公平竞争的国际贸易环境，关贸总协定特别强调在国际贸易中禁止倾销、限制出口补贴或减少其他非关税壁垒。如果倾销或补贴的商品对某一进口成员的国内产业造成重大损害或存在损害威胁，该进口国可根据受损国国内产业的指控，采取反倾销或反补贴措施进行报复。

5. 透明度原则

总协定第 10 条对透明度作出了明确的规定："缔约国有效实施的关于海关对产品的分类或估价，关于捐税或其他费用的征收率，关于对进出口货物及其支付转账的规定、限制和禁止，以及关于影响进出口货物的销售、分配、运输、保险、存仓、检验、展览、加工、混合或使用的法令、条例与一般援用的司法判决及行政决定，都应迅速公布，以使各国政府及贸易商对它们熟悉。一缔约国政府或政府机构与另一缔约国政府或政府机构之间缔结的影响国际贸易的现行规定，也必须公布。"

透明度原则也有例外。总协定第 10 条规定，透明度原则并不要求"缔约国公开那些会妨碍法令的贯彻执行，会违反公共利益或会损害某一公私企业的正当商业利益的机密资料。"

6. 互惠原则或对等原则

这也是总协定的基本原则之一，它不仅是缔约国之间进行贸易谈判并维持正常贸易关系的基础，而且也是关贸总协定得以发挥作用的主要机制。

互惠并不意味着对等。由于经济发展水平的不同，发达国家之间在关税减让谈判中总体是互惠的，也是对等的；而发达国家与发展中国家之间在遵守互惠原则时，发达国家给予发展中国家的优惠不能要求发展中国家给予对等的回报，否则，两者之间经济水平的不平等永远得不到改善。这正是发达国家予以发展中国家普惠制待遇的基本理由，也是互惠原则的例外。

7. 对发展中国家特殊优惠待遇原则

从20世纪60年代以来，发展中国家纷纷加入关贸总协定。在发展中缔约方的共同努力下，除保留关贸总协定原第18条外，1965年又在总协定中增加了第四部分，规定了对发展中国家的贸易与经济发展方面尽量给予关税和其他方面的特殊优惠待遇。"东京回合"做出了对发展中国家，特别是最不发达国家更为优惠、更为方便的法律待遇的规定。

这些规定主要有以下几点：第18条关于政府对经济发展的援助；总协定第四部分关于贸易和发展的规定（包括非互惠原则、发达缔约方尽量承担义务的规定、建立贸易和发展委员会）；授权条款（Enabling Clause）。

授权条款是在"东京回合"谈判中缔约方通过的一项决议。这项条款规定，缔约方可给予发展中国家差别的和更为优惠的待遇，而无须按照最惠国待遇原则将这种待遇给予其他缔约方，也无须得到关贸总协定批准。该条款规定的授权范围有：普遍优惠制；多边贸易谈判达成的有关非关税措施的协议；发展中国家之间区域性或全球性的优惠关税安排；对最不发达国家的特殊待遇。

8. 豁免与实施保障措施的原则

总协定有豁免承担总协定某项义务和争取保障措施的规定。总协定第19条规定："如因意外情况的发生或因一缔约方承担本协定义务（包括关税减让在内）而产生的影响，使某一产品输入到这一缔约方领土的数量大为增加，对这一领土内相同产品或与它直接竞争产品的国内生产造成重大损害或产生重大威胁时，这一缔约方在防止或纠正这种损害所必需的程度和时间内，可以对上述产品全部或部分地暂停实施其所承担的义务，或者撤销或修改减让。"

二、世界贸易组织

世界贸易组织（World Trade Organization，WTO）于1995年正式成立，战后运行47年的关贸总协定同时终止。从此，世界贸易组织作为一个正式的国际组织，负责管理成员方的贸易行为以及成员方之间的贸易关系。与其前身关贸总协定相比，世界贸易组织的管辖范围除传统的货物贸易外，还包括长期游离于关贸总协定之外的知识产权、投资措施和服务贸易领域。世界贸易组织具有法人地位，在调解成员方之间的贸易争端方面具有更高的权威性和有效性。

（一）关贸总协定的多边贸易谈判与WTO的产生

关贸总协定是一个非法人组织，是建立在《关贸总协议临时适用协议书》基础上的多边协议,无法开展有效合作。关贸总协定主要是由一些"原则"和一些"例外"组成,使各缔约方在援引例外条款时难以加以约束。关贸总协定的管理范围仅限于货物贸易,不能适应国际经济贸易环境的巨大变化(如国际投资、服务贸易、知识产权保护和区域经济一体化的发展等),而且在争端解决机制上的"完全协商一致"使关贸总协定很难在公正、客观基础上就缔约方之间的贸易争端作出裁决。

但是,关贸总协定在存续期间通过多轮的贸易谈判(表 9-1)等,在关税、非关税减免等方面取得了重要成绩,并在促进世界贸易的发展,协调世界各国的经贸关系方面做出了巨大的努力和卓越的贡献。

表 9-1　　关贸总协定的前七轮多边贸易谈判

谈判回合	谈判时间	谈判地点	参加方(个)	关税减让幅度(%)	影响贸易额(亿美元)
第一轮	1947 年 4 月至 10 月	瑞士日内瓦	23	35	100
第二轮	1949 年 4 月至 10 月	法国安纳西	33	35	—
第三轮	1950 年 9 月至 1951 年 4 月	英国托奎	39	26	—
第四轮	1956 年 1 月至 5 月	瑞士日内瓦	28	15	25
第五轮"狄龙回合"	1960 年 9 月至 1962 年 7 月	瑞士日内瓦	45	20	45
第六轮"肯尼迪回合"	1964 年 5 月至 1967 年 6 月	瑞士日内瓦	54	35	400
第七轮"东京回合"	1973 年 9 月至 1979 年 4 月	瑞士日内瓦	102	33	3000

关贸总协定第八回合的谈判是"乌拉圭回合"(Uruguay Round)。1986 年 9 月在乌拉圭的埃斯特角城举行了关贸总协定部长级会议,决定进行一场旨在全面改革多边贸易体制的新一轮谈判,故命名为"乌拉圭回合"。这是迄今为止最大的一次贸易谈判,历时 7 年半,于 1994 年 4 月在摩洛哥的马拉喀什结束。谈判几乎涉及所有贸易,从牙刷到游艇,从银行到电信,从野生水稻基因到艾滋病治疗。参加方从最初的 103 个,增加到 1993 年底的 117 个和 1994 年 4 月谈判结束时的 128 个。乌拉圭回合所提出议题除了传统议题(关税、非关税措施、热带产品、自然资源产品、纺织品服装、农产品、保障条款、补贴和反补贴措施、争端解决),还提出了新议题(服务贸易、与贸易有关的投资措施、与贸易有关的知识产权等)。但新议题很难在关贸总协定框架内付诸实施,有必要创建一个正式的国际贸易组织。

1990 年,当时的欧共体 12 国正式提议建立一个"多边贸易组织",1991 年 12 月形成"邓克尔最后案文(草案)",1993 年 12 月,根据美国动议,将"多边贸易组织"改为"世界贸易组织"。1994 年 4 月 15 日,"乌拉圭回合"参加方在摩洛哥马拉喀什通过了《建立世界贸易组织马拉喀什协议》(也称《建立世界贸易组织协定》或《WTO 协定》),

该协议于 1995 年 1 月 1 日正式生效，世界贸易组织宣告成立。

(二)《WTO 协定》的主要内容

该协定由协定本身案文 16 条和四个附件所构成。协定案文本身并未涉及规范和管理多边贸易关系的实质性原则，只是就世界贸易组织的结构、决策过程、成员资格、接受、加入和生效等程序性问题作了原则规定。而有关协调多边贸易关系和解决贸易争端以及规范国际贸易竞争规则的实质性规定均体现在四个附件中。附件 1 由三个次附件构成，包括了附件 1A《货物多边贸易协定》、附件 1B《服务贸易总协定》、附件 1C《与贸易有关的知识产权协定》；附件 2《关于争端解决规则与程序的谅解》；附件 3《贸易政策审议机制》；附件 4《诸边贸易协议》。附件 1A 由包括《关贸总协定 1994》在内的 13 个附属协定构成，附件 4 则由四个附属协定所构成（其中《国际奶制品协定》和《国际牛肉协定》已于 1997 年年底终止）。

《WTO 协定》及其 4 个附件的主要内容归纳起来主要包括以下几个方面：

1. 宗旨与目标

《WTO 协定》在前言中指出："本协定各参加方认识到在处理它们在贸易和经济领域的关系时，应以提高生活水平、保证充分就业、保证实际收入和有效需求的大幅稳定增长以及扩大货物和服务的生产和贸易为目的，同时应依照可持续发展的目标，考虑对世界资源的最佳利用，寻求既保护和维护环境，又以与它们各自在不同经济发展水平的需要和关注相一致的方式，加强为此采取的措施。进一步认识到需要作出积极努力，以保证发展中国家、特别是其中的最不发达国家，在国际贸易增长中获得与其经济发展需要相当的份额"。

期望通过达成互惠互利安排，实质性削减关税和其他贸易壁垒，消除国际贸易关系中的歧视待遇，从而为实现这些目标作出贡献。因此决定建立一个完整的、更可行的和持久的多边贸易体制，包含《关税与贸易总协定》、以往贸易自由化努力的结果以及乌拉圭回合多边贸易谈判的全部结果。决心维护多边贸易体制的基本原则，并促进该体制目标的实现。

2. 世界贸易组织的职能

应便利世界贸易组织协定及其各附属多边贸易协定的实施、管理和运用，并促进其目标的实现，还应为诸边贸易协定提供实施、管理和运用的体制。

根据世界贸易组织协定附件所列协定处理的事项方面，应为其成员间就多边贸易关系进行的谈判提供场所。

应管理世界贸易组织协定附件 2 所列《关于争端解决规则与程序的谅解》。

应管理世界贸易组织协定附件 3 规定的《贸易政策审议机制》。

为实现全球经济决策的更大一致性，应酌情与国际货币基金组织和国际复兴开发银行及其附属机构进行合作。

3. 世界贸易组织的结构

如图 9-1 所示，世界贸易组织包括部长级会议、总理事会、秘书处和总干事、分理事会和专门委员会。

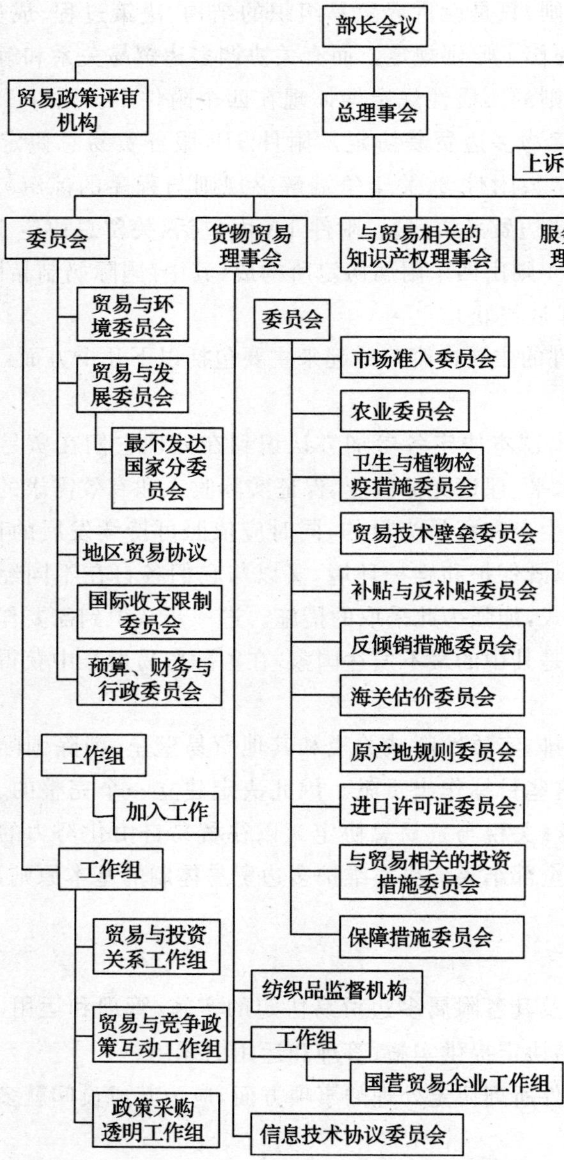

图 9-1　世界贸易组织结构图

部长级会议。由所有成员的代表组成，是世界贸易组织的最高权力机构和决策机构，应至少每两年召开一次会议，有权对世界贸易组织管辖的重大问题作出决定。

总理事会。部长大会下设总理事会，由各成员国代表组成，负责日常监督各项协议和部长会议所作决定的贯彻执行情况，并作为统一的争端解决机构和贸易政策评审机构发挥作用。

秘书处和总干事。总理事会下设秘书处，处理日常工作。由总理事会任命一名总干事担任世界贸易组织秘书处的首长。总干事的权力职责、服务条件与任期由总理事会决定。总干事根据总理事会批准的规则任命秘书处的工作人员，规定其职责与服务条件。

分理事会。总理事会下设有货物贸易(Goods Council)、服务贸易(Services Council)、知识产权(TRIPs Council)三个理事会，它们分别监管货物贸易、服务贸易和知识产权协议的贯彻执行，并履行由总理事会所赋予的其他职责。

专门委员会。总理事会下还建立负责处理相关事宜的贸易与发展、国际收支、行政预算三个委员会。三个分理事会也设立相应的附属机构即次一级专门委员会，以处理更为具体的专门问题和监督协议的履行。此外，总理事会、分理事会及专门委员会视需要可设立临时性工作组或专家小组等。

4. 决策机制

世界贸易组织承袭关贸总协定协商“一致同意”的决策方式，只有当无法达成共识时，再以投票方式进行表决。世界贸易组织对不同的问题，规定具体的通过票数：

解释和决议。对任何多边贸易协议的解释和决议，须经部长级会议和总理事会成员的 3/4 以上多数通过。

修订。对有关条款的修订，须经 2/3 以上多数通过。

豁免。豁免某一成员所应承担的义务，须经 3/4 以上多数通过。

5. WTO 的成员

《WTO 协定》第 11 条就创始成员资格作了如下规定：

(1)本协定生效之日的 GATT1947 缔约方和欧洲共同体，如接受本协定和多边贸易协定，并将减让和承诺表附在 GATT1994 之后，将具体承诺减让表附在 GATS 之后，则应成为 WTO 创始成员。

(2)联合国承认的最不发达国家只需承担与其各自发展、财政和贸易需要或其管理和机构能力相符的承诺和减让。

《WTO 协定》第 12、第 15 条对加入和退出做出了相应规定。

关于加入：

(1)任何国家或在处理其对外贸易关系及本协定和多边贸易协定规定的其他事项方面拥有完全自主权的单独关税区，可按它与 WTO 议定的条件加入本协定。此加入适用于本协定及所附多边贸易协定。

(2)有关加入的决定应由部长级会议作出。部长级会议应以 WTO 成员的 2/3 多数批准关于加入条件的协议。

(3)诸边贸易协定的加入应按该协定的规定执行。

关于退出：

(1)任何成员均可退出本协定。此退出适用于本协定和多边贸易协定，并在WTO总干事收到书面退出通知之日起六个月期满后生效。

(2)诸边贸易协定的退出应按该协定的规定执行。

(三)基本原则

世界贸易组织继承了关贸总协定的基本原则，但因其管辖的范围比关贸总协定广得多，因此，世界贸易组织基本原则运用的范围也涵盖了传统的货物贸易领域以及服务贸易、与贸易有关的知识产权和与贸易有关的投资措施等新领域。

1. 非歧视原则

作为关贸总协定最为重要的原则，非歧视原则为世界贸易组织所继承，并将它扩展到《与贸易有关的投资措施协议》、《服务贸易总协定》、《与贸易有关的知识产权协议》等相关的新协议中。

2. 关税保护和关税减让原则

关贸总协定规定，各缔约方应以关税为唯一保护手段，并承诺逐步削减关税。世界贸易组织坚持这一精神，并把它扩展到农产品、纺织品和服装贸易等领域。

3. 取消数量限制原则

关贸总协定规定原则上应取消或禁止采用进出口数量限制，世界贸易组织在一般取消数量限制方面取得更大进展。主要体现在：第一，采取“逐步回退”办法逐步减少配额和许可证；第二，从取消数量限制向取消其他非关税壁垒延伸，并对实施非关税壁垒的标准和手段予以更加严格、明确和详尽的规定，提高透明度；第三，把一般取消数量限制原则扩大到其他有关协定；第四，不应采用数量配额方式要求限制服务的总量等。

4. 公平贸易原则

世界贸易组织坚持和扩大了关贸总协定关于公平贸易的原则。主要体现在：第一，根据乌拉圭回合达成的有关协议，在反倾销和反补贴方面建立了更为系统和具体的制度；第二，在纺织品服装和农产品贸易方面逐步实现公平竞争，逐步推行纺织品服装贸易的自由化和减少农产品出口补贴等；第三，在知识产权方面制定了具体保护措施和实施程序，以保护其公平的正当竞争；第四，约束成员方的政府采购额，以保证公平贸易。

5. 豁免与实施保障措施的原则

关贸总协定曾经作出有关豁免承担总协定某项义务和争取保护措施的规定。世贸组织继续贯彻这项原则，但加强了保障措施的约束条件。如保障措施协议规定，实施保障措施的期限一般不超过4年，因特殊原因可以延长，但也不能超过8年。再如任何成员不得寻求、采取或保持任何自愿出口限制、有秩序的出口销售安排及其他类似的“灰色区域”措施等。

6. 磋商调解争端的原则

这是关贸总协定解决缔约方之间争端的重要原则。世界贸易组织中在原有基础上,实施了一套较完整的解决争端的原则、规则和程序的体制,它适用于世界贸易组织所包括的全部多边贸易协定或协议,与关贸总协定原来的争端解决机制相比,更具有可操作性和有效性。

7. 对发展中国家特殊优惠待遇原则

关贸总协定关于对发展中国家的特殊优惠待遇原则,在世界贸易组织中得到了进一步加强。除了继续实行"非互惠原则"和体现"授权条款"的精神外,还在以下几方面给予一定的优惠待遇:第一,允许发展中国家用较长时间履行义务,或有较长的过渡期。如《农产品协议》规定,农产品进口数量限制等措施应以等量关税来取代,并实行关税下降,发达国家在 6 年内关税下降幅度 36%,而发展中国家在 10 年内下降幅度 24%。再如与贸易有关的投资措施协议规定,对外资企业不可采用"当地成分"、"外汇平衡"措施,发达国家应在 2 年后取消,而发展中国家则可有 5 年过渡期,最不发达国家可有 7 年过渡期;第二,允许发展中国家在履行义务时有较大的灵活性。如《农产品协议》规定,原则上对农产品必须取消并禁止采用进口数量限制,但对发展中国家给予"特殊待遇",即仍可采用进口数量限制措施,通常可长达 10 年之久。再如《保障措施协议》规定,成员方对某项进口品已用过保障措施的,必须相隔"一定时期"才能再度采用。对发达国家来说"一定时期"是指与上次采用过的相隔时间相等,而对发展中国家,则给予一定的灵活性,即相隔时间等于上次采用过的时间的一半,但至少须相隔 2 年;第三,规定发达国家对发展中国家提供技术援助,以便发展中国家更好地履行义务。如《服务贸易总协定》规定,发达国家要在技术获得、销售渠道、信息沟通等方面帮助发展中国家,并主动向发展中国家更多地开放自己的服务市场。

此外,世界贸易组织充分考虑到经济转型国家的复杂的内部、外部条件,对它们加入该组织给予鼓励并承诺给予灵活处理。

8. 透明度原则

世界贸易组织继承和保留关贸总协定关于透明度的原则,并通过建立"贸易政策审议机制",定期对成员方贸易政策与措施进行评审,使透明度原则得以贯彻与加强,以避免和防止缔约方之间进行不公平贸易。

三、中国与 WTO

(一)中国的"复关"与"入世"

中国经过十多年的艰苦努力,终于在 2001 年 12 月 11 日正式成为世界贸易组织的第 143 个成员。中国从"复关"到"入世",经历了一段艰辛而又漫长的历程。

中国是 1947 年关贸总协定的 23 个创始缔约方之一。1950 年台湾国民党政府单方面宣布退出关贸总协定。此后,中国在关贸总协定的席位一直空缺。

1986 年 7 月,改革开放取得一定成就之后,中国开始申请恢复在关贸总协定中的缔约国地位。关贸总协定中国工作组于 1987 年 3 月成立,并且于当年 10 月召开第一次会议。从 1987 年到 1995 年世界贸易组织建立,关贸总协定中国工作组一共举行过 20 次会议,但终因与关贸总协定成员国(主要是美国和欧盟)的双边谈判没有完成,致使中国未能如愿恢复在关贸总协定中的缔约国地位,中国的"复关"也变成了"入世"。1995 年 7 月 11 日,中国政府正式向世贸组织提出入世申请。

1995 年 1 月 1 日,世界贸易组织正式成立以后,关贸总协定中国工作组相应地更名为世界贸易组织中国工作组。该工作组就中国加入世界贸易组织问题陆续召开了 18 次会议。经过艰苦的谈判,更重要的是经过 20 年的改革开放,首先中国社会主义市场经济体制的建立与不断完善,从根本上扫清了中国加入世界贸易组织的体制障碍。其次,中国经济与世界经济的融合增长日益在更广范围内和更深层次上展开,"中国离不开世界,世界更离不开中国"已经是不争的事实。中国在 1999 年 11 月 15 日和 2000 年 3 月 19 日分别完成了同美国和欧盟的"入世"谈判,签署了关于中国加入世贸组织的双边协议。

世界贸易组织中国工作组在 2001 年 9 月 17 日批准了所有法律文件。同年 11 月 9 日至 13 日于卡塔尔首都多哈举行的世贸组织第四届部长级会议就中国加入世贸组织进行的表决获得通过。11 月 11 日,中国对外贸易经济合作部部长石广生代表中国政府在中国加入议定书上正式签字。2001 年 12 月 11 日,中国正式成为世贸组织第 143 个成员,截至 2013 年 3 月 2 日,世贸组织共有成员 159 个。

(二)中国入世谈判的原则

我国在"入世"谈判中坚持了三个原则。

1. 权利和义务平衡

根据权利和义务平衡的原则,承担与自己经济发展水平相适应的义务。也就是说我国加入世贸组织做出了削减关税和非关税壁垒和逐步开放服务贸易的承诺,同时也应享有长期稳定的最惠国待遇原则和国民待遇原则,反对一切贸易歧视。

2. 享受发展中国家待遇

我国是一个低收入的发展中国家,应以发展中国家的身份和条件入世,享有 WTO 规则中应给予发展中国家的各项优惠。

3. 承担与发展水平相适应的义务

中国愿意以《乌拉圭回合协议》为基础与有关世贸组织成员进行谈判,公正合理地确定入世条件,以灵活的态度承担与发展水平相适应的义务。对于若干幼稚工业和服务业的开放应有过渡期。

(三)中国加入世界贸易组织后的权利与义务

1. 中国享受的基本权利

(1)享受非歧视待遇。加入世界贸易组织后,中国将充分享受多边无条件的最惠国待遇和国民待遇,即非歧视待遇。现行双边贸易中受到的一些不公正待遇将会被取消或逐步取消。

(2)全面参与多边贸易体制。加入世界贸易组织后,我国将充分享受正式成员的权利,全面参与世界贸易组织各理事会和委员会的所有正式和非正式会议,维护自身的经济利益;全面参与贸易政策审议,对美、欧、日、加等重要贸易伙伴的贸易政策进行质询和监督,敦促其他成员履行多边义务;在其他成员对我国采取反倾销、反补贴和保障措施时,可以在多边框架下进行双边磋商,增加解决问题的渠道;充分利用争端解决机制解决双边贸易争端,避免某些双边贸易机制对我国的不利影响;全面参与新一轮多边贸易谈判,参与制订多边贸易规则,维护我国的国家利益;对于现在或将来与我国有重要贸易关系的申请加入方,将要求与其进行双边谈判,并通过多边谈判解决一些双边贸易中的问题。

(3)享受发展中国家权利。除一般成员所能享受的权利外,我国作为发展中国家还将享受世界贸易组织各项协定规定的特殊和差别待遇。

(4)获得市场开放和法规修改的过渡期。为了使我国有关产业在加入世界贸易组织后获得必要的调整和适应的时间和缓冲期,并对有关的法律和法规进行必要的调整,经过谈判,我国在市场开放和遵守规则方面获得了过渡期。如在放开贸易权的问题上,享有 3 年的过渡期;关税减让的实施期最长可到 2008 年;逐步取消 400 多项产品的数量限制(包括进口配额、许可证、特定招标等),最迟可在 2005 年 1 月 1 日取消(汽车整车及部分关键件);服务贸易的市场开放在加入后 1 至 6 年内逐步实施;在纠正一些与国民待遇不相符的措施方面,包括针对进口药品、酒类和化学品等的规定,将保留 1 年的过渡期,以修改相关法规;对进口香烟实施特殊许可证方面,我国将有 2 年的过渡期等等。

(5)有条件、步骤地开放服务贸易领域。加入 WTO 后,外资企业在我国设立商业机构,需要依据我国外资管理的法律和法规进行审批。经过谈判,我国保留了对重要的服务贸易部门的管理和控制权,将根据 WTO 的规定和我国的有关法律和法规,依法对外资进入进行管理和审批,有条件、分步骤地开放服务贸易市场,以便在市场开放的过程中确保国家经济安全。

(6)对国内产业提供世界贸易组织规则允许的补贴。我国保留了对国内产业和地区进行与世界贸易组织有关规则相符的补贴权利。

(7)保留国家定价和政府指导价的权利。我国保留了对重要的产品及服务实施国家定价和政府指导价的权利。

(8)保留征收出口税的权利。为了对我国的矿产和自然资源提供必要的保护,经过谈判,我国保留了对 80 多种产品征收出口税的权利。

(9)保留对进出口商品进行检验的权利。

2. 中国承担的基本义务

(1)遵守非歧视原则。非歧视原则是世界贸易组织最基本的原则,非歧视原则包括最惠国待遇原则和国民待遇原则。我国已经在加入 WTO 前对与我国签订双边优惠贸易协定的国家实施了双边最惠国待遇,因此加入法律文件中有关非歧视原则的问题主要是指对进口产品的国民待遇问题。我国承诺在进口货物、关税、国内税等方面,给予外国产品的待遇不低于给予国产同类产品的待遇,并对目前仍在实施的与国民待遇原则不符的做法和政策进行必要的修改和调整。

(2)贸易政策的统一实施。世界贸易组织要求其成员实施统一的贸易政策。我国 1994 年修订的《中华人民共和国对外贸易法》确立了实施统一的贸易政策的原则。据此,我国承诺在中国整个中国关税领土内统一实施贸易政策。

(3)贸易政策的透明度。根据世界贸易组织的透明度原则,各成员必须公布有关贸易的法律、法规和部门规章。我国从 1991 年开始已经逐步做到了对外公布涉及贸易的法律、法规和部门规章。据此,我们承诺履行 WTO 透明度原则。

(4)为当事人提供司法审查的机会。世界贸易组织要求其成员在有关法律、法规、司法决定和行政决定方面,为当事人提供上诉、要求司法审查、复审的机会。我国承诺在与《行政诉讼法》规定不冲突的情况下,履行有关司法审查的义务。

(5)逐步放开贸易权。目前我国对企业获得贸易权(对外贸易经营权)实行审批制,而国际上的通行做法是,企业在依法注册后,就可以获得进出口权。根据议定书的规定,加入 WTO 三年后,我国将取消贸易权审批制,所有在中国的企业经过登记后都可以获得贸易权,但指定经营产品除外。

(6)遵守 WTO 关于国营贸易的规定。我国承诺遵守有关国营贸易的规定,国营贸易公司按照商业考虑经营,并履行有关通知义务。

(7)逐步取消非关税措施。我国承诺按照世界贸易组织的规定,将现在对 400 多项产品实施的非关税措施(配额、许可证、机电产品特定招标)在 2005 年 1 月 1 日之前取消,并承诺今后除非符合 WTO 规定,否则不再增加或实施任何新的非关税措施。

(8)不再实行出口补贴。我国承诺遵照 WTO《补贴与反补贴措施协定》的规定,取消协定禁止的出口补贴。

(9)实施《与贸易有关的投资措施协定》。我国承诺加入 WTO 后实施《与贸易有关的投资措施协定》,取消贸易和外汇平衡要求、当地含量要求、技术转让要求等与贸易有关的投资措施。根据大多数 WTO 成员的通行做法,承诺在法律、法规和部门规章中不强制规定出口实绩要求和技术转让要求,由投资双方通过谈判议定。

(10)接受过渡性审议。我国加入世界贸易组织后 8 年内,WTO 相关委员会将对中国和成员履行 WTO 义务和实施加入 WTO 谈判所作承诺的情况进行年度审议,然后在第 10 年完全终止审议。

我国入世的相关承诺见表 9-2。

表 9-2　　中国入世的相关承诺

承诺领域	承诺内容	
非关税壁垒	进口许可证及招标要求于 2005 年被取消，所有的进口配额在 2005 年以前逐步被取消	
关税减让	工业产品	平均关税 2004 年降至 8.9%
	农业产品	平均关税将降至 15% 农产品进口和销售无须通过国营企业和中介机构 中国国内农业补贴上限为 8.5% 取消对大麦、大豆、油菜子、花生油、葵花籽油、玉米油和棉花籽油的进口关税配额体制
	信息技术产品	关税最迟将于 2005 年被取消
贸易权	入世后的第一年，外资占少数股权的合资企业将全部获得进出口权，在加入 WTO 后头两年内进一步扩展至外资占多数股权的合资企业 入世后三年，所有中国境内企业都将获得贸易权	
流通领域	所有权	两年内允许外资在合资批发公司内拥有多数所有权，届时地域或数量限制将不复存在
	分销	除了图书、报纸、杂志、药品、杀虫剂和农用薄膜商品的分销将在三年内放开，化肥、成品油和原油在五年之内放开之外，一年之内合资企业将可分销一切进口产品及国内生产的产品 外国投资的企业可以分销其在中国生产的产品，并针对其分销的产品，提供包括售后服务在内的相关配套服务
	零售	所有的省会以及重庆市、宁波市将在两年内向合资零售企业开放，三年之内将取消地域、数量限制和企业股权比例的限制 除了药品、杀虫剂、农用薄膜和成品油的零售将在三年后放开，化肥在五年后放开之外，所有产品的零售(除了图书、报纸和杂志)将在入世后一年内放开
特许经营	入世三年后将无限制	
交通运输	公路运输	在一年和三年后允许外资占合资企业多数股份和全资拥有子公司
	铁路运输	在三年和六年后允许外资占合资企业多数股份和全资拥有子公司
	仓储分别	在一年和三年后允许外资占合资企业多数股份和全资拥有子公司
	货运代理	在一年和四年后允许外资占合资企业多数股份和全资拥有子公司，合资企业经营一年以后可建立分支机构 外资货运代理公司在其第一家合资公司经营满五年后可建立第二家合资公司，入世两年后，此项要求将减至两年
	海上运输	允许开展国际海上货运和客运业务(如航班、散货和不定航线货船)。外资占少数的合资企业还可以中国国旗作为国籍旗经营注册
	邮递服务	在一年和四年后允许外资占合资企业多数股份和全资拥有子公司，但除邮政部门专营服务外，可涉及国内一种或多种运输方式

（续表）

<table>
<tr><th>承诺领域</th><th colspan="2">承诺内容</th></tr>
<tr><td rowspan="3">通信和互联网</td><td>增值服务（含互联网服务）与寻呼业务</td><td>入世后上海、广州及北京允许合资企业外资占少数30%股权；入世后一年内推广至成都、重庆、大连、福州、杭州、南京、宁波、青岛、沈阳、深圳、厦门、西安、太原、武汉（以下称“其他城市”），外资所占股份可增至49%；入世两年内取消地域限制，外资所占股份可增至50%</td></tr>
<tr><td>移动话音与数据业务</td><td>入世后，外资占少数（25%）股权的合资企业可以在上海、广州、北京及这些城市之间开展业务；入世后一年内推广至“其他城市”，外资所占股份可增至35%；入世3年后，外资可占49%；入世5年后取消地域限制</td></tr>
<tr><td>国内与国际业务</td><td>入世三年内，外资占少数（25%）的合资企业可以在上海、广州、北京及其之间提供服务；入世五年内推广至“其他城市”，外资所占股份可增至35%；入世后六年内取消地域限制，外资可占49%</td></tr>
<tr><td rowspan="4">银行金融</td><td>准入</td><td>所有地域与客户限制将于入世后5年内取消，只根据审慎标准颁发许可证，取消一切现有的限制外国银行所有权、经营及法律形式的非审慎措施，包括有关内部分支机构和许可证的限制</td></tr>
<tr><td>外汇业务</td><td>取消地域及客户限制</td></tr>
<tr><td>人民币业务</td><td>入世时，人民币业务限于上海、深圳、大连、天津；一年内推广至广州、珠海、青岛、南京和武汉；两年内推广至济南、福州、成都和重庆；三年内推广至昆明、北京和厦门；四年内推广至汕头、宁波、沈阳和西安，入世五年内取消地域限制
入世两年内外资银行可以对国内公司开展人民币业务
五年内外国银行可以为国内个人客户开展人民币业务</td></tr>
<tr><td>其他</td><td>开放金融租赁业务和汽车信贷业务</td></tr>
<tr><td rowspan="2">保险</td><td>业务方面</td><td>入世时，外国保险公司在上海、广州、大连、深圳和佛山开展业务；两年内扩展到北京、成都、重庆、福州、苏州、厦门、宁波、沈阳、武汉和天津；三年内取消地域限制</td></tr>
<tr><td>机构方面</td><td>入世后允许成立外资占51%非寿险公司分支机构或合资公司，两年内允许建立独资子公司；入世后外资可以占寿险合资公司50%的股份；入世后，作为分支机构、合资公司或外国独资子公司的外资保险公司可为人寿保险和非人寿保险提供再保险服务，不受地域或数量的限制；入世后四年内逐步取消中国保险公司再保险20%的要求</td></tr>
<tr><td>证券</td><td colspan="2">入世三年内，外资证券公司可以建立合资公司（外资占1/3），承销A股、承销并交易B股和H股以及政府与公司债券；入世后外资证券公司还可以直接跨国界交易B股</td></tr>
<tr><td>资产管理</td><td colspan="2">入世后外资占少数股权（33%）的合资企业可以从事国内证券投资基金管理业务；入世后三年内外资股权上限可提高至49%</td></tr>
<tr><td rowspan="2">专业服务</td><td>法律</td><td>入世一年内取消外资律师事务所经营地域与数量限制</td></tr>
<tr><td>会计</td><td>入世后通过中国注册会计师资格考试的外国人将获得国民待遇，即可以合伙或合并成立会计师事务所；已有的合资公司不只限于雇佣持有中国注册会计师证的会计师</td></tr>
</table>

（续表）

承诺领域	承诺内容	
企业服务	管理咨询	允许外方在合资公司中占多数股权，六年内允许建立全资子公司
	广告	分别在两年后和四年后允许在合资公司中占多数股权及建立全资子公司
音像	每年引进20部大片，收入分成；允许通过合资公司的形式发行音像视像产品（不包括电影）；电影院继续允许外方最多占49%股权	
建筑业	入世后允许外资在合资企业中占多数股权，三年内将允许成立独资企业	
旅游业	饭店	入世后外资可占多数股权，四年内准入不受限制，且可有外资独资
	旅行社	入世三年内允许外资在合资企业中占多数股权，六年内允许成立外国独资企业，并取消地域限制和对成立分支机构的限制
教育	外资占多数股权的合资学校可以提供小学、初中、高中、成人教育及其他教育服务	

资料来源：http://newmind40.com/01_09/cjing.htm

复习思考题

1. 什么是贸易条约与协定？有哪些种类？
2. 什么是国际商品协定？有哪些种类？举例说明。
3. 国际商品协定中缓冲存货规定的作用是什么？
4. 什么是最惠国待遇原则？什么是国民待遇原则？二者有什么不同？
5. 贸易条约与协定所依据的法律原则是什么？
6. 什么是GATT？其宗旨是什么？主要原则是什么？有什么缺点？
7. 什么是WTO？其宗旨是什么？主要原则是什么？主要职能是什么？与GATT有什么区别？
8. 为什么中国政府坚持要参加世界贸易组织？中国加入世界贸易组织的原则是什么？入世后中国可享受世贸组织其他成员方给予的哪些权利？应承担哪些义务？
9. 查阅相关材料分析中国加入世界贸易组织对中国经济的影响。

第四篇

国际贸易合作

CHAPTER10

第十章 跨国公司概述

□□□ 学习目标

- 掌握跨国公司的定义、关键特征、类型和存在条件
- 熟悉跨国公司产生和发展历程
- 了解跨国公司对世界的影响

□□□ 学习重点

- 跨国公司的类型
- 国际化进程

□□□ 关键术语

跨国公司;国际化;横向型跨国公司;垂直型多种经营;混合型多种经营;民族中心型公司;多元中心型公司;全球中心型公司

开篇案例 联合国报告:跨国公司投资首选地仍是中国

联合国贸易发展组织发布了《2011年世界投资报告》。报告对全球大型跨国公司的调查结果显示,未来两年,中国仍是跨国企业全球投资的首选地。

报告指出,2010年,全球外国直接投资(FDI)增长5%,达到1.24万亿美元,但仍比金融危机前的平均值低15%。联合国贸发组织估计,全球外国直接投资将在2011年恢复到危机前的平均水平,并在2013年接近2万亿美元的峰值。

报告显示,2010年,亚洲地区的外国直接投资流入量和流出量均创新纪录。其中,中国FDI流入量达1057亿美元,上升了11%,基本恢复到2008年1083亿美元的历史高位,仅次于美国居世界第二位。

2010年,中国的FDI流出量首次超过日本,达到创纪录的680亿美元,位居世界第五,吸收外资和对外投资比例接近2∶1。

联合国贸发组织投资与企业司司长詹晓宁博士表示，尽管近两年国际投资领域的保护主义有所抬头，但中国对外投资可能在未来十年出现质的飞跃，预计中国海外投资将超过吸收外资。

中国拥有巨大的外汇储备，对外投资渠道的多元化、资源和环境对国内经济发展的压力以及产业结构调整、升级换代和向低碳经济的转型，都促使中国企业走出去，进行国际竞争。

资料来源：法制晚报. http://finance.jrj.com.cn/biz/2011/07/27213110557682.shtml

第一节 跨国公司背景及相关知识

一、跨国公司的定义和关键特征

（一）跨国公司的定义

跨国公司（Multinational Firms），曾经又称多国公司（Multi-national Enterprise）、国际公司（International Firm）、超国家公司（Super-national Enterprise）和宇宙公司（Cosmo-corporation）等。20 世纪 70 年代初，联合国经济及社会理事会组成了由知名人士参加的小组，较为全面地考察了跨国公司的各种准则和定义后于 1974 年做出决议，联合国统一采用“跨国公司”这一名称。

在 1973 年，跨国公司被定义为：“同时在两个或两个以上国家控制资产、工厂、矿山、销售办事处等的企业。”到了 1984 年，这一定义发生了变化，跨国公司被定义为须满足以下条件的公司：

（1）由两个或两个以上国家的经济实体所组成，而无论这些经济实体的法律形式和活动领域如何；

（2）在由一个决策系统制定的连贯政策、一个或多个决策中心制定的共同战略下从事经营活动的公司；

（3）各个实体通过所有权或其他方面相联系，它的一个或多个实体能够对其他实体的经营活动施加有效影响，特别是在与其他实体分享知识、资源和责任等方面。

（二）跨国公司的关键特征

一个跨国公司的关键性特征是其对位于不同国家的经营活动实行管理一体化。也就是说，诸如人才或研究设备等资源都能很好地在跨国公司内部各子公司之间进行合理配置和有效使用。跨国公司与一般公司的区别在于，它创造了一种内部组织体系而不是依赖开放市场的贸易来执行关键的跨国经营任务和进行内部交易。

二、跨国公司存在的条件

（1）有关国家必须提供一定的地方特殊优惠条件，以便足够吸引公司投资。

(2)公司必须具有某些战略能力以抵消它不熟悉外国市场的劣势。

(3)公司还必须具有某些组织能力，以便从它的内部战略力量中得到比通过诸如契约或许可证等外部市场途径更高的回报[①]。理解这些前提条件是很重要的，因为它们不仅解释了跨国公司存在的原因，而且还有助于定义在世界性商业竞争中的战略选择。

三、跨国公司的类型

按照不同的分析角度和划分标准，跨国公司可以有不同的分类。

(一)按经营项目分类

1. 资源开发型跨国公司

资源开发型跨国公司以获得母国所短缺的各种资源和原材料为目的，对外直接投资主要涉及种植业、采矿业、石油业和铁路等领域。

2. 加工制造型跨国公司

加工制造型跨国公司主要从事机器设备制造和零配件中间产品的加工业务，以巩固和扩大市场份额为主要目的。加工制造型跨国公司是采用外包业务较多的公司，为大多数东道国所欢迎。

3. 服务提供型跨国公司

服务提供型跨国公司主要是指向国际市场提供技术、管理、信息、咨询、法律服务以及营销技能等无形产品的公司。这类公司包括跨国银行、保险公司、咨询公司、律师事务所以及注册会计师事务所等。20 世纪 80 年代以来，随着服务业的迅猛发展，服务业已逐渐成为当今最大的产业部门，但是服务市场在许多国家包括中国尚未完全开放，所以服务提供型跨国公司还有很大的潜在市场等待开发。

(二)按经营结构分类

跨国公司经营的方式有：横向型跨国公司、垂直型或纵向型跨国公司和混合型多种经营跨国公司。

1. 横向型跨国公司

横向型跨国公司是指母公司和各分支机构从事同一种产品的生产和经营活动的公司。在公司内部，母公司和各分支机构之间在生产经营上专业化分工程度很低，生产制造工艺、过程和产品基本相同。这类跨国公司的特点是母子公司之间在公司内部相互转移生产技术、营销诀窍和商标专利等无形资产，有利于增强各自的竞争优势与公司的整体优势，减少交易成本，从而形成强大的规模经济。

2. 垂直型多种经营

此类公司按其经营内容又可分为两种。一种是母公司和子公司生产和经营不同

---

① 约翰·邓宁(John Dunning)教授提出的折中理论强调了这三个前提条件。参见 John H. Dunning, International Production and Multinational Enterprise(Winchester, MA: Allen & Unwin, 1981).

行业的产品却相互有关联。它们是跨行业的公司，主要涉及原材料、初级产品的生产和加工行业，如开采种植、提炼、加工制造、销售等行业。

另一种是母公司和子公司生产和经营同一行业不同加工程度或工艺阶段的产品，主要涉及汽车、电子等专业化分工水平较高的行业。

3. 混合型多种经营

此类公司经营多种产品。母公司和子公司生产不同的产品，经营不同的业务，而且它们之间互不衔接，没有业务上的联系，如日本的三菱重工业公司。

(三)按跨国公司的决策行为分类

20 世纪 60 年代末，美国经济学家巴尔马特从跨国公司的决策行为出发，也将跨国公司分为以下三种类型。

1. 民族中心型公司(Ethnocentric Corporations)

民族中心型公司的决策哲学是以本民族为中心，其决策行为主要体现母国与母公司的利益。公司的管理决策高度集中于母公司，对海外子公司采取集权式管理体制。这种管理体制强调公司整体目标的一致性，优点是能充分发挥母公司的中心调整功能，更优化地使用资源，但缺点是不利于发挥子公司的自主性与积极性，且东道国往往不太欢迎此模式。跨国公司发展初期，一般采用这种传统的管理体制。

2. 多元中心型公司(Polycentric Corporations)

这类公司决策哲学是多元与多中心，其决策行为倾向于体现众多东道国与海外子公司的利益，母公司允许子公司根据自己所在国的具体情况独立地确定经营目标与长期发展战略。母公司对子公司采取分权式管理体制。这种管理体制强调的是管理的灵活性与适应性，有利于充分发挥各子公司的积极性和责任感。但这种管理体制的不足在于不能发挥跨国公司战略和组织一体化的优势，这样资源不能够很好地在跨国公司内部各子公司之间进行合理配置和有效使用。大多数跨国公司的管理体制从集权和本民族为中心转变为多元中心型。

3. 全球中心型公司(Geocentric Corporations)

全球中心型公司既不以母公司也不以分公司为中心，其决策哲学是公司的全球利益最大化。相应地，公司采取集权与分权相结合的管理体制，这种管理体制吸取了集权与分权两种管理体制的优点，事关全局的重大决策权和管理权集中在母公司的管理机构，但海外子公司可以在母公司的总体经营战略范围内自行制定具体的实施计划，调配和使用资源，有较大的经营自主权。这种管理体制的优点是在维护公司全球经营目标的前提下，各子公司在限定范围内有一定的自主权，有利于调动子公司的经营主动性和积极性。

四、企业的国际化进程

(一)国际化进程阶段论

阶段理论是企业国际化进程的主要理论。从 20 世纪 70 年代开始，一批北欧学者提出了企业国际化阶段理论。他们将企业的海外经营活动分成四个不同的发展阶段，即不规则的出口活动、通过代理商进行出口、建立海外销售子公司和直接在海外进行生产制造。这种发展是连续和渐进的，企业在这一过程中由浅入深地涉足国际市场。

北欧学派用“市场知识”来解释企业国际化的渐进式发展。市场知识可以分为企业经营的一般性知识和具体市场运作知识，后者只能通过实际经营活动获得和积累，是决定企业在本国之外经营是否成功的关键因素，也正是这种市场知识的积累导致了企业国际化阶段发展的渐进性。

（二）企业国际化发展的阶段

(1)初级阶段：出口。这是企业国际化发展的最简单层次，企业直接向国外转移包含了本企业竞争优势的产品。这种产品可以是实物产品，也可以是服务产品。

(2)第二阶段：合资子公司。由于企业对某地区市场或国际市场缺乏了解，国际市场运作经验不足，而需要通过与当地公司合作的方式来进入该地区市场，学习市场知识。合作者在当地的资源优势对于该企业的国际化发展具有重要意义。

(3)第三阶段：全资子公司。企业开始进行对外直接投资，国外子公司的功能逐步完善。制造企业建立自己的销售队伍、产品仓库和销售渠道，建立和管理自己的供应链。

(4)第四阶段：跨国公司。随着公司在全球建立了多个子公司，并分别获取了资源优势，总公司的经营复杂程度大大增加，跨国界的管理活动越来越多。在此发展阶段中，子公司、总公司间关系协调成为公司进一步发展的关键。

第二节　跨国公司的产生与发展

经济史学家可以通过中世纪的威尼斯以及17～18世纪英国和荷兰的贸易公司，将国际商务活动追溯到希腊和埃及人所建立的远洋贸易。到了19世纪，欧洲工业化新出现的资本家开始在世界上欠发达的地区(包括美国)进行投资，但是主要还是在由英国、法国、荷兰和德国统治的巨大帝国内进行投资。虽然按照跨国公司的定义，这些公司并非真正意义上的跨国，但是跨国公司却从它们当中逐渐演变和发展起来。跨国公司在第二次世界大战后，特别是20世纪50年代后，随着西方发达国家垄断资本的大规模对外扩张和生产的进一步国际化，对外直接投资迅猛增加，跨国公司得到了迅速发展。

一、跨国公司的形成

跨国公司是垄断资本主义发展的产物。19世纪60年代，资本主义从自由竞争逐渐向垄断阶段过渡。“过剩资本”的大量形成直接成为资本国际流动的动力和源泉，西方国家的一些大企业开始向海外投资，资本输出成为这一阶段的重要特征。垄断组织通过资本输出把资本主义生产方式扩大到殖民地与半殖民地国家，使得传统的垂直分工体系进一步深化，与此同时，资本输出实现了世界范围的生产国际化和社会化，加强了世界各国的相互依赖及各国对国际分工的依赖。这时的资本输出主要是英、法、德、美等资本主义强国向海外进行以证券投资为主的间接对外投资，至于对外直接投资，其数额和比重都很小，并且主要是投资到殖民地和附属国的资源开发项目（如采煤、采油、开矿）以及农业种植园等，只有极少数企业在海外从事制造业生产性投资。从制造业来看，直接投资的流向主要是比较发达的国家和地区。例如，1914 年英国制造业对外直接投资中近 90%是投向发达国家，其中对美国的投资占 70%之多。从投资主体来看，制造业投资以美国为主体，但美国当时还是接受外国投资的主要债务国，其全部对外投资的比重排在英、法、德之后。

二、两次世界大战期间跨国公司的发展

两次世界大战期间，发达国家对外直接投资增长缓慢，处于停滞状态。这主要是由于以下几方面原因：第一，战争造成的巨大经济损失；第二，1929～1933 年爆发的经济危机使资本主义世界受到重创；第三，世界性经济危机后国际货币秩序混乱。因此，两次世界大战期间对外直接投资发展缓慢，虽有所增加，但主要集中在资源开发性行业，且具有明显的地域局限性。但是，在这一阶段美国企业对外直接投资增加快于世界整体水平，在世界直接投资总额中仅次于英国居第二位，一些大型企业向欧洲和世界其他地区积极扩张，建立起遍布世界各地的生产与销售网络，跨国公司在海外的分支机构也从第一次世界大战前的 100 多家增加到第二次世界大战爆发前的 700 多家。

第二次世界大战以后，尤其是 20 世纪 50 年代以来，全球范围内直接投资迅猛增长，跨国公司得到空前发展。这一时期跨国公司的发展可以分为三个阶段：战后初期至 20 世纪 60 年代末为第一阶段，美国跨国公司占绝对优势地位；自 70 年代初开始至 80 年代末为第二阶段，国际直接投资格局逐步由美国占绝对优势向多极化方向发展；自 90 年代初期至今为第三阶段，跨国公司在全球经济一体化时代获得长足发展。

第三节　跨国公司在全球经济中的影响

一、跨国公司对世界一体化的影响

经常从事国际商务活动的人们大都有过下述经历：她乘坐英国航空公司（British Airways）的飞机，在德国一家出租汽车公司租用一辆奔驰牌小轿车驶往市中心的希尔顿大酒店下榻。在酒店房间里，她打开了索尼牌电视机，心不在焉地注视着窗外闪烁跳动的可口可乐、佳能和宝马汽车等霓虹灯广告。当客房服务按她的吩咐送来晚餐和一瓶毕雷矿泉水（Perrier）时，电视屏幕上正在播放着美国实事新闻。突然，一种困惑的感觉淹没了她：现在自己是身处悉尼、德国、斯德哥尔摩，还是西雅图？在刚刚过去的数小时里，她周围的环境和参照物几乎不能提供任何线索。

第二次世界大战以后，现代通讯迅猛发展，交通和通讯成本大大降低，为跨地区、跨国界的经济活动提供了便利条件，各国和各地区之间的经济联系越来越密切，涉及的领域越来越广泛，企业从单纯追求原料供应和产品市场，过渡到跨国投资和经营，资金、技术、人员在国际间的流动更加自由，出现了全球经济一体化趋势。跨国公司以其雄厚的资金、技术、人才和管理优势，充分利用新出现的技术可能性，以最大限度地利用各个国家资源禀赋上的比较优势和税法、市场的有利条件，是国际经济中一种非常有竞争力的新组织形式。

表 10-1 为我们了解跨国公司的规模和潜在影响提供了独特的视角。它将一些顶级跨国公司创造的价值和一些国家的 GDP 数额进行比较。根据 2003 年的世界投资报告，对企业价值增值的测量（工资总额、税前利润、摊销及折旧）通过与国家的 GDP 进行比较提供了一个比简单关注公司总税收更加有效的方式。很明显，用这种测量方法，世界上最大的跨国公司在经济重要性方面与中等规模的国家如智利等持平，超过了一些更小的或者较不发达的国家如坦桑尼亚等。

表 10-1　　顶级的跨国公司和一些国家的比较:2003

公司	价值增值（百万美元）	排名	国家	价值增值（百万美元）	排名
埃克森美孚	72 468	1	美国	10 881 609	1
壳牌	48 692	2	日本	4 326 444	2
BP	47 123	3	德国	2 400 655	3
丰田汽车	45 143	4	波兰	209 563	24
福特汽车	42 483	5	智利	72 416	46
戴姆勒克莱斯勒	42 426	6	叙利亚共和国	21 517	64
通用电气	40 302	7	坦桑尼亚	9 872	82
沃尔玛	40 192	8	尼泊尔	5 835	99
通用汽车	38 184	9	海地	2 745	117
雪佛龙-德士古	30 008	10	布隆迪	669	133

第二次世界大战以来，随着各国对外开放度的提高，企业作为市场主体，日益走向全球化的发展道路。到了 90 年代，经济全球化的微观载体——跨国公司的生产经营全球化迅速发展，跨国公司成为影响世界经济发展的重要因素。

美国级别最高的情报机构国家情报委员会（National Intelligence Council，简称 NIC）发表了每四年一次的、展望二十年后世界局势的报告。这份名为《2030 年全球趋势：不一样的世界》（Global Trends 2030：Alternative Worlds）的报告，在美国大西洋理事会（Atlantic Council）举办的一次会议上发布。报告本身具有极高的阅读价值，是一座汇集了经过精挑细选的案例、有预见性的分析以及战略性洞见的宝库。报告中指出未来 20 年两大权力转移，第一种是权力东移以及南移。第二种权力转移就是由政府到个人。包括西方和其他地区在内，任何地方的政府都由于全球化而受到了削弱，它们的影响力正在让渡给跨国公司、自由资本以及跨境网络。

二、跨国公司对一个国家经济的影响

跨国公司对一个国家的影响主要表现在对东道国和母国经济发展的影响上。首先，跨国公司投资有助于东道国的资本形成。对东道国来说，跨国公司的直接投资带来了新的设施，增加了东道国的资本存量，扩大了生产和就业。通过购买和私营化而进行的国际直接投资是发达国家中较为普遍的国际投资形式，这对东道国企业的资产重组及产业结构的调整起到间接的推动作用。其次，跨国公司的对外投资有利于其母国扩大市场，增强企业竞争力。跨国公司对外投资不仅可以通过跨国贸易，还可通过国外分支机构的销售来增强跨国公司扩大国际市场的能力。与此同时，通过对外投资，跨国公司在企业内建立起贸易网络。这些网络将跨国公司内部的生产单位联系在一起，并保证每一子单位能优先获得体系内其他子单位的资源和市场。跨国公司内部贸易成本的降低能够产生与国际贸易、规模经济相同的效应。第三，跨国公司有利于东道国企业增强竞争力，加快结构调整。对吸引外资的东道国，跨国公司不仅对国内资源进行补充，提高东道国的生产能力，同时也扩大了东道国产品的销售市场。跨国公司拓展了新的产业空间，如果没有跨国公司的投资，单纯依靠民族企业或现有的产业，许多发展中国家是不可能引进这些新产业或创新其经营方式的。第四，跨国公司能够促进东道国的技术进步。吸收外国直接投资是获取新技术和先进技术、技能的主要途径。涉及组建 R&D 分支机构的外国直接投资可以增强东道国技术发明的能力；跨国公司的技术溢出效应和外在效应还会对东道国技术进步产生间接影响。

一个不容忽视的问题是，跨国公司给东道国带来有利影响的同时，也带来许多消极影响。这种消极影响包括政治、经济、文化等方面的制度冲突，尤其是借助于技术控制的经济控制，有可能对东道国的经济安全和国家安全构成一种威胁。对此，东道国要维护好国家主权和保护好国家安全，应制定正确的应对措施，积极化解风险，扬长避短，趋利避害。既不要因噎废食，也不要掉以轻心。在经济全球化的时代，一国及其企业只有积极参与其中，不断地进行体制创新与制度创新，充分利用国际资源与国际市场，积极适应和参与国际经济竞争，才能不断提高国际竞争力，从而增强综合国力。

复习思考题

1. 什么是跨国公司？
2. 简述跨国公司的类型。
3. 结合中国发展的具体情况简述国际化进程。
4. 试述跨国公司在经济全球化中的作用。

CHAPTER 11
第十一章
跨国公司的战略

□□□ 学习目标

- 掌握规模经济、范围经济的概念
- 了解跨国公司的环境压力、意识形态的转变和战略导向
- 熟悉跨国公司市场进入战略
- 熟悉跨国公司经营战略

□□□ 学习重点

- 战略和竞争优势的概念
- 市场进入的类型
- 建立战略联盟的途径
- 跨国战略的形成和运用

□□□ 关键术语

跨国经营；战略；竞争优势；市场；成本压力；本土化；跨国意识；联盟；规模经济；范围经济

开篇案例　华为跨国经营战略

华为技术有限公司是一家总部位于中国广东省深圳市的生产销售电信设备的员工持股的民营科技公司，于1987年由任正非创建于中国深圳，是全球最大的电信网络解决方案提供商，全球第二大电信基站设备供应商。华为的产品主要涉及通信网络中的交换网络、传输网络、无线及有线固定接入网络和数据通信网络及无线终端产品，为世界各地通信运营商及专业网络拥有者提供硬件设备、软件、服务和解决方案。华为是世界500强中唯一一家没有上市的公司，也是全球第六大手机厂商。截至2008年年底，华为的产品和解决方案已经应用于全球150多个国家，服务全球运营商50强中

的45家及全球1/3的人口。

一、华为的核心理念

聚焦：以客户需求为导向，持续为客户创造长期价值的核心理念；

创新：积极进取，持续围绕客户需求进行创新，为客户提供有竞争力的产品与解决方案，共同面对未来的机遇与挑战；

稳健：稳健地发展，更加国际化、职业化；

和谐：坚持开放合作，构建和谐商业环境，实现自身健康成长。

二、华为的战略

为适应信息行业正在发生的革命性变化，华为做出面向客户的战略调整。

华为的创新将从电信运营商网络向企业业务、消费者领域延伸，协同发展“云-管-端”业务，积极提供大容量和智能化的信息管道、丰富多彩的智能终端以及新一代业务平台和应用，给世界带来高效、绿色、创新的信息化应用和体验。华为将继续围绕客户的需求持续创新，与合作伙伴开放合作，致力于为电信运营商、企业和消费者提供ICT解决方案、产品和服务，持续提升客户体验，为客户创造最大价值，丰富人们的沟通和生活，更快地提高工作效率。

三、自主品牌、高科技出口

今天来看，华为的海外战略是成功的。华为的所有出口产品均为高科技产品，均为华为的自主品牌。也就是说，华为的海外战略从一开始就选择了一条最艰难的道路——自主品牌出口。

四、全球运营

经过10多年的努力拓展，华为已经初步成长为一个全球化公司。华为在海外设立了22个地区部，100多个分支机构，这使公司更加贴近客户，倾听客户需求并快速响应。华为在美国、印度、瑞典、俄罗斯及中国等地设立了17个研究所，每个研发中心的研究侧重点及方向不同。采用国际化的全球同步研发体系，聚集全球的技术、经验和人才来进行产品研究开发，使华为产品一上市，技术就与全球同步。

五、跨国科研开发

华为还在全球设立了36个培训中心，为当地培养技术人员，并大力推行员工的本地化。全球范围内的本地化经营，不仅加深了我们对当地市场的了解，也为所在国家和地区的社会经济发展做出了贡献。

华为持之以恒对标准和专利进行投入，为行业积极做出贡献。截至2009年12月底，华为加入123个标准组织，并在这些标准组织中担任148个职位。

第一节 战略制订的相关理论介绍

一、战略和竞争优势的概念

企业战略是指企业根据环境的变化、本身的资源和实力，选择适合的经营领域和产品，形成自己的核心竞争力，随着世界经济全球化和一体化进程的加快和随之而来的国际竞争的加剧，对企业战略的要求愈来愈高。

跨国公司制订战略的目的是为了获得竞争优势(Competitive Advantage)。所谓竞争优势是指竞争对手不能复制或因成本太高而无法模仿的企业内在的资源。此外，公司也必须了解，没有任何竞争优势是永恒的。

跨国公司战略(Strategy)就是设计用来开发全球核心竞争力、获取竞争优势的一系列综合的、协调的约定和行动。如果选择了一种战略就意味着公司在不同的竞争方式中做出了选择。从这个意义上来说，战略选择表明了这家公司打算做什么，以及不做什么。比如，有的企业意在体现低成本竞争优势而采用全球标准化战略；而更多的企业意在通过兼顾成本和产品多样化这两个矛盾因素从而取得竞争优势，这时往往采用跨国策略。

二、企业战略管理的流程

在介绍跨国公司战略之前我们应该了解企业战略管理的流程，这将有助于了解战略如何制订、选择和实施。企业战略管理的流程一般分为三个阶段。

(一)战略分析

战略分析在于总结影响企业目前和今后发展的关键因素，并确定在战略选择步骤中的具体影响因素，它包括以下三个主要方面：

(1)确定企业的使命和目标。把企业的使命和目标作为制定和评估企业战略的依据。

(2)对外部环境进行分析。外部环境包括宏观环境和微观环境。

(3)对内部条件进行分析。战略分析要了解企业自身所处的相对地位，具有哪些资源以及战略能力；

(二)战略选择

战略选择阶段所要解决的问题是“企业向何处发展”。其步骤分为三步：

(1)制订战略选择方案 。根据不同层次管理人员介入战略分析和战略选择工作的程度，将战略形成的方法分为三种形式：

①自上而下。先由企业最高管理层制定企业的总体战略，然后由下属各部门根据自身的实际情况将企业的总体战略具体化，形成系统的战略方案。

②自下而上。企业最高管理层对下属部门不做具体规定，但要求各部门积极提交战略方案。

③上下结合。企业最高管理层和下属各部门的管理人员共同参与，通过上下级管理人员的沟通和磋商，制订出适宜的战略。

三种形式的主要区别在战略制订中对集权与分权程度的把握上。这由一个公司的组织结构所决定。

(2)评估战略备选方案 。评估战略备选方案通常使用两个标准：一是考虑选择的战略是否发挥了企业的优势，克服了劣势，是否利用了机会，将威胁削弱到最低程度；二是考虑选择的战略能否被企业利益相关者所接受。

(3)选择战略 。指最终的战略决策，即确定准备实施的战略。如果用多个指标对多个战略方案的评价产生不一致时(比如跨国战略)，确定最终的战略可以考虑以下几种方法：

①把企业目标作为选择战略的依据。

②提交上级管理层审批。

③聘请外部机构。

④战略决策和计划。

(三)战略实施和控制

公司制订战略后，企业必须通过运营和管理有效地实施其战略。企业的营运活动主要由一系列诸如生产、营销、原材料采购与管理、研发、人力资源、信息系统以及其他不同价值创造活动所组成。

(四)跨国公司战略制定必须关注的问题

战略分析是战略选择的前提条件，而战略实施与控制是战略实现的后续保证条件。因此，跨国公司在战略选择决策之前首先要分析影响企业战略选择的重要因素。第一个因素应该是企业的远景规划、使命、公司的意识及核心价值观，也是一个企业存在的最核心的部分。在战略规划的过程中，使命和远景规划始终指引着战略制定的方向和要求；而核心价值观、跨国企业意识引导着战略的思考方式以及执行策略。影响跨国公司战略制定和选择的第二个因素是外部环境。这个外部环境，包括了宏观环境和产业环境以及企业所面临的压力。

第二节 跨国公司的环境压力、意识形态和战略导向

一、跨国公司的环境压力

由于战略管理将企业的成长和发展纳入了变化的环境之中，管理工作要以未来的环境变化趋势作为决策的基础，这就使企业管理者们重视对经营环境的研究，以正确地确定公司的发展方向。因此，了解跨国公司所处的经营环境及面临的压力是制定跨国公司战略的前提和条件。跨国公司虽然可以享有全球市场但是所承受的压力也极具挑战性。其中有四种主要的环境压力在跨国公司制定其战略时必须纳入考虑。

(一)变革力量带来的压力

经济、范围经济以及国家之间的要素成本差异既是全球协作的动力,也是跨国公司竞争的压力。

规模经济(Economies of Scale)是指由于生产专业化水平的提高等原因,使企业的单位成本下降,从而形成企业的长期平均成本随着产量的增加而递减的经济。

范围经济指企业通过扩大经营范围,增加产品种类,生产两种或两种以上的产品而引起的单位成本的降低。与规模经济不同,它通常是企业或生产单位从生产或提供某种系列产品(与大量生产同一产品不同)的单位成本中获得节省。而这种节约来自分销、研究与开发和服务中心(像财会、公关)等部门。范围经济一般成为企业采取多样化经营战略的理论依据。

首先,看看规模经济给产业带来的压力。工业革命后扩大工厂规模成为企业的迫切需要,只有这样才能把握住由规模经济和技术所带来的经济效益。充足而廉价的能源加上便利的交通运输和新型生产技术构成了资本密集型产业结构重组的原动力。公司第一次将中间生产过程分配到一个单独的工厂里进行,并且开发出能够大批量生产或者持续作业的技术,以获得批量生产所带来的最低限度的单位成本而形成规模经济。然而许多产业(如精细化工、汽车、电子和炼油等),达到规模经济时的产量要超过单个企业的销售量水平的总和,这就迫使某些企业寻求国外市场。

其次,在全球范围内发展范围经济的一个典型的例子便是经营消费品业务的贸易公司。因为存在着众多的生产企业,每个企业为了实现销售不仅要自己生产还要自己营销和配送所生产的产品,而一家兼具物流功能的贸易公司就会比任何单个生产制造商在营销和配送产品方面更能获得较高的效益和较低的单位成本。在其他产业中,发展规模经济和范围经济的机会并存。例如,生产电子产品的松下电器从生产标准化的电视机、录像机和影碟机中获得规模经济优势;同时,通过为家用电器提供服务、维修以及消费信贷的营销和销售网络获得了范围经济的优势。跨国公司不得不在这种高效率、低成本的压力下思考新战略。

另外,随着技术和市场的变化,以尽可能低的成本获得所需的新资源成为必要,要素成本成为全球化的有力驱动因素。通常,那些急需拓展到新产业的跨国公司在国内并没有充足的资源可供应。譬如,中国石油公司到非洲去开发石油是因为本国资源有限。资本密集度相对较低的产业,如纺织、制衣和制鞋等在国际市场上获得廉价劳动力。但不断上升的运输成本和后勤管理成本大大抵消了其降低了的生产成本。然而,许多企业发现,劳动力一旦接受教育后,其成本将迅速上升。情况的确如此,近年中国劳动力成本的提高就迫使在华投资的跨国公司在获得劳动力的过程中不断转移阵地:从中国到越南、马来西亚,再从南亚转至现在的东欧。

尽管规模经济、范围经济以及国家之间的要素成本差异构成了全球协作的动力,日益自由化的国际贸易环境促使了跨国公司意识上的广泛转变。21 世纪初,国际贸易环境的限制变得比以前少了，这使得跨国公司能够通过全球协作来实现非常大的潜在利益。

（二）势不可当的全球扩张压力

20 世纪 70 年代和 80 年代，规模经济、范围经济以及国家之间的要素成本差异使得各行各业的结构和竞争特点呈现全球化趋势。在一些产业中，重大的技术创新引发了变革，并促成产业结构的根本性重组。比如，半导体技术的发展促进了个人电脑行业的繁荣，无线技术的创新促使了移动电话产业的诞生。

非新兴的产业如汽车、办公室装备、工业轴承、建筑设备和机器工具等众多领域虽然没有强有力的外部推动力，但它们通过内部结构调整也实现了转变，在其内部调整掀起了新一轮的全球化浪潮，它们都在开拓国内市场过程中获得了竞争优势。

甚至一些传统的区域性的非全球性企业也开始向国外开拓业务。如宝洁公司和联合利华公司，将传统的国内业务如肥皂和洗涤剂产品进行了调整。通过产品配方标准化、包装规格合理化、标签采用多种语言印刷的方式，成功地进行了重组，并使原来完全以国内为主的生产结构实现了转变，产生了显著的规模经济，远远胜过那些完全局限于区域性生产的企业。即使在劳动密集型的区域性产业，比如办公室保洁和餐饮业，也无法阻挡全球化的趋势。例如，肯德基、麦当劳利用标准化流程管理成功地成为跨国企业。

在市场方面，全球化的影响也慢慢从较易建立全球统一产品的行业（如手表和照相机）向消费者偏好和购买习惯缓慢集中的行业（如汽车和电器）扩张。另外，外部市场的重大需求也有利于这一变革，如全球油价上涨，引发了全球对小型、节能型、新能源汽车的巨大需求。越来越多的公司都涌入几乎没有界限的世界市场，这无疑是一场更复杂、更激烈的竞争。

无论是外部环境变革也好，还是 CEO 们自创机遇也罢，随着各大公司在多种因素推动下努力协调其全球化的运作，出现了一股新的全球化潮流，并影响着众多企业，这被称作“全球一盘棋”（Global Chess）的竞争战略。只有当各子公司统筹运作，即相互依赖的子公司实施协调的全球战略时，才能够下好这盘“棋”。与传统的跨国公司基于每个国家的独特市场且独立经营管理的假设不同，这种全球性的竞争体现在跨国公司的每个子公司在运营及管理上并非独立，而是母公司和其子公司之间、子公司和子公司之间在共同的全球战略目标下相互配合、协调作战。

（三）本土化的要求及其应对能力的压力

跨国公司在将本国市场营销成功的产品和创意移植到国外市场的过程中犯下忽视本土化错误的例子不胜枚举。通用汽车公司（General Motors）一度颇受欢迎的雪佛莱·罗弗（Nova）汽车在墨西哥销售时遇到了一些麻烦。因为“Nova”这个词在西班牙语中是“不能移动”之意。类似的案例被广泛的引证，它们提醒着跨国公司的经理们：如何察觉新环境、如何应对东道国的环境变化和本土要求。

跨国公司应该面对这样的现实，本地化或区域化因素并未被全球化浪潮所掩盖。相反，在最近几十年里，人们越来越感受到区域化影响的重要性和紧迫性。本土化要求主要源于文化和政治环境的差异。

其中，文化差异主要指不同的价值观决定了人们做什么和不做什么或解决什么问题或不解决什么问题。由于价值观不同会对同一件事情持不同的看法，有时甚至会持完全相反的观点。世界著名的跨文化管理咨询专家理查德·刘易斯把世界文化粗略地分为三大类：

(1)单线活动型：指那些用直线的方式制订计划、安排日程、组织工作、进行活动，德国人和瑞士人属于在一个时间只能做一件事情的人。

(2)多线活动型：指那些活泼爱说话的人，他们在同一段时间内做很多事情。他们不是根据时间表而是根据每件事情的重要性来安排先后顺序。意大利人、拉丁美洲人和阿拉伯人属于这类人。

(3)反应型：这种文化优先考虑礼貌和礼节，静静地倾听对方的发言，并对不同的建议审慎地做出反应。中国人、日本人和芬兰人属于这类人。

另一位学者，格特·霍夫施泰德①(Geert Hofstede)将民族文化差异归结为四方面：权力差距、不确定性规避、个人主义/集体主义、女性化/男性化。这一研究说明了不同国家之间文化差异是怎样表现为迥异的社会标准和个人行为方式的。

文化差异也体现在各国不同的消费观念上，中国人喜欢商品奢华的外观包装，而为之支付更多的钱。而德国人更看重商品内在的品质，更注重商品的性价比。

为了在纷繁复杂的世界市场上获得商业成功，公司管理者们不断在标准化的过程中调整战略，追求效益，并探寻由不同文化产生的不同市场需求和机遇的捷径。

政治环境的差异主要指母国与东道国政府的不同要求和期望。东道国政府和跨国公司各怀不同的利益诉求寻求一起合作的机会。对东道国政府而言，跨国公司是资本、技术和专业的重要来源，有助于充分利用本国优势发展当地的经济、扩大就业、代替进口和促进出口等。而在跨国公司看来，东道国政府是它们打开当地市场和获得资源的一把钥匙，能够带来新的获利、增长机会，以及增强竞争力。但是，在现实中遇到的常常是挫折，这种挫折是由双方的动机、目标和评判标准的不同而引起。比如常见的挫折和冲突有以下几种情况：

(1)东道国政府限制跨国公司在当地的独资经营，比如在中国，汽车行业外资公司的股份不能超过49%。

(2)东道国政府准许甚至支持跨国公司在境内的一切活动，但是它也有一定的交换条件。虽然双方共同目标在于获得全球竞争力，但跨国公司希望将自己纳入其全球体系中，而东道国政府则努力将收益限于本国境内，这就造成双方矛盾冲突和互相指责。

---

① 格特·霍夫施泰德，不同文化比较研究的创始人，主要贡献为霍夫斯坦的国家文化模型。

(3)双方潜在矛盾冲突不仅是由经济引起,而且也受社会、政治和文化等诸多因素的影响。跨国公司的运营常常给东道国带来一定范围内的社会动荡,造成农村劳动力流失、保护消费者权益的运动逐渐增多、本土价值观念被摒弃或者传统的区域框架被打破。

(四)全球性创新和学习的压力

研究与开发(R&D)成本不断增加和新技术、新产品的生命周期缩短,两方面结合在一起,使得企业强化了对全球产量的依赖,以便尽快摊销巨额投资成本。同时,即使是最尖端的技术也在全球范围内快速传播,尤其在过去的几十年里表现得尤为明显。这在一定程度上是市场需求、竞争压力和东道国的讨价还价导致的。东道国要求增加本国产品的市场份额,加强在本国市场销售国外先进产品的国产化程度。但是产品的高成本和生产工艺的飞速发展促使跨国公司利用作为重要融资渠道的特许权经营,而自愿转移新技术,把交叉许可证作为填补技术空缺的手段,而且还利用联合开发项目和战略联盟等方式建立公司的全球竞争优势。一旦与世界范围的消费偏好联系在一起,技术扩散就在创新的程度和地域选择两方面起到非常大的作用。美国国内公司再也不能像第二次世界大战刚结束时那样,当时它们的国内环境代表了最复杂的消费需求和最先进的技术水平,因而它们是世界革新的倡导者。当今社会,最新的消费潮流或市场需求很可能出现在澳大利亚或欧洲某个国家,满足最新需求的前沿技术很可能掌握在日本人或德国人的手中。创新在全世界范围内层出不穷,企业已意识到它们只有顺应一国市场的需求,尽可能快地对当地资源做出反应,并且将创新结果向全球范围扩散,才能立于不败之地。

交叉许可是指两个专利权人互相允许对方在约定的时间和地域、范围内实施自己的专利。换句话说,就是甲允许乙实施甲的专利,乙允许甲行使乙的专利。

一种相关的趋势是,在计算机软件、通讯、家用电器,甚至消费品等产业,全球化标准逐渐变得重要起来。在全球认可的计算机软件标准,甚至到剃须刀片设计,市场竞争中的优胜者能形成并长期保持住竞争优势。先行者优势变得日益显著,它强烈刺激企业不仅致力于在其自身的运营体系内部进行发明创造和技术扩散,而且也注重树立新产品标准的外部职责。如今这个问题对跨国公司变得相当重要。

二、跨国经营的新动因

跨国公司在初建时往往把国外业务看做其国内生产战略和组织的附属物,实行的是机会主义管理。但是它们越来越清醒地认识到用一体化的全球意识来思考公司战略为企业带来了巨大的发展潜力。

(一)传统的跨国公司海外经营动因

(1)追求高额利润型投资动机。

(2)资源导向型投资动机。

(3)市场导向型投资动机。

(4)效率导向型投资动机。

后来,跨国公司的意识在全球经营实践中不断提高,它们认识到跨国经营的最大利益在于全球各种资源可以为它们调配、组合,而不是受单一目的的驱动。

(二)跨国经营的新动机

1. 国内市场无法承载跨国新兴战略

包括经济规模扩大、研发投资激增和产品生命周期缩短等,这些因素促使许多行业只能向全球扩散,因为国内有限的市场空间无法为规模经济提供进一步发展空间,全球化经营是许多公司能否在一些经营领域生存下去的基本前提。

2. 在全球范围学习带来的动力

企业在全球内学习并不是激发公司进行海外投资的初始动因,但为获取可靠的原材料供应或其他动机而向海外发展的公司更有可能在全球范围内发现新机会,比如成本更低的生产资源、获得激发创造新产品的灵感或发现新市场需求。另外,跨国公司在世界范围的存在给它带来了巨大的信息优势,这种信息优势使其能够找到更有效率的资源、更先进或更加适销对路的产品和技术。

3. 跨国公司优于国内公司而更具有竞争优势

很多跨国公司所奉行的许多全球竞争战略是建立在不同市场的跨国补贴或跨国战略支持基础之上的。例如,韩国的电视生产企业在刚刚进入欧美市场时连连失利,其跨国经营的组织形式可以通过调用其亚洲和南美经营活动的盈利来补贴它在欧洲市场的损失,从而向欧洲相关行业的国内公司挑战。另外一种优势体现在竞争反击中。比如一家欧洲公司在韩国企业的关键市场——亚洲和南美——没有强大的地位,那么它具有竞争性的反应就是守住母国的国内市场。典型的做法就是寻求本国政府的干预或降低竞争性的价格。懂得这种跨国经营竞争策略的公司调整了其国际投资决策的准则,这个准则不仅要考虑市场吸引力、成本或者是效率因素的选择,而且还要考虑充分利用这些投资的杠杆作用。

三、跨国公司意识的提高与战略导向

从上述国际化动力变化的简短论述中,我们清楚地看到现实中的跨国公司在国外经营中所扮演的战略角色经历了一个逐渐演变的过程。我们将其演变过程划分为四个阶段。

(一)国际化意识与战略导向

在国际化(International)的最初阶段,许多跨国公司的经理们倾向于把公司的海外经营业务看作某种遥远的战略试探,它的主要作用是以不同方式支持本国母公司的发展,诸如扩大国内生产线的销售量,为国内生产经营活动供应原材料或零部件等。我们称这种认识为国际化战略意识。

国际化这一术语直接衍生于国际化产品周期理论，也隐含了一些假设：产品的开发和生产主要是在国内市场中进行，只是把国内市场的剩余商品销往国外；技术和其他知识从母公司向海外子公司转移；海外制造被当做保护公司国内市场的一种手段。持国际化战略的公司总体上还是把自己看做是一个拥有国外附属机构的国内公司。经理们经常把海外经营工作分派给懂得外语或者以前在国外居住过的国内人员。有关国外经营活动的决策倾向于以机会主义或临时性方式做出。对外国市场的需求没有更多的关注。

(二)多国化意识与战略导向

当公司国外销售和盈利逐渐增加，国外市场对公司的经营越来越重要，经理们开始意识到国际化经营活动能给公司提供更多的机会。他们也渐渐地认识到，要发挥那些机会的影响，不能仅仅输出原本为国内市场发展起来的已经存在甚至是旧设备、技术或生产线，而应该更大地发挥国际化的作用。外国市场的当地竞争者和东道国政府也常常能够促使那些接受国际化思想较缓慢的公司加速学习。

多国化(Multinational)战略意识是伴随着经理们开始承认和强调不同国家的市场和经营环境之间存在差异而发展起来的。具有这种意识的公司根据不同国家的特点改进自己的产品、战略和管理实践，采用更为灵活的国际化经营方法。随着它们发展成为能够日益灵活地适应当地环境的公司，这些公司发展了一种切实的多国化战略方法：全球范围分布的子公司是基于不同国家的多重反应战略的基础之上的。根据这种多国化意识从事经营的公司，其倾向于使用东道国本国的独立企业家作为自己在外国开展业务经营活动的经理。

这些经理们利用其所掌握的当地市场知识和母公司在这些增长机会中投资的意愿，有效地促进公司在当地的成长，并保持着较大的独立性。

(三)全球化意识与战略导向

多国化意识特性导致了适应不同国家市场的营销方法，同时也在公司内造成一种低效率产品制造的基础事实。工厂的建立更多地是为了实现当地的营销优势或改进政治关系而不是提供最大的生产效率。类似的，为了满足当地需要而进行的产品设计，同时也是以设计、生产、后勤、销售和其他职能中的效率损失为代价的。

在运输工具和通讯设施不断改进、贸易壁垒不断降低的经营环境中，一些公司在它们的国际化经营中采用了不同的战略方法。这些公司抱着为世界市场创造产品的观点，面向全球，将产品制造集中在几个效率较高的工厂，这些工厂通常设在公司的中心地区。

由于这种意识把全球当作分析的单位，所以我们称之为典型的全球战略意识。这种战略意识的基本假设是，不同国家的习俗偏好的共同之处大于相异之处，或者说通过给顾客提供具有适当成本和高质量的标准化产品，促使过去形成的国家之间的多样性习俗和偏好逐步趋同。具有这种全球战略方法的管理者必然会赞成西奥多·莱维特教授的观点:未来属于那些以相同方式制造和销售无论在哪里都适用的产品的公司[①]。

与其他战略方式相比,这种战略方式需要更为集中的协调和控制,并且要求组织中的人员拥有全球责任心。在这类公司里,研究、开发和制造活动被公司总部重点管理,大多数战略决策由公司的决策中心来做出。

(四)跨国意识和战略导向

在 20 世纪最后几十年里,许多全球化公司似乎是无敌的。它们不仅大大超过了地方性公司,而且也超过了国际化和多国化的竞争者。然而,它们的成功导致并强化了一些限制因素的产生。

对于许多东道国政府而言,这些全球化公司显得很强大,因而比起早期反应型的、不具有国际战略意识的公司而言,这类公司显得更具有威胁性。许多东道国政府采取对策,增加了对建立在本国的全球性公司的限制和要求,要求它们向当地投资,转移技术,满足当地需求等。

消费者虽然没有放弃对于全球化产品所带来的高质量和低成本商品的期望,但同时也在坚持他们的民族偏好等方式。许多世界性公司认识到对当地市场和当地的政治需要做出反应,以及发挥全球规模竞争效能这两类要求一般是同时存在的,但某些时候也会存在冲突。在这些条件下,多国化战略思想和全球化战略思想所反映出的态度日益不同。公司越来越需要在维持全球化效能的同时对当地的需要做出更为灵敏的反应,这种正在出现的世界性管理方法,我们称之为跨国战略意识。

持这种战略的公司,核心活动和资源既不集中在母公司,又不分散经营,以便每个子公司能因地制宜地执行它们的任务。换言之,资源和活动被分散化而不是专门化,以便在同时获得效率和灵活性。而且,这些分散的资源被统一在一个相互依赖的世界性经营网络中。

与全球化模式相比,跨国战略意识承认灵活的重要性并适应于具体的国家经营活动,因此“国家的”成为了一个术语。与多国化思想相比,跨国化思想提供了联系和协调经营活动、维持竞争有效性与经济效益的思想方法。其结果需要大量的组织范围的协调,并分享跨国公司管理系统所做出的更高级、更精明的决策。

但是,很显然,在世界性公司中发展战略思想的方向不会一成不变。一个公司能否使用这些战略思想中的一种来合理开展经营,取决于其所在的行业、公司具体的情况、东道国各自不同的需求以及情况各异的其他因素。更大的可能性是,这里只是人们头脑中的一种分类方法,大多数公司也许拥有这些不同战略方法中的组合或者具有某种战略的某个特征。

---

① Theodore Levitt. The Globalization of Markets. Harvard Business Review, May—June 1983:92-102.

第三节 跨国公司市场进入战略

跨国公司在选择市场进入战略时必须考虑的三个问题:进入哪个市场、什么时候进入和进入模式的选择。

一、市场的选择

在选择国外市场时,一般要经过以下步骤:

1. 对国外市场进行初步筛选

关于选择进入市场所在的国家,应分析各个可能的进入国之间有何差异,分析各国在政治、经济、文化等宏观环境上的优劣,选择政治风险较低、文化易于沟通、投资政策较为宽松的国家为备选进入国。然后,再对各备选进入国的具体市场特点进行分析,最终确定进入国。初步筛选的目的是确认选取哪些国家的市场,在这个过程中一要慎重对待市场容量大的国家或地区市场,以避免遗漏那些能为企业产品提供良好前景的国家;二是初步筛选的国家范围尽管要求要广,但应避免在发展前景不佳的国家上花费大量时间,以尽可能减少评估的资源消耗和筛选成本;三是要考虑跨国公司在备选国家的市场上是否能发挥竞争杠杆作用。

2. 评估产品的市场潜力

经过初步筛选后的国家或地区的市场数目已不多,对这些国家或地区市场,企业要把重点放在进一步对其市场潜力做出较深入的评估。在评估产品的市场潜力时,要从两方面着手考虑,一方面要考察现实市场,即现有市场的实际规模;另一方面要对市场销量的年增长率做出预测,因为这两方面内容的发展是不一致的,两种因素可以有多种组合,不同形式的组合将影响某产品的总体销售量。

3. 评估企业的进入能力

经过上面两个步骤的分析,企业已大大缩小了目标国家和地区的选择范围,接下来企业要结合自身市场开拓能力对可能成为目标市场的国家和地区进行再评估。可围绕以下几方面来考虑:企业拥有的产品特征和竞争能力、企业的竞争实力地位、风险的防范和承受能力、相应的财力资源、特有的生产能力、可选择的分销渠道等。

通过以上几个方面的综合分析与评估,企业可进行目标市场的选择与淘汰,最终确定一个或若干个目标市场。

二、市场进入时机

一旦企业选定了有吸引力的市场,它必须考虑进入时机(Triming of Entry)的问题。当一个企业早于其他跨国企业率先进入那个选定的外国市场时,我们称之为先入者(First Mover)。先入者在竞争者到来之前先进入市场通常会获得许多优势,我们就称之为先入者优势(First-mover Advantages)。这些优势具体表现在以下几个方面:

(1)通过建立一个强大的品牌形象赢得目标市场对产品或公司的信赖,形成产品的需求，同时抢先给后入的竞争对手造成进入障碍。

(2)在先入市场扩大销售量，并在规模经济策略上领先竞争对手，从而占据成本优势。当竞争对手进入市场，先入的跨国公司可以凭借自己已经形成的规模经济降低产品价格防止对手抢走市场份额，甚至把竞争对手赶出这个市场。

(3)先入者创造了转换成本。当消费者转向其他没有使用过的品牌或使用替代产品时，就会产生转换成本，也就是说，尝试新的东西总是存在一定的风险和利益损失。

当然，市场先入者也有其劣势。必须承担开拓成本。开拓成本是先入者必须承担而后来者可以避免的成本。开拓成本包括：

(1)熟悉市场规则和潜规则的成本。

(2)遭遇失败和犯错误的成本。

(3)培养消费者和消费市场的成本。

一旦环境发生变化，先入者将陷入严峻的劣势中。而后进入者就可以借鉴先入者的经营，节省开拓成本。

三、市场进入模式

如果目标国家的市场规模较大，或者市场潜力较大，则企业可以考虑以投资模式进入，尽可能地扩大销售额；反之则可以考虑以出口模式和契约模式进入，以保证企业资源的有效使用。如果目标市场的竞争结构是垄断或寡头垄断型，企业应考虑以契约模式或投资模式进入，以使企业有足够的能力在当地与实力雄厚的企业竞争，如果目标国家的市场结构是分散型的，则以出口模式为宜。

(一)出口模式

出口模式包括间接出口和直接出口两种。间接出口是指企业通过本国的中间商来从事产品的出口。所谓直接出口，是指企业不通过国内中间商(机构)，直接将产品销往国外客户。

(二)交钥匙工程

交钥匙工程指跨国公司为东道国建造工厂或其他工程项目，承包商同意把工程所有的细节都移交承接项目的跨国公司。一旦设计与建造工程完成，包括设备安装、试车、人员培训及初步操作顺利运转后，即将该工厂或项目所有权和管理权依合同完整地交给对方，由对方经营。交钥匙工程在化工、医药、炼油和金属加工行业十分普遍，所有这些行业都需采用复杂、昂贵的生产技术。

交钥匙工程有如下优点：

(1)东道国和承接项目的跨国公司双方都能获得巨大经济回报。东道国借此可以获得该项技术；而跨国公司可以获得丰厚的利润。

(2)跨国公司能够通过这种方式避免东道国政府的市场进入限制和管制。

(3)交钥匙工程比传统的对外直接投资的风险低，尤其在一个政治和经济环境不稳定的国家中长期投资面临着政治和经济风险。

同时，交钥匙工程也存在着明显的缺点：

(1)承接项目的跨国公司只具有短期利益，尤其当交钥匙工程所生产的产品具有巨大市场潜力并体现出高回报时，这个缺点就更明显。解决方法之一就是承接项目的公司对此项目争取到小部分的股权。

(2)跨国公司在完成交钥匙工程后，有时会发现在无形中为自己树立起一个竞争对手。假如跨国公司用自己的核心技术去完成交钥匙公司，基本上就等于向潜在的或当前的竞争对手出售竞争优势。

(三)契约模式

这里将介绍两种主要的契约模式：技术授权和特许经营。

1. 技术授权

技术授权是指技术许可企业通过签订合同的方式，向技术受许可企业提供无形资产的使用权以及产品的制造权和销售权。无形资产包括专利、发明、配方、程序、设计、版权和商标等。受许可企业应向技术许可企业支付使用费，并承担保守秘密等项义务。相对来说，技术许可方一般不需要进行大量投资或参与管理，主要是帮助技术受许可方掌握技术，协助组织初始生产，帮助选购合适的设备、原材料，协助指导安装调试、工艺流程设计等。

技术授权的优点有：

(1)跨国公司不必承担开发一个外国市场所需的投资和风险。

(2)采用技术授权可以克服投资壁垒。

(3)当企业拥有一些有价值的无形资产，而不想自己开发其商业应用价值时，技术授权就常常被采用。例如，美国的贝尔实验室不从事产品开发、生产活动而是把技术授权给其他企业。

技术授权的缺点有：

(1)技术授权限制了跨国公司在全球市场上协调战略行动的能力。由于技术授权的使用受到区域和时间的限制，这极大地限制了跨国公司通过在几个区域生产其产品在全球销售的战略部署。

(2)技术诀窍授权给外国公司时，企业面临着竞争风险。

2. 特许经营

国际特许经营协会(International Franchise Association)认为：特许经营是特许人和受许人之间的契约关系，对受许人经营中的经营诀窍和培训的领域，特许人提供或有义务保持持续的兴趣；受许人的经营是在由特许人所有和控制下的一个共同标记、经营模式和过程之下进行的，并且受许人从自己的资源中对其业务进行投资。

特许经营的优势：

(1)特许人能够在实行集中控制的同时保持较小的规模，既可赚取合理利润，又不涉及高资本风险，更不必兼顾加盟商的日常琐事。

(2)由于受许人(如加盟店)对所属地区有较深入的了解，往往更容易发掘出企业尚没有涉及的业务范围。

(3)由于特许人不需要参与受许人的员工管理工作，因而本身所必须处理的员工问题相对较少。

(4)特许人不拥有受许人的资产，保障资产安全的责任完全落在资产所有人的身上，特许人不必承担相关责任。

(5)从事制造业或批发业的特许人可以借助特许经营建立分销网络，确保产品市场开拓。

特许经营的劣势：

(1)正是由于特许本身，使得受许人(比如加盟商)得到了一套完善的、严谨的经营体系。可是，正因如此，受许人很难改变这种经营模式来适应市场的、政策的各种变化。

(2)特许经营只能专注于某一个领域，而不可能在各个市场都取得战略性的胜利。

(四)投资模式

投资模式属于进入国际市场的高级阶段。包括：

1. 合资企业

合资企业指的是与目标市场所在国的企业联合投资，共同经营、共同分享股权及管理权，共担风险。合资企业可以利用合作伙伴的成熟营销网络，而且由于当地企业的参与，企业容易被东道国所接受。但是也应看到由于股权和管理权的分散，公司经营的协调有时候比较困难，而且公司的技术秘密和商业秘密有可能流失到对方手里，将其培养成自己将来的竞争对手。

2. 独资企业

独资指企业直接到目标市场所在国投资建厂或并购那里的企业。独资经营的方式可以是单纯的装配，也可以是复杂的制造活动。企业可以完全控制整个管理和销售，独立支配所得利润，技术秘密和商业秘密也不易丢失。但是要求资金投入很大，而且市场规模的扩大容易受到限制，还可能面临比较大的政治和经济风险，如货币贬值、外汇管制、国家投资政策改变、政府没收外国企业等。

(五)国际战略联盟

国际战略联盟就是指两个或两个以上企业为了相互需要，分担风险并实现共同目的而建立的一种合作关系。国际战略联盟是弥补劣势、提升彼此竞争优势的重要方法，可以迅速开拓新市场、获得新技术、提高生产率、降低营销成本、谋求战略性竞争策略、寻求额外的资金来源。

下面将从以下几个方面了解战略联盟：建立战略联盟的好处、战略联盟的风险和成本以及如何建立战略联盟。大多数的跨国公司都选择了战略联盟的方式来拓展市场和业务。

1. 建立战略联盟的好处

(1)加强技术交流,整合资源,利于小型跨国公司全球性竞争。

(2)避免产业重叠、集中。

(3)联盟伙伴共担风险和成本。

(4)帮助企业制定有利于自己的行业技术标准。

(5)联盟替代兼并。

2. 战略联盟的风险和成本

出于上述战略联盟给跨国公司带来的好处,建立战略联盟最初被视为跨国公司解决全球战略问题和寻求机会的万灵药。随着战略联盟在跨国公司中爆发性地增长,联盟的成本和风险问题日渐凸显。一些风险来自于这种既合作又竞争的关系,另一些风险则来自于公司之外的合作,因为每个联盟伙伴的企业战略和相应的组织形式不同,这给联盟合作关系带来了困难,尤其当联盟伙伴做出战略转折时,这个问题就会显得更加突出。

3. 如何建立战略联盟

(1)选择合适的联盟企业。选择合作伙伴的两大难点:

①信息的可获得性。很难获得用来有效评价潜在合作伙伴的信息。进行联盟前的有效分析,不仅需要掌握潜在合作者的有形资产数据(例如,工厂和设备的状况和生产力),还需要了解一些无形资产的数据(包括品牌形象、与顾客的关系质量和专业技术水平)以及组织能力的资料(例如,管理能力、雇员忠诚度及共享价值观等)。前者那些客观资料比较容易获得,而后者的资料主观性比较强,而且没有明确、固定的获得渠道。

②企业变化、发展中带来的不稳定性。从许多战略联盟的发展来看,每个合作企业的竞争地位和战略优势都会随着时间的推移而改变,而且这种改变关系到联盟能否生存。即使两个企业的战略发展轨道在某个特殊时点相交,并因此产生了互补性及合作的潜力,但联盟的发展路径也会因为双方的互补性只具有短暂意义、不具备长期合作价值而产生分歧。

(2)选派合适的谈判者。由于一些经理对联盟战略表现出过度热情,在进行联盟计划和协商的过程中可能会出现一些超现实的美好期望或错误的选择,正如许多经验表明:对过程本身的过分热衷即是对结果的忽视。而那些过于热衷联盟的经理往往并不是日后负责联盟运作的管理人员,而后者不可避免地会面临潜在、隐性的困难和问题。因此,处理这种问题最有效的方法是确保那些将来可能参与并负责联盟运营管理的关键人员参加到决策前的谈判中,他们的参与不仅能保证对日后合作的具体事项投入最大精力,而且能够保证战略联盟方针的前后连贯性。

(3)联盟范围应由小到大。合作者在签订合同协议,明确双方义务的同时往往会要求进行广泛而全面的公司合作,并进行股权参与和互换。然而成功地建立战略联盟的关键在于：将合作简单定义并集中在一个特定的范围内，同时保留重新定义和拓宽联盟范围的可能性。这是因为联盟越复杂，也越难管理。即使许多企业把实现具备广泛基础的多元合作联盟作为最终目标，他们发觉联盟最好还是从相对简单的形式、有限的合作范围开始，之后随着双方对各自的合作动机、能力和期望的相互了解、相互信任，再逐步扩大合作领域。

第四节　跨国公司经营战略

在制定经营战略时，首先要分析和明确公司产品特征、资源优势和内外环境，尤其是公司面临的环境压力。跨国公司面临的压力是公司跨国经营最大的挑战。例如，汽车行业的跨国公司常常面对成本压力和本土化双重压力；而在化工行业，跨国公司低成本压力最突出。公司战略的制定目的就是要克服压力因素，发挥企业优势，为公司利润最大化寻找途径。一般来说，跨国公司的经营战略有四个：全球化战略、本土化战略、跨国战略和国际战略。

一、全球化战略

（一）全球化战略的含义

采用全球化战略的企业强调的是增加营利能力，通过规模经济、学习效应及区位经济以实现成本的降低。也就是说，采用低成本战略。运用全球标准化战略的企业，其生产、营销和研发活动都集中于若干个有利的区位。全球企业往往不随着地区条件改变其供应的产品和营销策略，因为这样会提高成本。相反，全球企业喜欢在全世界销售标准化产品，以便基于规模经济取得更大的效益。它们也往往利用其成本优势在世界市场上使用进攻型的定价策略。

为了协调公司分散在全球的价值创造活动网，总部通常保留多数经营决策的最终控制权，公司的协调整合要求也非常高。

（二）适用条件

当低成本降低的压力强大，而本土化的要求最低时，这一战略最为有效。例如，在半导体行业全球标准已经出现，并且为标准化的产品创造了巨大的需求。因此，像英特尔等公司都采取全球化战略。但是，我们必须注意到，这一条件在许多消费品市场中不存在，消费品市场具有地区调适性高的特点，这个战略就不适合。

二、本土化战略

（一）本土化战略的含义

本土化战略强调的是通过改变企业的产品和服务来增加利润，所以企业在不同国家的市场上会提供与消费者兴趣与偏好相适应的产品。采用这种战略经营，企业的决策权必须下放到独立运行的国外子公司中，各子公司间的协调需求比较低。

(二)本土化战略适用条件

当各国消费者的偏好差异较大,但是价格压力不太高时,本土化是最适合的战略。这一战略的意义在于,通过地区客户定制产品或服务实现价值增值,使价格的提高成为可能。

三、跨国战略

(一)跨国战略的含义

实行跨国战略的公司同时追求区位经济、规模经济、地区调适和全球学习效应。这些公司在组织结构上趋向于采用矩阵结构。在矩阵结构中跨国公司的产品分部和地区部门对决策和经营都具有重大影响力。为了协调全球分布的价值链,实现核心竞争力转移,就会要求集中某些经营决策权,特别是生产和研发的决策权。这对跨国战略形成了压力。与此同时,地区调适的需求又必然要求母公司向各个子公司,尤其是负责营销的子公司或部门分散一些营销决策权。结果,采取跨国战略的公司相对地既要高度集中某些经营决策权,又要高度分散另一些经营决策权。因此,跨国公司的协调难度特别高。

(二)跨国战略适用的条件

当跨国公司同时面临成本压力和本土化压力时,跨国战略的目标就是平衡这两种相互矛盾的压力。这一理论听起来很有吸引力,实际上采取这一战略并非易事。实现产品差异化以适应不同市场需求将会提高成本,违背了降低成本的目标。这是当今大型跨国公司面临的难题之一。很少企业能够成功地运用这一战略解决这对矛盾压力,但仍有成功案例。卡特彼勒公司(Caterpillar)的做法为我们提供了启示。

为了应对成本压力,卡特彼勒公司重新设计了产品,这些不同的产品可以应用许多相同的零部件。公司就在有利的区位投资建造了几家大规模的零部件制造厂,来满足全球需求和实现规模经济。同时,公司在每一个主要市场都建立了装配厂。这些装配厂通过组合不同的零部件生产出不同的、能够满足每个市场需求偏好的产品。而这些零部件就是来自刚才我们提到的该公司在有利区位投资建造的那几家大规模的零部件制造厂。卡特彼勒的装配厂增添了地区产品的特色,根据地方的需求对最终产品做了改制。通过采取这一战略,卡特彼勒公司获得了全球制造的许多效益,同时又通过对各国市场提供差异化的产品在控制成本的条件下解决了地区调适的压力。这一策略的成功使用使卡特彼勒在全球竞争者中迅速脱颖而出。

四、国际战略

(一)国际战略的含义

实行国际化战略的公司通过把核心竞争力从母国转向国外子公司来创造价值。如果它们的产品多样化,公司就采用世界范围的产品分部组织结构。总部通常集中控制公司的核心竞争力资源，这些资源大多来自研发部门和营销职能部门。其他经营决策权下放到各子公司中。采用国际战略的公司对于各个公司（各个部门）协调需求处于中等水平。

（二）国际战略适用条件

国际战略适用于公司处在成本压力和本土化压力双低的有利情形时。一般采用这种战略的企业普遍先为本国市场生产产品，再根据其他地区情况稍作改制，将产品销往世界各地。这些企业的特点在于，其产品满足普遍需求，不同于追求全球标准化战略的公司，采用国际战略的公司没有强大的竞争者，没有降低成本的压力。采用国际战略的公司包括宝洁和微软公司。

五、跨国公司战略演化

国际战略的致命弱点是随着时间的推移出现了大量竞争者，如果管理者不采取积极行动去降低产品成本，将很快被竞争者赶超。施乐公司当年就面临过这种情况。复印机最先由美国施乐公司发明，后来日本佳能公司也有了自主研发的复印机，由于佳能制造效率高，产品价格低于施乐。因此，很快从施乐手中夺走了市场。施乐公司的消亡不在于竞争者的出现，而在于高效率的全球竞争者出现之前没有积极地降低产品成本。从中我们可以得出结论，国际战略在长期来看未必可行。企业为了生存，应该比竞争者提前转向全球化战略或跨国战略。

本土化战略也是如此，本土化可能给企业带来竞争优势，但如果出现了强大的竞争对手，可能的途径就是转向跨国战略。因此，随着国际环境的变换和竞争的加剧，战略必须做相应的调整。一般来说，国际战略和本土化战略变得不太可行，管理者应该将它们的公司定位于全球标准化战略或跨国战略上。

复习思考题

1. 全球化战略、国际化战略、本土化战略的概念是什么？
2. 战略和竞争优势的关系是什么？
3. 跨国公司全球经营的新动机是什么？
4. 跨国公司进入新市场的主要模式有哪些？各有什么利弊？
5. 跨国公司经营战略有几个类型？它们在什么情况下适用？
6. 联盟战略的意义是什么？选择联盟伙伴的难点在哪里？

CHAPTER 12
第十二章

跨国公司组织结构

□□□ 学习目标

- 了解公司组织架构的含义
- 掌握跨国公司组织结构和环境、战略及文化之间的关系
- 了解跨国公司组织发展趋势

□□□ 学习重点

- 公司组织结构在国际化发展不同阶段的形式
- 组织矩阵结构理论和实践效果
- 如何构建企业的非正式组织

□□□ 关键术语

组织;组织结构;环境;战略;矩阵结构;非正式组织

开篇案例 雀巢公司的组织结构变化

多年来,雀巢公司作为全球最大的食品和饮料公司,采用高度分权型组织运作。这种组织形式体现的公司理念是,在食品和饮料业务方面,不存在一个全球性的消费者,而需要定制适合当地口味和偏好的产品,这种需要要求建立高度自治的各国子公司。然而最近,雀巢公司开始舍弃这种结构。这种改变的催化剂是贸易壁垒的持续下降和在全球市场上面临的咄咄逼人的竞争对手,如联合利华和宝洁公司。

面对日益激烈的竞争,雀巢已经认识到,它需要调整其组织结构,使其能够维持对本土的调适能力,同时通过消除各地子公司的重复劳动实现成本节约。逐步地,该公司已经转向建立全球性业务单位,监督主要产品线的战略部署,并通过集中控制主要职能,如采购、生产和在最好的区位设立研发中心实现成本节约。同时,市场营销和销售仍然是分散到全国的子公司,当地管理人员配置市场营销和销售组合,使之最适合

消费者的需求和当地的分销系统。雀巢公司现在已经在其饮用水业务上采用了这样的组织结构，其中包括巴黎水(Perrier)和圣培露(San Pellegrino)品牌，其营养品业务也采用了这种组织结构，其中包括该公司的婴儿配方奶粉品牌。以饮用水业务为例，雀巢公司将其生产集中在法国和意大利以实现规模经济。它还发展了一个全球品牌定位战略。同时，雀巢公司给各国子公司一定的能力，使其在自己的地理区域里开发项目以实施全球品牌战略，按当地的条件改变它们的做法。

第一节　组织架构

一、组织架构的含义

组织架构包含三层含义：第一，把组织正式划分为各子单位，例如，产品部以及在各国的各个职能部门；第二，把组织结构按照决策职责的落实(如集权和分权)进行划分；第三，建立整合机制以协调各个部门或子公司的活动。

(一)垂直结构

垂直结构指的是企业的决策权应该集权还是分权。例如，把生产和营销决策权集中在公司总部还是放权给下层管理者？研发决策权由谁掌管？财务由各个经营单位负责还是由总部决策？

无论集权还是分权都有其自身的优缺点，所以对其选择不是绝对的。有些决策适合集权，而有些决策适合分权，这取决于决策的类型和公司的战略。

(二)水平结构

水平结构指公司用什么标准把自身分成子单位，即组织结构的设计。这种划分以职能、业务类型或地理区域为基础。许多公司以这些准则中的一种为主进行划分，而一些公司采用较为复杂的双重甚至三重标准进行划分。

(三)建立整合机制

水平的组织结构把一个公司划分成若干子单位，当公司需要共同决策或统一运营或者需要各个子单位相互支持时就必须研究各个子单位之间如何沟通、协调。集权是协调的一种方法。但如果协调任务复杂，集权就可能不那么奏效了。负责协调的高层管理者则很快就会被协调活动所产生的巨大工作量压倒，特别是有的跨国公司子单位结构庞大、地理位置分散、文化跨度大。在这种情形下，公司可以以正式和非正式的整合机制进行协调。非正式整合机制可以通过社交、知识网络使各个子单位的员工建立人脉关系，人们通过这种非正式的私人关系可以传递公司信息，解决业务中的问题，形成公司内部的人脉关系。

二、公司组织结构的变化和国际化发展阶段的关系

(一)进入国际化发展阶段前的组织结构——以职能划分部门(Functional Structure)

许多公司刚刚起步时并没有正规的组织结构。比如几个朋友合伙开办公司、夫妻小店基本上都是一个人指挥和经营日常事务。待公司成长为具有一定规模的企业时,随着公司人员增加、产品生产和销售规模的扩大,继续靠一个或者几个人管理公司已经无法满足管理上的要求。此时,组织通常按照功能(采购、生产、营销、财务等)把公司划分为各个职能部门,这些职能部门通常由一个高级管理层协调和控制,如图 12-1 所示。在这种职能结构中,决策权趋于集中。

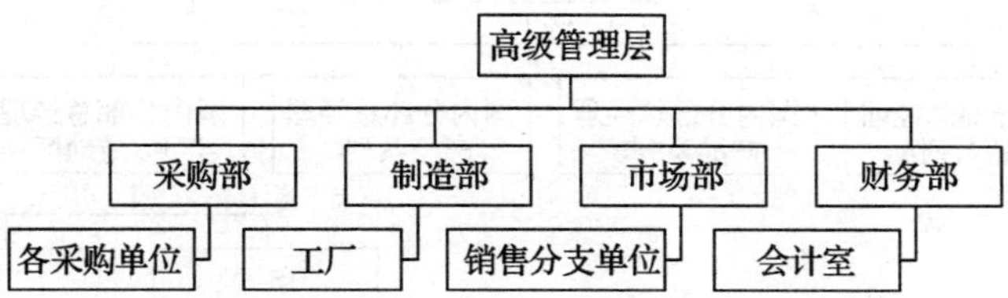

图 12-1 典型的职能结构

(二)产品多元化的国内企业的组织结构——以产品类别划分部门(Product Divisional Structure)

当国内公司产品种类不断增长,多元化的产品进入不同的商业领域,例如,飞利浦公司虽以照明产品起家,但现在却活跃于家电产品、工业电子产品以及医疗系统领域。如果仍然沿用职能结构的组织形式,那么组织结构就显得太累赘了,这样不同的业务领域就会产生协调和控制的麻烦。一方面,高级管理层很难确认每个独立业务领域的营利能力;另一方面,企业高管要监管多个业务领域的价值创造活动就会显得力不从心。这时,公司应该把组织结构做相应调整,采用典型产品分部(Typical Product Divisional Structure),如图 12-2 所示。在产品分部结构中,每一分部负责一个产品系列或一个业务领域,就像飞利浦有照明、家电、工业电子和医疗系统这几个分部。每一分部都建立一个独立的、高度自治的实体,有其自己的职能部门。经营决策权通常下放到各个产品分部,这样,各个分部将对各自的绩效负责,总部负责企业总体战略发展和对各个分部的财务控制。

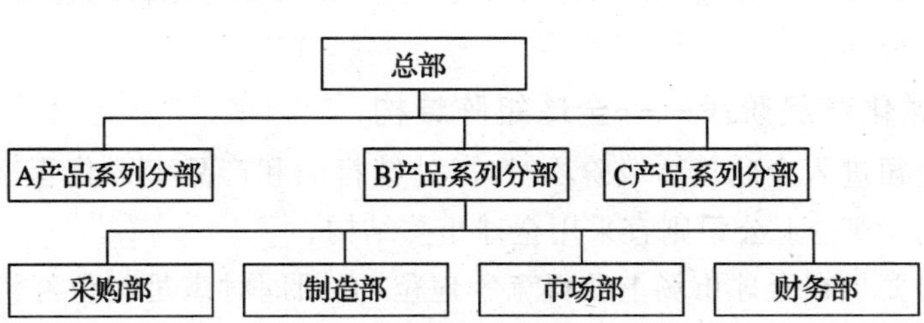

图 12-2 典型的产品分部结构

(三)国际化发展初级阶段出现出口业务——出口业务形成的国际分部(International Division)

当公司通过出口的方式把业务发展到国外市场时,它们通常把企业所有的出口业务集中在一个国际分部。组织结构以职能为划分标准的公司和以产品为划分标准的公司通常在国际化发展阶段的出口阶段时采用这种国际分部结构。图 12-3 所示的结构是一家以产品分部为基础的国内公司。甲国和乙国分部将销售国内 A、B 或 C 分部所生产的产品。然而,当在各个国家生产该产品变得切实可行时,生产厂会在一个又一个国家里重建。

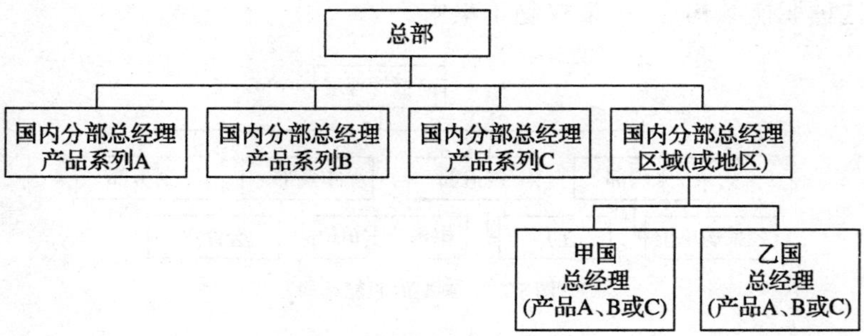

图 12-3 国际分部结构

(四)国际化进一步发展——世界范围组织结构

企业不断成长,出口产品的种类不断增加或者产品进入更多的国际市场,公司会考虑在海外建立子公司,这时组织结构随着业务的发展必然要做出相应的重大调整。

如果出口产品多元化程度低但国外销售额高,以职能(采购、生产、营销、财务)划分组织结构的企业常采用世界范围的地区结构(World Wide Area Structure),如图 12-4 所示。这种组织结构有利于地区调适(满足当地需求的能力)但不利于实现区位经济和规模经济,也有碍于地区间核心竞争力的学习和转移。这种组织结构比较适合采取本土化战略的企业。

如果出口产品多样化程度高,但国外销售额相对低,以产品类别(家电产品、工业电子产品、医疗系统设备)划分组织结构的公司通常采用世界范围的产品分部结构(World Wide Product Division Structure)。这种组织结构比较适合全球标准化或采取国际战略的公司。

(五)全球化高级阶段——全球矩阵结构

当跨国公司进入全球化高级阶段时,海外销售额和产品多元化程度出现双高时,如图 12-5 所示,理论上公司则宜采用全球矩阵结构。

跨国公司要想在全球市场上获得竞争地位,必须同时满足区位经济、规模经济和地区调适的多重要求,并且还要实现内部核心竞争力在各个子单位之间的学习和转

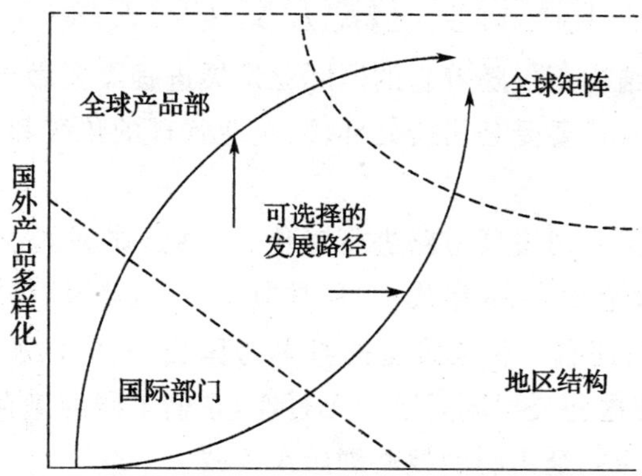

图 12-4 国际化组织结构阶段模型

移，即必须采用跨国战略。在跨国战略下，无论采用世界范围的地区组织结构还是采用世界范围的产品部门的组织结构都不可能同时实现这几方面的要求。20 世纪 80 年代，一种理想的全球矩阵组织结构模式被许多跨国公司所青睐，曾经成为解决跨国战略矛盾冲突的一剂良方。

全球矩阵组织结构是把按地域划分的部门和按产品类别划分的部门结合起来组成一个矩阵，是同一名员工既和以地域划分的子单位保持组织与业务上的联系，又参加以产品类别划分的子单位的工作的一种较为复杂的结构。

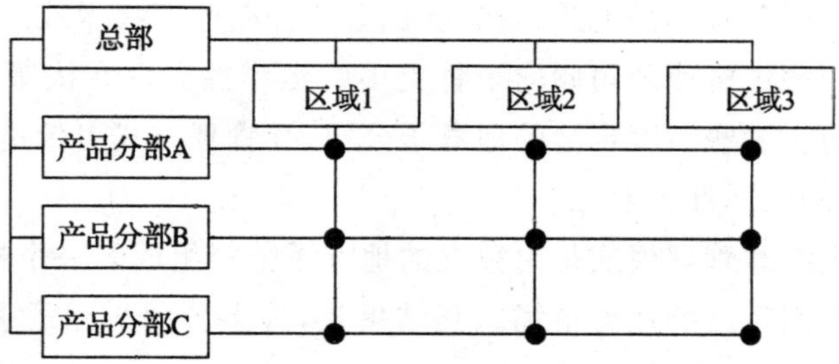

图 12-5 组织矩阵图

全球矩阵结构理论上有三大优点：

(1)将企业的横向与纵向关系相结合，有利于协作决策。

(2)针对特定的任务进行人员配置有利于发挥个体优势，集众家之长，提高项目完成的质量，提高劳动生产率。

(3)各部门人员的不定期的组合有利于信息交流，增加互相学习的机会，提高专业管理水平。

遗憾的是在实际操作中，矩阵结构的理想目标很难实现。到 90 年代很多跨国公司放弃了这种理论上完美的组织结构，因为在协调中出现很多障碍。

三、跨国公司组织结构和环境、战略及文化的关系

一个企业的组织结构不仅随着它的国际化发展进程需要做出相应调整，组织结构形式的建立和发展同时还要受公司所处环境、企业管理的传统和文化以及公司战略的影响。

我们将用三种跨国公司发展道路进行对比：一种是典型的欧洲跨国公司，其主要国际扩张期是在20世纪20～30年代；一种是典型的美国跨国公司，它在20世纪40～50年代进行国际扩张；还有一种是典型的日本跨国公司，它的国际扩张期是在20世纪60～70年代。即使这些公司同属于一个行业，它们不同的生存环境、管理传统和国家文化也将导致其选择完全不同的战略和组织模式。

(一)分散式的组织形式

在关税增长、歧视性的法律环境下进行海外扩张，欧洲公司通常被迫在当地设立工厂以便更加有效地与当地企业竞争。依靠自己的工厂，当地子公司能够改进产品并创新市场营销手段，以满足差异巨大的当地市场的需求。由于那个时期交通和信息交流的障碍，公司总部介入分散在世界各地的子公司进行管理的能力受到限制，这使得"自给自足"的各国子公司的独立性得到不断加强。

这种新出现的分散资产、下放责任的结构非常适合许多欧洲公司根深蒂固的管理规范和实践。欧洲公司，特别是英国、荷兰、法国的一些公司，发展了一种强调人际关系(一种"校友关系网")而不是正式结构，强调财务控制胜于技术或运作细节的协调的内部文化。这种管理风格使公司倾向于将更多的运作独立性和决策自由度下放给它们在国外的子公司。这些高度自治的地方子公司，其管理方式更像是离岸投资的投资组合，而不是单一的国际性企业。

这样形成的组织和管理模式是由独立的地方子公司组成的一个松散联合体，各个子公司主要关注它们自己的地方市场。其结果是，许多公司采用了多国战略，并采取了一种分散联合体的组织结构。

(二)协调式的组织结构

许多美国公司在完全不同的环境下发展起来。美国公司的主要优势源于它们发展起来的先进的技术和管理流程，这些是它们置身于世界最大的、最富有的、技术最先进的市场之中的原因。

使这种战略得到加强的是大多数美国公司中存在的专业管理文化，这不同于代表欧洲公司运作的"校友关系网"。这种体系提供了日常信息(由核心员工发布)流动的渠道，并被高层管理者利用以进行协调控制。

这些公司面临的主要障碍是，母公司的管理层常采取一种目光狭隘甚至带有优越感的态度对待其国外的子公司，这可能是因为他们认为新的思想和发展全部来自于母

公司。虽然管理层对海外市场的认识在不断加深，但他们仍然常常视国外公司为附属物，而更加重视利用国内市场发展起来的能力和资源。

尽管如此，这种方法在第二次世界大战后的几十年里还是非常成功的。许多美国公司采用了我们描述过的国际化战略和协调联合体的组织模型。尽管国外子公司常可以自由地改进产品和战略来反映市场差异，但是它们对母公司新产品、程序以及思想的依赖决定了它们比分散联合体更易受到总部的协调和控制。总部与子公司之间正式系统和控制的存在也促进了这种协调和控制。

(三)集中式的组织结构

相反，典型的日本公司在跨国扩张时期面临的是快速变化的外部环境，因而，采用完全不同的内部规范和价值观进行经营。由于其过去的海外开拓非常有限，它们并不效仿欧美竞争对手，而是选择建立卓有成效的地方市场营销模式和设施(实际上，卓有成效的日本贸易公司为日本跨国公司提供了一种更简便的进入外国市场的方法)。然而，第二次世界大战后，日本经济的快速发展赋予了它全新、高效、规模密集型的工厂，日本企业正准备向贸易壁垒日益减少的国际市场扩张。

总之，这些因素鼓励它在价值链的上游发展其竞争优势。它的竞争战略强调成本优势和质量保证，并要求对产品开发、采购和制造实行严格的集中控制。一个集中控制的、以出口为导向的国际战略完全符合外部环境和公司的竞争能力。

这种方法切合新兴的日本跨国公司的文化背景和组织价值观。其内部运行的基础是强调团体行为和重视人际关系和睦的强大民族文化规范，这常反映在“达成一致”和“分享决策”的实践中。通过集中决策和控制，日本公司能够保持其信息密集型和文化导向型的管理体系。此外，国际出口的不断增长使得日本的跨国公司能保持终身雇用制。因此，这些公司采用我们所描述的全球战略，发展出一种集中管理组织模式来支持其战略导向。

可见，公司外部环境、管理传统以及文化等因素均直接影响和决定了一个公司的战略，而组织结构必须为战略服务。当公司战略调整时，组织结构必然要做出反应，与战略保持一致性。否则，组织结构将成为战略实现的重大障碍。

第二节 跨国组织面临的挑战

跨国公司在当今快速变化的商业环境下不得不具备能够有效运行的组织能力。正如本章所描述的那样，战略上的挑战需要跨国公司同时最优化地满足效率、国家反应力和全球学习能力三者的需求。满足这些复杂而矛盾的需求需要一种新的组织形式，我们称之为跨国组织。这种组织的特征是包容多维度的观点、具备分散而相互依存的能力以及灵活的整合流程。

一、跨国公司组织结构的不适性

(一)矩阵结构的失败

理论上,矩阵结构应该会奏效。让生产一线的经理们同时向不同的组织部门报告,应该能够使公司在集中效率、地区反应和全球范围内的知识转移中保持平衡。多重渠道的沟通和控制保证了培养不同的管理能力,而且在矩阵中对力量平衡进行调节的能力在理论上应该赋予矩阵极大的灵活性。但是实际情况却并非如此,建立正式全球矩阵结构的公司的发展状况并不乐观。花旗银行曾被作为矩阵结构的一个范例,但是经过几年大张旗鼓的试验之后,也放弃了这种双重汇报模式。这种复杂组织结构缺乏灵活性而官僚性十足。决策需要两个部门的双重决定,所以决策缓慢。大多数公司都遇到过这种类似的问题:由于要求所有的事情都要进行双重控制,矩阵式结构放大了在观点和利益方面的分歧,组织中哪怕只有一点小小的分歧,也将变成剧烈的争论和矛盾。

双重汇报导致了很多层面上的冲突和混乱:繁杂的渠道导致信息的混杂,重叠的职责引发了无数的争执和责任的推诿。被地域、时间、语言、文化障碍所阻隔的经理们发现这种组织结构根本不可能消除混乱和解决冲突。结果,最初选择全球矩阵结构的公司一个接着一个地认识到需要一种不同的解决方案。

(二)正式结构的迟钝性

公司在寻求结构适应性中的基本症结在于它仅仅集中于一个组织变量,即正式结构。这个单一的工具被证明不能解决大多数跨国公司所面临的驾驭复杂性战略任务的问题。

首先,当管理者在产品结构与地域结构之间进行选择,或者在争论集中化与分散化的相对优势时,这种观点常使他们忽视了环境因素的多维性。其次,在一个动态并且迅速变化的任务环境中,结构仅仅确定了一种静态的角色、责任和关系。最后,当组织被迫迅速地进行角色、责任和关系的重新定位时,这种组织重构的努力常被证明是有害的。现在,越来越多的企业管理者意识到,对于战略变革而言,正式结构是一种有力却迟钝的工具。

为开发更精湛、更成熟的工具,我们首先将考察公司的管理传统——公司的历史及管理文化——是如何影响组织及其变革能力的。因此,不同的国际扩张动机、不同的历史和文化因素、不同的外部行业力量塑造了不同的跨国公司的管理智力和战略姿态。

二、解决跨国公司组织结构问题的思路

(一)打破习以为常的思维,形成多维度的管理思想

在战略因素多样化而又易变的环境中经营,跨国公司必须发展一种能力去把握和

分析它在世界各地将面对的大量且经常相冲突的机会、压力和需求。这就需要有效的地区分公司管理，去感知和体现当地消费者不断变化的需求以及来自东道国政府不断增加的压力；需要有效的全球业务管理，去追踪全球竞争对手的战略，并在适当的时候给予回应并进行协调；需要有效的全球职能部门管理者，去汇集公司的知识、信息和专业技术，并将它们传递到各个组织部门。

不幸的是，在许多公司中，其权力常集中在曾经执行过最重要战略任务的特定管理团体手中，代价是使其他团体所代表的不同需求无法得到实现。例如，在多国公司中，主要的决策常由分散在各国的管理部门做出，因为它们对保证各公司的快速反应能力做出了最重要的贡献，而快速反应正是这类公司战略手段的核心。在全球公司中，世界各地产品部的经理通常是最有影响力的，因为强大的业务管理人员在公司寻求全球效率的工作中扮演了重要的角色。而在国际公司中，职能经理团体自认为他们的地位非常重要，因为他们在形成、积累和传递公司的技能、知识和能力的过程中起着重要作用。

但是，在跨国公司内，通过培养居于次要地位的管理团队的能力、信誉和影响力，同时保障主导团队的士气和能力，就能够消除决策过程中的种种偏见。这样做的目的是建立一个多维度管理的组织，三种管理团体的影响在其中能够得到平衡。

（二）分散资产和责任，提高全球各子公司间的相互依存度

当跨国公司觉察到它所面对的多种机会和需求时，必须要在其中做出选择，并能及时有效地回应那些认为具有重要战略意义的机会和需求。如果公司的决策制定过程和组织能力集中在公司的某一部门，如全球型组织的集中管理结构，它通常难以对多样化的全球需求做出快速的反应。总部由于远离第一线的机会和威胁，其适时、有效的行事能力受到它所依赖的复杂而广泛的国际沟通的制约。

相反，由于多国企业的反应能力分散在各个独立的分散联合体中，就使得它们会遇到重复劳动、低效率以及国际学习障碍等困难。在跨国组织中，管理层已经从这种狭隘的观点中解脱出来。他们相信通过对子公司进行专业化分工并赋予其责任感，可以使之成为公司某种产品或技术的全球发源地，这种充满活力的子公司也可以具有全球规模。母公司通过合作参与相关子公司的活动，无论重大的技术进步和市场扩展发生在哪里，都能够迅速介入。

分散资产和责任的一个主要结果是全球各子公司间的相互依存度不断提高。简单的组织结构，如分散联合体、协调联合体和集中管理，不足以完成跨国公司所面临的任务。跨国公司所需要的是我们称为“整合网络”的结构。

在整合网络结构中，管理层认识到这些遍布世界各地的子公司或单位有利于整个组织发展新的思想、技能、能力、知识。高效率的地方工厂可转变为国际化的生产中心；具有创新力的各国或各地区的实验室，可能会因一个特定的产品或流程的进展被命名为公司的“卓越中心”；具有创造性的子公司营销部门，可能会在制定某个产品或业务的全球营销战略中发挥重要作用。

(三)具体问题具体分析,灵活整合流程

最后,跨国组织需要这样一种管理流程:它能够考虑多方位的利益和感受,并能把分布在世界各地的资产和资源进行高效整合。但是,这一流程不是"非白即黑"的决策,不应该仅仅用简单和静态的术语来描述,比如,责任应该集中还是分散。很显然,对全球研发或制造活动由总部控制所获得的利益,可能要比销售部门(在某个国家负责销售职能的子公司)和服务部门(在另外一个国家负责服务职能的子公司)之间进行全球协助获得的利益重要得多。我们也清楚,职能协调的方式会因行业和地域的差异而不同。例如,飞机引擎公司比多国食品包装企业需要更多的中央决策控制权;在发展中国家经营的子公司比在发达国家经营的子公司更需要来自母公司的支持。此外,所有母公司和子公司之间、子公司与子公司之间的协作需要都不是一成不变的,应该随着时间变化而变化。因此,管理人员必须能够辨别各种经营关系,并能根据职能、行业、地域和时间的差异变换决策角色。因产品、国家或决策的不同管理流程应做相应的调整。

这种决策角色和责任的分配需要一个复杂且微妙的决策机制,这个机制是在下面三个不同但又相互依赖的管理流程基础上发展而来的。

第一种机制,能使高层管理人员直接干预某些重要决策(如主要资源的分配),但是,这是一种带有明确目的性而且限制过度使用的机制,属于一种微妙的、需要谨慎使用的集权化的管理形式。第二种机制,其中的管理结构、个体角色和管理体系将会通过制度的形式影响特定的决策(像制定跨国公司价格转移这样典型的、重复的、常规活动)。第三种机制,在自我制约下,高层管理人员的作用是建立开放的组织文化和一套为分权提供相应基础的组织关系——用社会化的方式(比如社交)来驱动的复杂管理流程。

(四)用知识网络形成非正式的整合机制

前面我们提到了正式组织结构的迟钝性,特别是矩阵结构所产生的问题,因此,有些公司正试着采用一种非正式的整合机制:知识网络。它由提倡团队协助和跨部门合作价值观的组织文化所支持。知识网络不是基于正式组织结构的机制,而是组织内企业各经理之间在信息系统上进行非正式连接机制。网络的强大力量在于它能在遍布多国的各个部门(公司)中被当做知识、信息流动的非官方渠道。

在跨国公司建立非正式组织结构是一件难度较高的管理工作,绝非易事。要建立一个网络,即非正式组织结构,至少要实现以下条件:

(1)电脑和电信网的配置。它是非正式信息系统网络的物质基础。电子邮件、可视会议和高速数据系统使分散在全球的经理们能更方便地相互认识,建立联系,解决某个特殊问题,并在组织内宣传和分享最好的做法。

(2)网络中包含尽可能多的经理,才能有效地运作。比如在世界各地的分公司经理、总部的一些负责人,比如财务总监、研发部经理、生产经理、营销经理、人力资源经理等各种职能部门的负责人。当需要解决一个综合、复杂的问题时,大家可以同时参与讨论、决策。

(3)整个公司知识网络的参与人至少要相互认识、相互熟悉,这样他们才会相互联系。在出现问题或者需要协调时,如果面对的问题是那种通过正式组织结构解决较困难或效果不理想,或需要很长时间,甚至无法解决的,这时网络成员会自动通过私人关系在网络上进行讨论和协调。实践证明这是一种非常有效的途径。比如,沃尔玛在不同国家的不同超市间利用内部系统对商品策略交流各自的意见。

(4)找到全球网络的"黏合剂"。想要成功地建立整个公司的知识网络,必须找到"黏合剂",它具有吸引公司各个管理层、各个职能经理、各地区经理在网上汇聚,并形成在网络上讨论、解决问题的氛围和习惯的强大功能。但是,到现在人们对怎样调制这种"黏合剂"尚未探究清楚。这种问题的发现和解决必须结合本公司企业的人文环境、价值观、管理传统,不可能会有一个放之四海而皆准的标准和方法。但是建立公司非正式组织结构的前提是可以确定的:组织内的经理必须坚持一系列共同的价值观和准则,也就是说,公司文化应该超越各子单位行动方向上的差异。

(五)创建和保持组织文化

文化在组织中具有多种功能与作用,正如斯蒂芬·罗宾[1]所指出,组织文化的作用主要表现在:①它起着分界线的作用。即,它使不同的组织相互区别开来。②它表达了组织成员对组织的一种认同感。③它使组织成员不仅仅注重自我利益,更考虑到组织利益。④它有助于增强社会系统的稳定性。文化是一种社会黏合剂,它通过为组织成员提供言行举止的标准而把整个组织聚合起来。⑥文化作为一种意义形成和控制机制,能够引导和塑造员工的态度与行为。通过对中外企业文化的比较研究,我们将企业文化的功能归纳为以下六种。

1. 凝聚功能

企业文化的形成,使广大员工对外有向心力,对内有凝聚力,使得企业的个体成员能够为达成企业的目标同心协力地去奋斗。美国学者凯兹·卡思认为,社会系统的基础是人类的态度、知觉、信念、动机、习惯等心理因素;在社会系统中将个体凝聚起来的是心理力量,这种心理力量就是共同的理想与信念。企业文化正是以各种微妙的方式,沟通人们的思想感情,融合人们的观念意识,把广大员工的信念统一到企业价值观和企业目标上来。通过员工的切身感受,产生对本职工作的自豪感、使命感、归属感,从而使企业产生强大的向心力和凝聚力。

2. 导向功能

企业文化一旦形成,就产生一种定势,这种定势就自然而然地把员工引导到跨国企业的总目标上来。企业提倡什么、抑制什么、摒弃什么,员工的注意力也就转向什么。当企业文化在整个企业内成为一种很强的文化时,其对员工就能产生明显的影响力,其员工的转向也就越自然。比如,日本松下集团,充分注意了企业文化的导向作

---

① 斯蒂芬·罗宾,美国教授,编写的《组织行为学精要》被很多国家作为教材引进使用。

用，使职工自觉地把企业文化作为企业前进之舵，引领企业不断向确定的方向发展。

3. 约束功能

企业文化的约束功能是通过员工自身感受而产生的认同心理过程实现的。它不同于外部的强制机制，如公司的规章制度。而企业文化则是一种自觉和自悟。自律意识要比强制机制的效果好得多，因为强制在心理上与员工产生对抗，这种对抗或多或少的就要使强制措施打折扣。

4. 激励功能

企业文化的激励已不仅仅是一种手段，而是一种艺术，它的着眼点不仅在于眼前的作用，而更着眼于人创造文化、文化塑造人的因果循环。

5. 辐射功能

企业文化不仅对跨国公司内部产生强烈的影响，通过自己的产品，通过员工的传播，也会把自己企业的经营理念、企业精神和企业形象昭示于社会，有的还会对社会产生强烈的影响。

6. 协调功能

所谓协调是指跨国组织内部各个子单位、人与人、人与事、事与事之间的有机配合。企业文化本身不是一种机制，它是人们心理的一种默契。好的企业文化所产生的这种心理默契，有助于建立公司非正式组织结构，如全公司的知识网络。然而，组织文化也具有负面作用。

(1)成为改革的障碍。当企业的共同价值观与进一步提高组织效率的要求不符时，它就成了企业改革的阻力。当组织面对稳定的环境时，行为的一致意见对组织而言很有价值，但它却可能束缚组织的手脚，使企业难以应付变化莫测的环境的挑战。在这个剧烈变革的时代，这是最可能发生的事情。

(2)成为兼并和收购的障碍。以前，跨国公司高层管理者在做出兼并或收购的决策时，主要考虑的是融资优势以及产品的协调性。但近几年，文化的相容性成了他们重点关注的对象。就是说，在考虑到收购对象在财务和生产方面优势的同时还将收购对象的文化与本公司文化的相容与否作为决策的重要依据。

(3)成为多元化的障碍。现代社会是一个多元化的社会。企业为了在复杂的环境获得竞争的优势，总希望内部员工之间有差异，形成个性和特色以适应多元化的趋势。服从公司文化和创新精神有时会形成一种矛盾。

第三节 跨国公司的组织发展趋势

(1)摈弃对正式矩阵结构的迷信。组织能力表现了跨国公司的特征，现在越来越多的管理者认识到了它的重要性，然而他们中的很多人最初的反应是采用全球矩阵结构的新模式。

媒体对某些公司长期以来在全球扩张时所采取的这种组织结构进行了广泛的报

道，使得大多数人相信这种结构能够获得全球规模效应并满足当地市场的需求。但是很多人不久就发现，这样一种复杂的组织结构带来的战略收益存在一定的组织成本。

尽管一些企业能够创建一种文化或程序以保证矩阵结构的成功——比如道氏化学公司用了超过10年的时间才成功地实现全球扩张——其他企业常常难以成功。宝洁公司所宣扬的“组织2005”采用全球产品矩阵结构替代原本非常成功的地区组织结构，结果却失败了。全球矩阵结构不仅为宝洁公司带来了大量的问题，甚至让它的CEO德克·雅格丢掉了工作。

尽管全球矩阵给人们带来了许多不安，大多数公司仍然认为有必要建立灵活的跨国组织。20世纪90年代的历史给人们的最大教训是，这样的跨国组织最好是建立在重复过程和支持性的文化基础之上而不是仅仅建立在正式的多重汇报关系之上的。宝洁公司的新总裁A. G. Lafley的看法很正确：“我们建造了新的房子，但是在管道和配线还没有连接好之前就搬进去了，仅仅改变组织结构本身是不行的。”

(2)过去，大多数跨国公司围绕两个主要的组织维度来建立其全球范围的运营体系：一是以产业或产品管理为主线，一是以国家和地区管理为主线。但在过去的10年间，随着全球消费者的因素在跨国组织内的作用在不断增加，定义组织维度的主要特征开始改变。

20世纪90年代，建立以消费者为导向的组织的压力不断增加。最初，全球消费者要求供货商提供相同的价格和服务，跨国公司不得不设立全球事务经理负责全球范围内某一产品的销售和服务。接着，消费者对附加价值的服务水平要求越来越高，迫使跨国公司开始从提供产品转变为提供解决方案。类似的压力同时使跨国组织创造出一种从最终产品驱动的部门转变为将产品集中并直接面对顾客的组织结构。IBM全球服务组织就是这样一个典型的例子。它是最直接面对顾客的、最成功的组织之一。它成功的原因就在于能够为消费者提供IBM的产品、咨询以及额外的相关外包产品与服务的综合解决方案。

(3)负责财务、人力资源、物流和其他跨业务、跨职能的管理专家，通常将围绕业务、地域以及最近的顾客建立跨国组织这项任务转交给下级的员工完成。但是，随着以信息为基础的知识密集型服务经济的迅猛发展，这些职能领域的资源和专业才能转变成为竞争优势的重要来源。结果是，近年来这些职能管理层发现他们在跨国组织中的角色变得更加重要。

财务、人力资源、信息技术部门的管理者们变得重要，是因为他们控制了稀有的战略资源，在全球范围而言这是非常关键的。例如，随着资本市场的全球化，财务部门在降低跨国公司的融资成本方面起到了十分关键的作用。当跨国企业带着有限的知识和能力进入其他国家市场时，更为重要的是人力资源专家的作用，需要利用新的人才获得竞争优势。类似的，最近兴起的“首席知识官”就反映了许多企业非常重视组织获得和利用有价值的信息、成功的实践以及运用知识的能力，而不在乎这些东西存在于企业的何处。

这样的现实再次导致跨国企业需要在原来的组织结构上进行完善，通过新的沟通渠道和决策讨论，跨国企业可以运用复杂的组织能力去发展和推动竞争优势。随着跨国公司的管理者按照新的方式去发展和传递竞争优势，跨国公司的形式和职能也不断变化。

复习思考题

1. 组织架构的含义是什么？
2. 为处在国际化发展不同阶段的企业设计组织结构，设计的依据是什么？
3. 举例说明什么是矩阵组织结构？
4. 举例说明公司组织结构和战略之间的关系。
5. 矩阵结构在实践中存在的问题是什么？
6. 非正式组织的含义和作用是什么？如何建立非正式组织？

参考文献

［1］ 保罗·克鲁格曼,茅瑞斯·奥伯斯法尔德. 国际经济学.5版.北京:中国人民大学出版社,2002.

［2］ (美)查尔斯·W·L.希尔.国际商务.7版.北京:中国人民大学出版社,2009.

［3］ 陈宝领.国际贸易.2版.上海:上海交通大学出版社,2005.

［4］ 陈宪,韦金鸾,应诚敏,等.国际贸易——原理·政策·实务.上海:立信会计出版社,1998.

［5］ 陈宪,张鸿.国际贸易——理论政策案例.3版.上海:上海财经大学出版社有限公司,2012.

［6］ 窦祥胜.国际贸易学教程.北京:北京大学出版社,2011.

［7］ 多米尼克·萨尔瓦多.国际经济学.8版.朱宝宪,吴洪,等,译.北京:清华大学出版社,2004.

［8］ 范爱军,陈晓文.国际贸易:理论与政策.济南:山东人民出版社,2009.

［9］ 冯宗宪,柯大钢.开放经济下的国际贸易壁垒.北京:经济科学出版社,2001.

［10］ 甘碧群.国际市场营销学.北京:高等教育出版社,2011.

［11］ 高敬峰.国际经济学.北京:对外经济贸易大学出版社,2010.

［12］ 郭波.国际贸易:理论与政策.北京:中国社会科学出版社,2009.

［13］ 海闻.国际贸易:理论·政策·实践.上海:上海人民出版社,1993.

［14］ 何元贵.中国汽车产业贸易保护壁垒的回顾与展望.商讯商业经济文荟,2006(2):65-68.

［15］ 胡涵钧.新编国际贸易.上海:复旦大学出版社,2000.

［16］ 贾建华.新编国际贸易理论与实务.2版.北京:对外经济贸易大学出版社,2010.

［17］ 贾明德.国际贸易学.西安:陕西人民出版社,2004.

［18］ 蒋琴儿,陈永富.国际贸易概论.杭州:浙江大学出版社,2010.

［19］ (美)克里斯托弗.跨国管理.大连:东北财经大学出版社,2010.

［20］ 刘晨阳,于晓燕.亚太区域经济一体化问题研究.天津:南开大学出版社,2009.

［21］ 刘汉成.国际贸易理论与实务.武汉:华中科技大学出版社,2010.

[22] (英)刘易斯.文化的冲突与共融.北京:新华出版社,2002.

[23] 毛敏.国际贸易理论与实践.武汉:武汉出版社,2005.

[24] (美)斯蒂芬罗宾.组织行为学精要.北京:机械工业出版社,2011.

[25] 佟家栋,周申.国际贸易学理论与政策.2版.北京:高等教育出版社,2007.

[26] 王韶玲.国际贸易.沈阳:辽宁大学出版社.1999.

[27] 薛荣久.国际贸易.北京:对外经济贸易大学出版社,2009.

[28] 尤宏兵,李灵稚.国际贸易.北京:科学出版社,2010.

[29] 张二震,马野青.国际贸易学.南京:南京大学出版社,1998.

[30] 张二震.国际贸易政策的研究与比较.南京:南京大学出版社,1993.

[31] 张鸿.国际贸易案例与习题集.上海:上海交通大学出版社,2007.

[32] 张锡嘏. 国际贸易.北京:对外经济贸易大学出版社,2009.

[33] 赵忠秀.国际贸易理论与政策.北京:北京大学出版社,2009.

[33] 朱立南.国际贸易政策学.北京:中国人民大学出版社,1996.